SCD BREST
Droit - Economie
AL 1
521890 5

# Les Techniques bancaires

## en 53 fiches

332.1
MON

Pratiques – Applications corrigées

4e édition

AF855092

Philippe Monnier
Sandrine Mahier-Lefrançois

DUNOD

BIBLIOTHEQUE UNIVERSITAIRE
BREST

Comment utiliser les compléments en ligne de ce livre ?

1. Téléchargez un lecteur de QR code gratuit et photographiez le QR Code avec votre mobile
2. Ou allez directement sur http://monnier-fiches-cours.p.ht
3. Téléchargez mises à jour et contenus complémentaires

**Avertissement :** Cet ouvrage comprend des passages faisant référence à la loi de séparation et de régulation des activités bancaires votée à l'Assemblée Nationale le 19 février 2013 et adoptée par le Sénat le 22 mars 2013. Le texte aura force de loi après promulgation et publication au *Journal Officiel*. Il faudra également tenir compte des décrets d'application à venir.

Le pictogramme qui figure ci-contre mérite une explication. Son objet est d'alerter le lecteur sur la menace que représente pour l'avenir de l'écrit, particulièrement dans le domaine de l'édition technique et universitaire, le développement massif du photocopillage.
Le Code de la propriété intellectuelle du 1er juillet 1992 interdit en effet expressément la photocopie à usage collectif sans autorisation des ayants droit. Or, cette pratique s'est généralisée dans les établissements d'enseignement supérieur, provoquant une baisse brutale des achats de livres et de revues, au point que la possibilité même pour les auteurs de créer des œuvres nouvelles et de les faire éditer correctement est aujourd'hui menacée.
Nous rappelons donc que toute reproduction, partielle ou totale, de la présente publication est interdite sans autorisation de l'auteur, de son éditeur ou du Centre français d'exploitation du droit de copie (CFC, 20, rue des Grands-Augustins, 75006 Paris).

DANGER
LE PHOTOCOPILLAGE TUE LE LIVRE

© Dunod, Paris, 2013
ISBN 978-2-10-070084-4

Le Code de la propriété intellectuelle n'autorisant, aux termes de l'article L. 122-5, 2° et 3° a), d'une part, que les « copies ou reproductions strictement réservées à l'usage privé du copiste et non destinées à une utilisation collective » et, d'autre part, que les analyses et les courtes citations dans un but d'exemple et d'illustration, « toute représentation ou reproduction intégrale ou partielle faite sans le consentement de l'auteur ou de ses ayants droit ou ayants cause est illicite » (art. L. 122-4).
Cette représentation ou reproduction, par quelque procédé que ce soit, constituerait donc une contrefaçon sanctionnée par les articles L. 335-2 et suivants du Code de la propriété intellectuelle.

BREST

# Table des matières

## Partie I

## L'environnement bancaire



## Partie II

## Le compte et les moyens (services) de paiement

## Partie III
## La fiscalité du particulier



## Partie IV
## L'épargne bancaire et financière



## Partie V
## Les crédits

## Partie VI
## Les marchés financiers



## Partie VII
## Les produits d'assurance



## Partie VIII
## Le client mécontent de la relation bancaire

I

# L’environnement bancaire

# 1 L'organisation du système bancaire

## I Principes

L'article L. 311.1 du Code monétaire et financier précise les missions d'un établissement de crédit : « Les établissements de crédit sont des personnes morales qui effectuent à titre de profession habituelle des opérations de banque (réception des fonds du public, opération de crédit, ainsi que la mise à disposition de la clientèle ou la gestion des moyens de paiement). » Par ailleurs, un établissement peut réaliser des activités connexes au sens de l'article L. 311-2 :

- « les opérations de change,
- les opérations sur or, métaux précieux et pièces,
- le placement, la souscription, l'achat, la gestion, la garde et la vente de valeurs mobilières et de tout produit financier,
- le conseil et l'assistance en matière de gestion de patrimoine,
- le conseil et l'assistance en matière de gestion financière, l'ingénierie financière et d'une manière générale tous les services destinés à faciliter la création et le développement des entreprises, sous réserve des dispositions législatives relatives à l'exercice illégal de certaines professions,
- les opérations de location simple de biens mobiliers ou immobiliers pour les établissements habilités à effectuer des opérations de crédit-bail.

Lorsqu'il constitue la fourniture de services d'investissement au sens de l'article L. 321-1, l'exercice des opérations connexes et de l'activité de conservation est subordonné à l'agrément préalable prévu à l'article L. 532. »

Source : *Code monétaire et financier.*

L'activité bancaire représente environ 3 % du PIB français. C'est également 370 000 emplois (dont 70 % dans la banque de détail), 38 075 agences bancaires et enfin entre 25 000 et 30 000 recrutements par an.

## II Éléments et analyse

### A. Les différentes catégories d'établissements

#### 1. Typologie des établissements

| Catégories d'établissement | Caractéristiques |
|---|---|
| Banques commerciales | Banque de détail traditionnelle, banque de marché, banques d'affaires, banques universelles. Ces banques sont des sociétés de capitaux (BNP Paribas, Société Générale, LCL) : 32 millions de comptes à vue et 57 millions de comptes à terme. |

| Catégories d'établissement | Caractéristiques |
|---|---|
| Banques coopératives ou mutualistes | Les clients de ces réseaux sont porteurs de parts sociales. C'est la différence essentielle avec les banques commerciales (Crédit Mutuel, Caisse d'Épargne, Crédit Agricole). 71 millions de comptes à vue, 147 millions de comptes à terme. |
| Sociétés financières | Elles ne peuvent pas réaliser toutes les opérations de banques. Elles interviennent sur des domaines comme le crédit-bail, l'affacturage. |
| Caisses de crédit municipal | Établissement public de crédit et d'aide sociale. Octroi des crédits, collecte des dépôts et offre des services bancaires. Ces caisses ont un droit exclusif pour les prêts sur gage corporels confirmé par la loi du 15 juin 1992. |
| Les institutions financières spécialisées | Établissement de crédit investi par l'État d'une mission de service public. |

Aujourd'hui, le marché français est dominé par 5 grands réseaux (Crédit Agricole-LCL, BNP-Paribas, le groupe Caisse d'Epargne-Banque Populaire, le groupe Crédit Mutuel-CIC, la Société Générale). Le système bancaire gère 73 millions de comptes à vue et 150 millions de comptes à terme et comptes d'épargne à régime spécial (Livret A, livret bleu, CEL, PEL, LEP, livret Jeune, livret de développement durable).

Des banques en ligne ont été créées par des groupes bancaires pour compléter leur réseau d'agences bancaires physiques dites « de proximité ».

Quelques exemples de banques en ligne : Boursorama Banque (filiale de la Société Générale, positionnement visé : banque universelle), Fortuneo (filiale du Crédit Mutuel Arkea) ; B for Bank (émanation des caisses régionales du Crédit Agricole hors Ile-de-France, positionnement visé : banque en ligne haut de gamme), Cortal Consors (filiale de BNP-Paribas) ; ING Direct (filiale du groupe néerlandais ING, positionnement visé : banque universelle).

## 2. Zoom sur la part sociale de la banque mutualiste

Cette banque émet des parts sociales. Une part sociale peut être vue comme « mi-action et mi-obligation » dans le patrimoine de la banque mutualiste. Un client qui a souscrit une part sociale devient sociétaire de la banque. L'argent des clients sociétaires investi en parts sociales renforce les capitaux propres de la banque. À titre d'exemple, l'assurance-vie mobilise des fonds propres.

Le sociétariat permet de fidéliser la clientèle et de faire participer celle-ci à la gouvernance du groupe. Une part sociale s'échange à sa valeur nominale et n'est pas soumise aux fluctuations du marché. Le risque de perte en capital est faible. Mais en cas de défaillance de la banque, la valeur de la part sociale peut être réduite à 0. Le rendement de la part sociale se nomme « l'intérêt statutaire » (plafonné au taux moyen des obligations privées). Les parts sociales ne se cèdent pas rapidement (existence d'un préavis). La demande de remboursement est soumise à l'autorisation du conseil d'administration afin de respecter les ratios réglementaires de fonds propres. En pratique, une demande de remboursement n'est jamais refusée. Les nouvelles normes réglementaires sur les capitaux propres des banques (Bâle III) peuvent entraîner un allongement des délais de remboursement des parts sociales. Une part sociale est donc moins liquide qu'un livret.

La fiscalité des actions est appliquée aux parts sociales : impôt sur la plus-value au barème de l'IR et prélèvements sociaux. Les dividendes sont égalment imposés au titre de l'IR après un abattement de 40 %. Si les parts sociales sont placées dans un PEA détenu dans l'établissement concerné, les prélèvements sociaux ne seront acquittés qu'à la clôture de plan.

# B. La réglementation bancaire

## 1. Les principaux textes sur l'activité bancaire

| Textes | Contenu |
|---|---|
| Loi bancaire de1984 | Elle impose le principe d'universalité. La loi distingue :<br>• les banques,<br>• les établissements coopératifs, les caisses d'épargne et de prévoyance et les caisses de crédit municipal,<br>• les sociétés financières et les institutions financières spécialisées. |
| Loi du 2 juillet 1996 : modernisation des activités financières | Cette loi concerne les services d'investissement (passage des ordres de bourse, compte titre). Les établissements de crédit ne sont alors plus seuls à proposer ces services puisqu'une nouvelle catégorie (les entreprises d'investissement) est créée. |
| Loi de juin 1999 sur l'épargne et la sécurité financière | Modification de statuts des caisses d'épargne qui deviennent des établissements de crédit coopératifs.<br>Création également d'un fond de garantie des dépôts auquel doivent obligatoirement adhérer les établissements de crédit qui collectent des dépôts. |
| Loi MURCEF (mesure d'urgence à caractère économique et financier) en 2001 | Loi qui prévoit un certain nombre de dispositions visant à améliorer la relation entre la banque et son client. Elle instaure en particulier la création d'un service de base bancaire, met en place un dispositif de médiation, généralise le recours aux conventions de compte et clarifie la communication sur les tarifs bancaires. |
| Loi du 2 août 2003 sur la sécurité financière | Création de l'autorité des marchés financiers par la fusion de la COB (Commission des opérations de bourse) et du CMF (Conseil des marchés financiers). |
| Ordonnance du 12 avril 2007 | Transposition de la directive européenne sur les Marchés d'Instruments financiers (MIF). |
| Ordonnance du 30 janvier 2009 | Transposition de la 3e directive européenne sur la lutte contre le blanchiment des capitaux et le financement du terrorisme. |
| 1er novembre 2009 | Entrée en vigueur de la directive des services de paiement (voir fiche 16). |
| Loi du 1er juillet 2010 | Loi Lagarde réformant le crédit à la consommation. |
| 2013 | Loi de séparation et de régulation des activités bancaires. |

## 2. Les acteurs du système bancaire

Le système bancaire français est supervisé par le gouverneur de la Banque de France et le ministre de l'Économie et des Finances.

Les établissements de crédits visés par la loi bancaire de 1984 doivent adhérer, soit à un organisme professionnel, soit à des organes centraux.

La FBF (Fédération bancaire française) et les organes centraux (Crédit Agricole SA, Confédération Nationale du Crédit Mutuel, la chambre syndical des sociétés anonymes de crédit immobilier, BPCE – organe central des Banques populaires et des Caisses nationales des Caisses d'Epargne et de prévoyance créé par la loi du 18 juin 2009) ont pour mission de représenter leurs membres et de défendre leurs intérêts devant les autorités de tutelle. Les sociétés financières sont représentées par l'ASF (Association française des sociétés financières), les institutions financières spécialisées adhèrent au Groupement des institutions financières spécialisées (GIFS). Enfin, le Crédit Municipal est représenté par la conférence des caisses de Crédit Municipal.

Enfin, l'ensemble de ces organismes professionnels est affilié à l'Association française des établissements de crédit et des entreprises d'investissement.

**Zoom sur la Banque publique d'investissement (BPI)** : cette nouvelle institution est chargée de soutenir les PME. Elle doit améliorer le financement public des entreprises, venir en aide aux PME, soutenir en priorité les « filières d'avenir ». La BPI regroupe les moyens de la banque publique OSEO, du fonds stratégique d'investissement (FSI) et de CDC Entreprises (filiale de la Caisse des dépôts). La BPI est détenue à parts égales par l'État et la Caisse des dépôts. Cette banque diffère des autres de par sa vocation à être un « investisseur de long terme, patient, responsable, n'attendant pas des taux de rentabilité comparables aux autres acteurs financiers ».

## 3. Contrôle et supervision du système

| Organe | Missions |
|---|---|
| Le Comité consultatif de la législation et de la réglementation financière | Assiste le ministre de l'Économie dans l'exercice du pouvoir réglementaire. Ce comité a pour mission de donner un avis sur tous les projets de texte relatifs à la règlementation bancaire et financière. |
| Autorité de contrôle prudentiel et de résolution (ACPR) | Cet organisme :<br>– délivre les agréments ;<br>– s'assure que les établissements de crédit et entreprises d'assurance remplissent leurs missions dans le respect des textes législatifs et réglementaires ;<br>– valide les plans préventifs de rétablissement des établissements de crédit dans le cadre de sa mission de prévention et de résolution des crises bancaires ;<br>– détient des pouvoirs de sanction. |

| Organe | Missions |
|---|---|
| Autorité des marchés financiers (AMF) | Elle délivre les agréments, contrôle les activités de services d'investissement (voir fiche 43). |
| Comité consultatif du secteur financier (CCSF) | Organisme chargé de la question des relations entre les clients et les établissements de crédit. Peut être à l'origine de propositions sur ces questions. |

## C. Gestion des risques et contrôle prudentiel

De par sa nature, l'activité bancaire est une activité où le risque est permanent. Les banques doivent en effet faire face aux risques de crédit (risque d'immobilisation, de non-remboursement et de taux), aux risques opérationnels et aux risques de marché. La crise financière qui a débuté en 2007 avec la crise des *subprimes* s'est manifestée par une crise de liquidité sans précédent et la nécessité de recapitaliser de nombreuses banques. C'est pour cette raison que les règles prudentielles permettant d'éviter une crise systémique ont été renforcées avec les accords de Bâle III signés le 16 décembre 2010.

Ces accords Bâle III prévoient la création de deux nouveaux ratios de liquidité : le LCR (*Liquidity Coverage Ratio*) opérationnel en 2015 et le NSFR (*Net Stable Funding Ratio*) à partir de 2018.

- LCR = actifs liquides/Flux sortants – [min (Flux entrants ; 75 % des flux sortants)] à 1 mois ≥ 100 %.
- NSFR = ressources stables/besoins de financement stables ≥ 100 %.
- Le principal ratio de solvabilité (CORE TIER 1) sera porté de 2 % à 7 %. (4,5 % + 2,5 % de coussin de conservation constitué en période haute du cycle économique et destiné à absorber les pertes dans un environnement conjoncturel dégradé).
- Un coussin de fonds propres contra-cyclique (de 0 à 2,5 %) pourra être instauré afin de ralentir la croissance des crédits à l'économie en cas de besoin.

# III Complément : les fichiers de la Banque de France

En qualité de banque centrale, c'est à la Banque de France qu'il revient de centraliser sous forme de fichiers les incidents et les évènements qu'enregistrent les différents acteurs du système bancaire. Ces fichiers sont consultables par les banques et vont être un outil supplémentaire d'appréciation du niveau de risque que représente tel client ou telle opération. Cependant, l'absence de fichiers positifs (fichiers recensant à la fois les incidents mais également permettant de garder une trace des encours de crédit par exemple) en France laisse la place à des zones d'incertitudes.

## *Les différents fichiers*

| Fichiers | Contenu et fonctionnement |
|---|---|
| Fichier central des chèques (FCC) | Ce fichier enregistre :<br>• Les incidents de paiement (l'émission de chèques sans provision)<br>• L'interdiction judicaire d'émettre des chèques : L'inscription est conservée tant qu'un incident n'a pas été régularisé (avec un maximum de 5 ans)<br>• Les retraits de carte pour usage abusif. Dans ce cas, l'inscription est faite par la banque pour 2 ans et seule cette dernière peut demander l'annulation de l'inscription. Cette mesure n'empêche pas d'émettre des chèques. |
| Fichier national des chèques irréguliers (FNCI) | Sont inscrites les coordonnées bancaires :<br>• des comptes clos ;<br>• des comptes pour lesquels une déclaration de perte ou de vol de chéquier ; a été enregistrée ;<br>• des comptes dont le titulaire est frappé d'interdiction.<br>La Banque de France a externalisé la gestion des consultations de ce fichier par les commerçants à la société Mantis. Depuis le 1er janvier 2007 ce service de consultation s'appelle Verifiance-FNCI-Banque de France : le résultat d'une consultation du système est transmis sous la forme d'une couleur. |
| Fichier national des incidents de remboursement des crédits au particulier (FICP) | Ce fichier a été mis en place en 1989 afin de lutter plus efficacement contre le surendettement. Deux cas se présentent.<br>**Cas 1 : Les retards de remboursement**<br>Les incidents de paiement caractérisés à l'occasion de l'octroi d'un crédit : un incident est caractérisé lorsque deux échéances consécutives restent impayées (cas de crédit amortissable mensuellement) ou lorsque le retard dépasse 60 jours pour d'autres formes de crédits. Sera considérée comme incident caractérisé la persistance d'une dette d'au moins 500 €, 60 jours après mise en demeure (découvert bancaire) ou enfin lorsque la banque engage une procédure judiciaire ou prononce la déchéance du terme.<br>**Cas 2 : La saisine de la commission de surendettement**.<br>La levée de l'inscription sera effective si les incidents ont été régularisés (dettes remboursées). L'inscription demeure en cas d'effacement de la dette par le juge. La loi Lagarde a ramené à 5 ans la durée maximale d'inscription au FICP. |

Le fichier des comptes bancaires et assimilés (FICOBA) recense l'ensemble des opérations d'ouverture, de modification et de clôture des comptes en France. Il renseigne sur la nature du compte, l'identité de son titulaire et sur l'établissement teneur du compte.

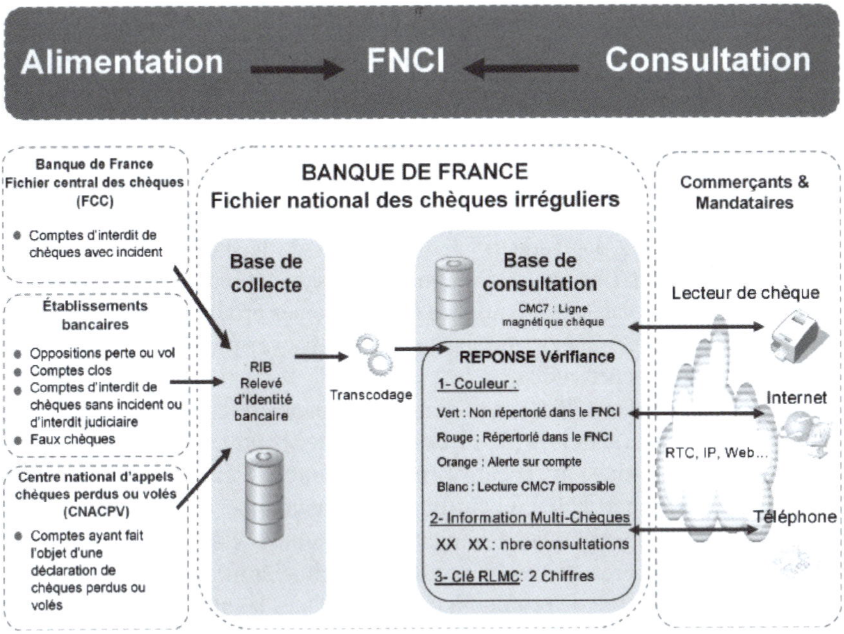


*Source : http//www.verifiance-fnci.fr*

# 2 La mercatique bancaire

## I Principes clés

Les établissements de crédit ne se gèrent pas de la même manière que les autres commerces (intermédiaires financiers, secteur réglementé…). Presque toutes les banques proposent aujourd'hui les mêmes produits et services… d'où la difficulté pour les acteurs du marketing de trouver pour leur établissement des avantages concurrentiels…

Selon Michel Badoc (HEC), « la mercatique bancaire est tout ce qui permet d'attirer, de conserver et de plaire aux clients des banques. Elle vise les clients bancarisés et les nouveaux clients, principalement des jeunes. Elle touche tous les segments : du particulier à l'entreprise en passant par le professionnel. »

Après l'image du « banquier technicien » des années 1960 dans un réseau de distribution peu étendu où l'innovation produit était limitée, la banque a commencé à connaître de profondes mutations. Dans les années 1970, la bancarisation s'est élargie (multiplication des comptes) accompagnant un développement des réseaux. Les produits se sont démocratisés ; l'offre bancaire s'est diversifiée.

La mercatique bancaire des particuliers existe depuis les années 1970-1980. Les nouvelles technologies (carte bancaire…) et la déréglementation bancaire ont accompagné le lancement d'un équipement bancaire standard, une segmentation de la clientèle et la tarification des prestations des établissements.

La mercatique bancaire va donc du traitement de masse à une mercatique spécialisée, de produits packagés à des prestations individualisées. C'est un marketing de services.

On a l'habitude de dire que la mercatique est un ensemble de techniques… mais aussi un état d'esprit !

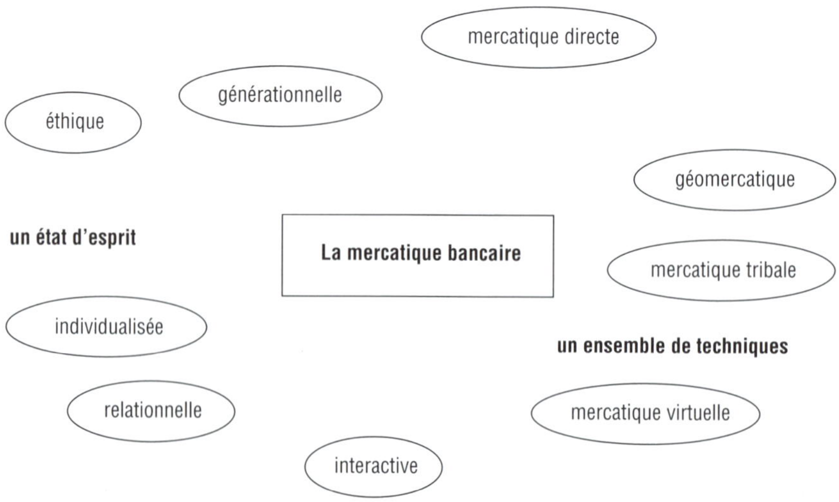

# II Éléments et analyse

## A. Les défis de la mercatique bancaire

### 1. Une pression réglementaire accrue

Objectifs :

- prendre en compte les contraintes réglementaires dans le cycle de vie des produits bancaires ;
- former en permanence les salariés pour être en règle ;
- informer la clientèle sur ses droits et obligations.

### 2. Une meilleure connaissance des clients

Objectifs :

- répondre à leurs besoins et projets ;
- mieux les séduire ;
- mieux les fidéliser ;
- augmenter la rentabilité de l'établissement.

### 3. La conquête de nouveaux clients avec des nouvelles attentes à satisfaire

Objectifs :

- assurer le renouvellement du fonds de commerce ;
- augmenter les parts de marché du réseau ;
- accroître la rentabilité du réseau (en élevant le PNB et en baissant les charges d'exploitation) ;
- répondre au besoin de transparence exprimé par le client (« où va mon argent ? À quoi sert-il ? »).

### 4. La convivialité des agences physiques

Objectifs :

- repenser le modèle opérationnel de la banque de détail ;
- donner à l'agence une image de « banque nouvelle génération » ;
- doter de plus en plus l'agence de technologies accessibles à la clientèle ;
- respecter la confidentialité des relations commerciales ;
- optimiser les coûts du réseau physique de distribution.

### 5. La gestion du multicanal

Objectifs :

- continuer à répondre au besoin de liberté dans le mode de consommation des produits et services bancaires, de confort (contact à partir du domicile sans déplacement vers l'agence, e-coffre, demande de crédit en ligne, signature électronique, simulateur en ligne…), de rapidité dans le traitement des opérations courantes (virement…) ;
- suivre les opérations réalisées à distance par la clientèle ;

- aider la clientèle à poursuivre sa transaction sur un autre canal (mobile, agence, téléphone fixe ou mobile, internet, tablette, GAB) ;
- accompagner le client lors de sa recherche d'informations à distance pour éviter qu'il se tourne vers la concurrence notamment les banques en ligne multipliant les offres séduisantes ;
- gagner des parts de marché ;
- renforcer les actions de conquête et de fidélisation ;
- optimiser la personnalisation de la relation client ;
- provoquer des rendez-vous en agence plutôt que de les subir ;
- améliorer les gains de productivité du pilotage commercial.

### 6. Une recherche d'éthique à l'activité bancaire

Objectifs :

- améliorer l'image du système bancaire après les scandales financiers médiatisés ;
- communiquer auprès du grand public sur l'ensemble des valeurs, la culture du groupe bancaire ;
- donner du sens à la gestion de la relation clientèle ;
- proposer à la clientèle des placements intégrant des critères sociaux et environnementaux ;
- monter des produits en renforçant la volonté de prise de responsabilité de l'épargnant ;
- développer les chartes éthiques avec les parties prenantes (salariés, fournisseurs, clients…).

## B. La clé de voûte de la mercatique bancaire : l'activité de conseil

Accueil, rapidité, sécurité et conseil caractérisent les concepts des agences bancaires actuelles. L'automatisation des opérations courantes offre un gain de temps aux clients et permet de recentrer les collaborateurs sur le cœur de leur métier : le conseil.

La gestion de la relation client (GRC) favorise le suivi des événements de la vie du client et ainsi de ses attentes, formalise la relation individualisée avec le client.

L'agence de proximité s'articule autour de plusieurs espaces :

- espace accueil pour réaliser les opérations courantes 7 jours sur 7 et 24 heures/24 ;
- espace technologique pour effectuer des opérations (Internet…) ;
- espace conseil pour assurer une relation personnalisée avec le client.

**Zoom sur « l'agence nouvelle génération »**

- Une façade plus ouverte sur l'extérieur. Le client peut voir tout ce qui passe à l'intérieur de l'agence. Le chargé d'accueil le fait patienter dans un salon confortable ou le dirige vers des automates en libre-service.

- Le mobilier de l'agence adapté au style du quartier et de la clientèle (table-bar avec tabouret haut dans un quartier étudiant, espace jeu dans un quartier familial jeune).
- Une table ronde dans le bureau du conseiller. Le client est invité à choisir l'endroit de son installation : face à face ou à côté de son conseiller. La sensation d'interrogatoire unilatéral s'estompe alors.
- Un service de visioconférence proposé au client désireux d'un échange avec un conseiller expert.

## C. La mise en œuvre d'une politique mercatique

1. L'étude du marché et du comportement du client bancaire (attentes, projets, besoins…).
2. La segmentation de la clientèle (cf. fiche 3 « La segmentation des clientèles »).
3. La mise en place de la politique mercatique à travers la construction du plan de marchéage.
4. La commercialisation de nouveaux produits, la modification de produits actuels.

## D. Un zoom sur le plan de marchéage (marketing mix en anglais)

La mercatique opérationnelle (traduction des orientations stratégiques de l'entreprise) s'appuie sur le plan de marchéage. Ce concept est bien souvent appelé les 4 P :

**P**roduct – **P**rice – **P**lace – **P**romotion, traduit en français par :

### 1. L'action sur le produit : concevoir des produits pour satisfaire les besoins du marché

Constat sur les produits bancaires : produits immatériels (absence d'usure, absence de stockage, absence de protection par des brevets), produits réglementés (produits subis par les banques ; seuls les non réglementés peuvent se distinguer de la concurrence), innovation financière limitée (souvent conditionnée à un changement de réglementation), déclin lent.

### 2. L'action sur le prix : le prix est un facteur d'achat

Les banques se livrent à une concurrence sur le plan des taux d'intérêt, de la tarification des services bancaires et plus récemment sur la rémunération des dépôts à vue. La stratégie de prix pratiquée par la banque n'est pas l'élément du plan de marchéage sur lequel la banque communique le plus.

### 3. L'action sur la distribution : pour optimiser les ventes

Les canaux de distribution des produits doivent s'adapter aux habitudes des clients. Le client grâce à la banque multicanal choisit désormais le canal avec lequel il veut traiter (agence de proximité, plateforme téléphonique, agence en ligne, Internet.). Certains réseaux ont opté pour un mode exclusif de distribution : la vente en ligne. Développer ou non le réseau actuel des agences relève de la politique de la distribution bancaire.

### 4. L'action sur la communication

Elle regroupe la communication interne (circulation de l'information – culture d'entreprise) et la communication externe (améliorer l'image de l'entreprise, la notoriété, l'information sur les produits.). Les moyens de communication : publicité, sponsoring, mécénat, marketing direct…

## E. Les limites de la mercatique bancaire

Le siège met en place des stratégies qui sont à déployer en agence. Or, chaque agence subit un environnement externe différent. D'où la difficulté pour le réseau d'appliquer à 100 % la mercatique décidée par le siège. Une marge de manœuvre est nécessaire à chaque agence. Aussi pour pouvoir associer le meilleur de l'agence bancaire traditionnelle à la souplesse, la réactivité et la compétitivité du net, les agences sont organisées de plus en plus en lignes hiérarchiques courtes. La « transversalité métier » de l'activité bancaire s'en trouve renforcée.

# Application

## Énoncé 1

**L'activité bancaire est en interaction avec son environnement.**
**Lister les menaces de l'environnement bancaire. Trouver les solutions apportées par la mercatique bancaire pour déjouer ces menaces.**

## Solution 1

### 1. Les menaces

Saturation et croissance lente du marché bancaire, concurrence vive, multiplication des canaux de contact, relation de plus en plus virtuelle entre le banquier et son client, multibancarisation des clients, autonomie accrue des clients dans leurs opérations bancaires, clientèle très informée et avisée, clientèle exigeante, infidèle et zappeuse, difficulté de faire venir la clientèle en agence, déplacement des lieux de vie de la clientèle.

### 2. Les solutions

- Les banques surfent sur les tendances de la société (prêt sur 30 ans pour les jeunes pour qu'ils accèdent à la propriété…) et adaptent leur offre à la demande.
- La segmentation de la clientèle parfait la connaissance du client et permet la mise en place d'une stratégie adaptée à chaque segment.
- La gestion de la relation client (GRC) favorise le suivi des événements de la vie du client et ainsi de ses attentes, formalise la relation individualisée avec le client.
- Le métier de banquier se recentre sur le conseil.

- Les canaux de contact (téléphone, Internet…) dont le but initial était de fidéliser la clientèle de l'agence et la clientèle distanciée sont tous devenus de véritables acteurs de la vente de produits bancaires : ouverture de guichets en ligne…
- Les banques recherchent la proximité géographique avec les clients d'où des déménagements d'agences pour suivre les mouvements de population.

## Énoncé 2

**Dans le cadre du suivi relationnel de la nouvelle clientèle, proposez un calendrier d'actions commerciales à mener auprès d'un client ouvrant à ce jour un compte de dépôt à vue.**

## Solution 2

**Calendrier possible**

Jour J : remise de la convention de compte.

J + 10 : envoi d'un courrier de bienvenue.

J + 30 : proposition d'un diagnostic assurance IARD.

J + 60 : entretien téléphonique pour faire un point commercial.

J + 150 : questionnaire de satisfaction.

J + 350 : RDV agence « bilan premier anniversaire de la relation commerciale ».

# 3 La segmentation des clientèles

## I Principes clés

Une banque a en portefeuille des clients très différents les uns des autres : le particulier, la collectivité territoriale locale, l'association, l'exploitant agricole, la PME, l'entreprise multinationale… d'où la nécessité de segmenter la clientèle. La première segmentation bancaire sépare les particuliers et les professionnels-entreprises. Cependant, certains réseaux considèrent que les artisans, commerçants, agriculteurs, professions libérales constituent une clientèle intermédiaire. Et la gestion de ces clients intermédiaires diffère alors : ils sont soit rattachés à un portefeuille de particuliers avec la casquette de professionnel, soit mis dans un portefeuille de professionnels voire dans un portefeuille spécifique… ou confiés à une agence bancaire dédiée à la profession (agence « professions médicales »).

La segmentation est une technique qui permet de diviser une population hétérogène en groupes aussi homogènes que possibles (= segment) afin d'appliquer des stratégies spécifiques à chaque segment. Deux profils de client ne peuvent pas être identiques à 100 % mais peuvent former un groupe homogène. Chaque groupe doit donc se démarquer clairement des autres groupes.

Segmenter permet d'identifier des familles homogènes dont l'approche et le traitement répondent aux attentes et possibilités réelles des clients ainsi qu'aux impératifs de rentabilité de la banque.

Les buts de la segmentation sont :

- réussir la gestion de la relation clientèle (GRC) de l'établissement bancaire ;
- mettre au point une offre de produits et services adaptée à chaque segment de clients ;
- optimiser le dispositif commercial ;
- définir une politique commerciale appropriée ;
- détecter les opportunités et menaces plus rapidement sur un segment.

## II Méthode

Un bon critère de segmentation doit être discriminant pour réussir une homogénéité optimale. Il doit être pertinent par rapport au marché et besoin observés. Plusieurs familles de critères de segmentation des particuliers sont possibles :

- segmentation sociodémographique (âge, tranches de revenus, activité professionnelle, PCS, situation familiale, zone d'habitat, niveau d'éducation, sexe…). Des corrélations existent entre l'âge, la tranche de revenus, la PCS et donc le comportement bancaire. Les segmentations les plus utilisées en mercatique bancaire sont basées sur les tranches de revenus ou le type d'activité professionnelle ;

- segmentation comportementale (étude du profil d'utilisation des produits bancaires, des besoins). Les banques nomment différemment ces segments (« les distanciés », « les patrimoniaux », « les viviers »…) ;
- segmentation événementielle (voir fiche cycle de vie). Le repérage des événements de la vie du client (mariage, retraite…) permet à la banque de proposer un produit bancaire lié à cet événement ;
- segmentation socioculturelle : influence des facteurs sociaux, culturels… sur le comportement de consommation de l'individu. Des styles de vie sont ainsi décrits et regroupés en familles (« client fourmi »…) ;
- segmentation par le risque : chaque client représente un risque différent pour la banque. Les types de risque peuvent donner lieu à des segments clients (« client en permanence débiteur »…).

# Application

## Énoncé

**Retracez les segments possibles de la clientèle d'une agence bancaire en milieu rural.**

Les critères de segmentation peuvent être :

- l'activité du compte (mouvements de flux),
- l'âge,
- le montant du chiffre d'affaires (CA) annuel du client (= montant annuel des flux entrants confiés à l'agence),
- le montant du stock épargne (= montant de l'épargne du client dans l'agence).

## Solution

**Exemple de segmentation de la clientèle d'une agence bancaire en milieu rural :**

### *Les particuliers*

- Client inactif (pas de CA, pas de stock, pas d'engagement crédit).
- Nouveau client (segment transitoire de courte durée : client à revoir rapidement pour équiper).
- Jeune client (moins de 18 ans).
- Jeune client majeur (moins de 25 ans) sans revenu.
- Jeune client majeur (moins de 25 ans) avec revenu.
- Client à faible équipement (CA < 5 000 €, stock < 5 000 €).
- Client moyenne gamme (CA entre 5 001 € et 25 000 €, stock entre 5 001 € et 25 000 €).
- Client gamme intermédiaire (CA entre 25 001 € et 90 000 €, stock entre 25 001 € et 90 000 €).

- Clientèle haut de gamme avec potentiel de développement. (CA > 90 000 €, stock entre 90 001 et 500 000 €).
- Clientèle haut de gamme (dotée d'un fort patrimoine) : CA > 200 000 € ou stock > 500 000 €).

### *Les professionnels*

- Professionnel inactif (pas de CA, pas de stock, pas d'engagement crédit).
- Commerçant traditionnel (CA entre 12 000 et 50 000 €).
- Commerçant dynamique (CA entre 50 001 et 250 000 €).
- Commerçant entrepreneur (CA > 250 000 €).
- Artisan traditionnel (CA entre 12 000 et 50 000 €).
- Artisan dynamique (CA entre 50 001 et 250 000 €).
- Artisan entrepreneur (CA > 250 000 €).
- Profession libérale traditionnelle (CA entre 12 000 et 50 000 €).
- Profession libérale dynamique (CA entre 50 001 et 250 000 €).
- Profession libérale entrepreneuse (CA > 250 000 €).

### *Les exploitants agricoles*

- Exploitant inactif (pas de CA, pas de stock, pas d'engagement crédit).
- Exploitant débutant (moins de 30 ans).
- Exploitant traditionnel (CA entre 12 000 et 50 000 €).
- Exploitant dynamique (CA entre 50 001 et 125 000 €).
- Exploitant entrepreneur (CA entre 125 001 et 250 000 €).
- Exploitant bâtisseur (CA > 250 000 €).

### *Les collectivités territoriales*

- Collectivités inactives (pas de CA, pas de stock, pas d'engagement crédit).
- Collectivités actives.

### *Les associations*

- Association inactive (pas de CA, pas de stock, pas d'engagement crédit).
- Petite association (CA < 50 000 €).
- Grande association (CA > 50 001 €).

### *Les entreprises*

- Petite entreprise (CA entre 1 200 000 et 2 500 000 €).
- Moyenne entreprise (CA entre 2 500 001 et 25 000 000 €).
- Grande entreprise (CA > 25 000 001 €).

# 4 La connaissance du client bancaire

## I Principes clés

Un client peut être une personne physique (particulier, professionnel) ou une personne morale (entreprise, association, collectivité locale...). Cf. fiche « La segmentation des clientèles ».

Un client devient bancarisé à partir du moment où il a signé un contrat avec une banque (ouverture de compte, souscription d'un produit...).

## II Éléments et analyse

### A. Les comportements du client particulier

Le comportement des individus face à l'argent est souvent irrationnel. Le client n'explicite pas toujours clairement à son banquier son désir d'épargne ou d'emprunt.

Il surfe également sur des vagues successives de besoins : recherche de la performance puis recherche de la sécurité...

Le particulier est **opportuniste**. La **multibancarisation** laisse penser au client bancaire qu'il est libre de son choix d'établissement en fonction des opportunités commerciales. Les particuliers aiment mettre en concurrence les banques mais sont ravis que la leur l'emporte ! D'où l'existence d'un sentiment d'appartenance à une banque... *Il est à prévoir la disparition de ces comptes inactifs voire inutiles détenus à la concurrence lorsque les comptes bancaires seront facturés.*

Le **nomadisme** est un phénomène de société. Le client veut pouvoir gérer la relation avec son banquier à distance. Le développement des nouvelles technologies a bouleversé le comportement des clients bancaires qui utilisent de plus en plus les canaux directs (téléphone, internet) pour la gestion de leurs comptes, leurs opérations bancaires ou pour la communication avec leur conseiller (augmentation du nombre d'e-mails reçus en agence). La **relation bancaire** est devenue **multicanal**.

### B. Les deux grandes tendances de comportement du client bancaire

#### *Le client consommateur*

Gros besoins de consommation d'où des besoins de trésorerie, d'épargne, de constitution de patrimoine qui se multibancarise pour saisir le maximum d'opportunités commerciales. Son degré de fidélité à la banque principale est faible.

### *Le client analyste*

Gros besoins d'information sur les produits, le marché, le réseau bancaire pour se décider à consommer des produits bancaires. Son degré de fidélité à son établissement bancaire est plus fort.

## Application

### Énoncé

Les besoins du client sont influencés par son âge, sa situation familiale, son mode de vie, son environnement technologique… (voir fiche « le cycle de vie du client »).
Les attentes du client varient selon des facteurs quantitatifs (âge, revenus…) et qualitatifs (psychologie, sociologie de l'individu…).
**Citez les besoins liés à la bancarisation du particulier et les attentes de ce dernier envers sa banque.**

### Solution

*Les besoins de bancarisation du particulier*

- Commodité et sécurité du compte en banque.
- Argent au quotidien (moyens de paiement…).
- Épargne.
- Services.
- Financement des projets.
- Constitution de patrimoine.
- Valorisation de patrimoine.
- Prévoyance.
- Assurance de son patrimoine.
- Préparation de la retraite à travers la recherche de revenus complémentaires.
- Préparation de la succession.

*Les attentes du particulier envers sa banque*

- Des conseils.
- Une transparence des conditions tarifaires.
- Des services de banque à distance.
- Une grande disponibilité.
- Des crédits faciles.
- Un bon suivi.
- Des espaces en libre-service.
- Des frais réduits.
- Une valorisation de son épargne.
- Des produits d'épargne évolutifs.

# 5 Le cycle de vie du client

## I Principes clés

Une des missions du conseiller est de développer son portefeuille clients. Pour cela, la relation avec sa clientèle doit s'inscrire dans la durée.
Le premier entretien mené avec un client a pour but de faire connaissance, de le découvrir et d'instaurer une relation de confiance.
Plus tard, le conseiller se doit de rester à l'écoute des évènements survenant dans la vie de son client (mariage, naissance, licenciement, promotion…) pour :

- être en phase avec les besoins et projets de ce dernier ;
- anticiper les incidences de ces évènements sur la composition du patrimoine du client ;
- gérer l'éventuel risque client de cette nouvelle situation.

## II Éléments et analyse

### A. La notion de cycle de vie en mercatique

Cette métaphore est utilisée en mercatique pour illustrer le parcours suivi par un produit. Comme l'être humain, un produit est amené après avoir été créé à disparaître. Son existence sera découpée en quatre phases : lancement, croissance, maturité et déclin. À chaque étape correspondent des caractéristiques, des problèmes spécifiques d'où la nécessité pour l'entreprise de mettre en place des stratégies.

### B. La notion de cycle de vie en mercatique bancaire

L'expression « cycle de vie » est également utilisée dans le milieu bancaire pour situer le client dans un cycle de vie familial classique. Il est alors un **indicateur de prise de rendez-vous** par le conseiller avec le client. Le cycle de vie du client bancarisé s'appuie sur sa tranche d'âge, ses besoins liés à son âge. Il permet de proposer au client un service ou produit bancaire, financier ou d'assurance en minimisant le risque de refus du client.
Les tranches d'âge ne sont pas fixes ; la vie du client peut être segmentée selon des tranches d'âge qui diffèrent d'un réseau à l'autre.

## Application

### Énoncé

**Dans un tableau, faites apparaître pour chaque tranche d'âge du client (0-11 ans /12-15 ans / 16-17 ans / 18-25 ans / 26-40 ans / 41-55 ans / 56-65 ans / + 65 ans) les besoins et projets du client ainsi que les produits proposés par la banque pour satisfaire le client.**

# Solution

| Tranche d'âge du client | Besoins et projets du client |
|---|---|
| 0-11 ans | Le jeune a peu de besoin à cet âge. Néanmoins, son entourage familial exprime des besoins :<br>• constitution d'une épargne disponible,<br>• constitution d'une épargne bloquée pour les études… |
| 12-15 ans | L'adolescent exprime un besoin d'autonomie et de constitution d'épargne. Il découvre la relation bancaire. L'entourage familial anticipe un besoin de financement futur (études, permis…). |
| 16-17 ans | Le jeune gère son compte de dépôt à vue. Il recherche une autonomie bancaire. Il consomme ; il épargne. |
| 18-25 ans | Le jeune veut être considéré comme un client à part entière. Il est autonome. Il a des besoins de consommation (études, première installation, auto, préparation d'un achat immobilier futur…). Il a besoin d'être aidé dans ses projets et conseillé. |
| 26-40 ans | Le client a toujours besoin d'être accompagné dans ses projets. Il éprouve plusieurs besoins :<br>• constituer une famille et la protéger,<br>• consommer,<br>• devenir propriétaire de sa résidence principale,<br>• assurer l'avenir de ses enfants,<br>• se constituer un capital (épargne disponible, retraite…). |
| 41-55 ans | Le client a besoin de :<br>• se constituer un patrimoine,<br>• consommer,<br>• préparer ou continuer à préparer sa retraite,<br>• financer les études des enfants,<br>• se sentir protégé,<br>• défiscaliser selon ses revenus et son imposition. |
| 56-65 ans | Le client éprouve le besoin de :<br>• profiter de sa retraite,<br>• compléter ses revenus,<br>• préparer la transmission de son patrimoine,<br>• aider ses proches dans leurs projets. |
| + 65 ans | Le client souhaite :<br>• profiter et assurer « ses vieux jours »,<br>• aider ses proches,<br>• transmettre son patrimoine. |

| Tranche d'âge du client | Produits réponse |
| --- | --- |
| 0-11 ans | Livret bancaire, CEL, PEL, assurance-vie… |
| 12-15 ans | Livret bancaire, livret jeune (12 à 25 ans), CEL, PEL, assurance-vie, première carte bancaire. |
| 16-17 ans | Compte bancaire avec carte de retrait, livret jeune, livret bancaire (si plafond du livret jeune atteint), CEL, PEL. |
| 18-25 ans | Moyens de paiement, autorisation de découvert, package, service de banque à distance (SMS, internet…), livret jeune, livret bancaire, épargne logement (CEL, PEL), LDD, protection juridique, produits de prévoyance, crédit consommation (1re installation, permis…), prêt auto, prêt étudiant, assurance IARD (auto, habitation). |
| 26-40 ans | Prêt immobilier, prêt consommation, prêt personnel, crédit permanent, LEP (si client éligible), livret bancaire, CEL, PEL, assurance-vie, actions, obligations, sicav, assurance IARD, GAV, protection juridique, produits de prévoyance… |
| 41-55 ans | Supports d'épargne à long terme, assurance-vie, produits de défiscalisation, prévoyance, prêt consommation, immobilier, personnel… |
| 56-65 ans | Produits d'épargne distribuant des revenus (produits boursiers, assurance-vie…), produits dépendance, prévoyance, crédit consommation. |
| + 65 ans | Produits d'épargne distribuant des revenus, produits de succession (assurance-vie), produits prévoyance… |

# 6 L'analyse externe de l'agence

## I Principes clés

L'agence bancaire est au cœur de la stratégie bancaire d'où la nécessité pour un conseiller d'étudier son agence.

L'agence est en interaction avec son environnement. Afin de mieux cerner le potentiel réel de l'environnement de l'agence, une analyse externe s'impose…

Le marché est une composante essentielle de l'analyse. C'est la rencontre entre les offres et demandes de biens et services. Trois composantes : l'offre + la demande + l'environnement.

Offre ⟶ Marché ⟵ Demande

**ENVIRONNEMENT**

## II Méthode

### A. Les objectifs de l'analyse externe

- Définir les limites de la zone de chalandise.
- Faire ressortir les caractéristiques déterminantes de cette zone.
- Analyser l'évolution de la population et de ses principales composantes.
- Dresser le tableau de l'activité économique du secteur.
- Identifier les spécificités locales sociales et culturelles.
- Anticiper les orientations futures.
- Déterminer les grandes masses du marché potentiel afin de reconnaître les parts de marché.
- Situer les concurrents, leur implantation et leur positionnement.

Le bilan de l'analyse externe de l'agence (ou du fonds de commerce) permet de :

- détecter les opportunités (ce qui évolue dans son environnement en faveur de l'agence) et les menaces (ce qui évolue dans son environnement en défaveur de l'agence) ;
- déterminer les cibles de la population à conquérir ;
- sélectionner les offres produit adaptées à la population.

### B. L'étude de marché

Pour prendre des décisions, la banque a besoin de réunir des informations. L'étude de marché est une technique de collecte d'informations dont le but est de répondre à diverses interrogations portant sur les composantes du marché.

Toutes ces informations sont à collecter de manière évolutive et non ponctuellement (hormis dans le cadre d'une implantation d'une agence).

L'étude de marché est réalisée soit par un organisme extérieur spécialisé, soit par l'entreprise bancaire. Les informations sont alors recherchées auprès des services du siège (marketing stratégique, opérationnel...), de l'INSEE, de la Banque de France, mairie, communauté de communes, conseil général, conseil régional, direction départementale de l'équipement, office de tourisme, chambre d'agriculture, CCI, presse locale...

Les études de l'analyse externe sont quantitatives (objectif : obtenir des informations chiffrées permettant de répondre aux questions « combien ? qui ? quand ? ») ou qualitatives (objectif : étudier les comportements des clients et identifier les facteurs explicatifs de ces derniers permettant de répondre aux questions « comment ? pourquoi ? »).

# III Compléments : zoom sur la zone de chalandise

## A. Définition

La zone de chalandise est une zone d'attraction commerciale dans laquelle sont implantés les clients potentiels de l'agence. Dans le secteur bancaire, la proximité est le critère d'identification le plus utilisé de la zone d'attraction naturelle d'une agence.

## B. Composition

La zone de chalandise est constituée d'une zone primaire (proximité immédiate avec un taux de fréquentation élevé de l'agence) et d'une zone secondaire (proximité élargie avec une baisse du taux de fréquentation de l'agence en fonction de l'éloignement).

La zone de chalandise est déterminée par :

- un contour (délimité sur une carte géographique : quartier, communes...) ;
- des sous-zones délimitées par des courbes isochrones (en fonction du temps nécessaire pour se rendre à l'agence) ou isométriques (en fonction de la distance par rapport à l'agence) ;
- une taille (nombre de clients potentiels de plus de 15 ans par exemple...). Celle-ci dépend de la taille de l'agence, du type de marché (rural ou urbain), du degré de concurrence, des infrastructures favorables à l'activité commerciale (parking, transports en commun, pôles d'attraction...) ;
- un profil (voir indicateurs socio-économiques cités dans le tableau ci-dessous).

## C. Mise en application

La zone primaire constitue le **marché captif** de l'agence. C'est le territoire géographique sur lequel l'agence exerce un pouvoir d'attraction auprès des particuliers en raison de sa proximité.

Le siège de la banque décrit grâce à la géomercatique les différentes zones de chalandise du réseau en s'appuyant sur le potentiel des zones géographiques du territoire étudié.

En découle alors un maillage d'agences. Quand un réseau bancaire décide d'implanter une agence, le lieu géographique est choisi avec précision puisqu'en dépend le succès commercial. Le marché potentiel de l'agence est chiffré ainsi que le niveau de son activité bancaire attendue.

# Applications

## Énoncé

**Quand un réseau bancaire décide d'implanter une agence de proximité, quels sont les éléments d'information qu'elle va rechercher pour réaliser une analyse externe du fond de commerce ?**

## Solution

| Que cherche à connaître l'agence ? | |
|---|---|
| **L'offre** | Les concurrents directs et indirects (assureurs, sociétés de crédit...), leur politique commerciale, leur positionnement, leur part de marché, leur ancienneté dans la zone de chalandise, leurs atouts, les prescripteurs (agences immobilières, notaires...). |
| **La demande**<br>***Clients actuels et potentiels*** | Les revenus (aisés, modestes...) de la population résidente dans la zone de chalandise la répartition de la population par tranche d'âge (– 15 ans - 15/24 ans - 25/34 ans - 35/54 ans - 55/64 ans - + 65 ans), l'évolution de la population (stable, en augmentation ou en déclin ?), la répartition de la population en PCS (agriculteurs, ouvriers, professions intermédiaires et employés, cadres supérieurs et professions indépendantes) la tendance de fréquentation des agences bancaires (faible ou forte), leurs attentes envers la banque, leur image sur l'établissement bancaire commanditaire de l'étude ? |
| **Son environnement** | • **économique** : étude des indicateurs de richesse (nombre de foyers fiscaux, nombre de foyers assujettis à l'ISF...), de l'emploi (forte concentration de quelle PCS ?...), des taux (taux d'intérêt de crédit immobilier favorable à l'achat ?...), des commerces et industries implantés (création d'entreprises, tissu économique dynamique ?...), de l'immobilier (prix moyen des loyers, prix de vente du $m^2$...).<br>• **juridique** : réglementation en vigueur (nouvelle mesure favorable à l'épargne ...)<br>• **démographique** : étude de la population (apparition d'une clientèle jeune...)<br>• **concurrentiel** : étude des concurrents directs et indirects (maillage des réseaux concurrents...) *voir l'offre*<br>• **culturel** : connaissance des communautés étrangères implantées dans la zone ? événements locaux culturels ?...<br>• **social** : repérage des infrastructures communales (école, maison de retraite...), existence ou projet de logements sociaux ?, tissu associatif développé ?<br>• **géographique** : zone rurale profonde, rurale sous influence urbaine, urbaine ou semi-urbaine ? repérage du sens de circulation dans le quartier de l'agence, des voies de communication, des barrières naturelles, des pôles d'attraction...<br>• **politique** : étude des familles politiques représentées, de l'influence sur la vie locale des personnalités politiques... |

En conclusion d'une analyse externe d'un fonds de commerce bancaire, la réponse à la question suivante doit être apportée :

Le marché de l'agence est-il très porteur, moyennement porteur, saturé ou en déclin ?

# 7 L'analyse interne de l'agence

## I Principes clés

Le portefeuille clients est le centre névralgique de l'agence. Il permet de dégager une activité commerciale et une rentabilité.

Les objectifs de l'analyse interne sont :

- dresser un état de la clientèle ;
- apprécier les encours et leur évolution en fonction des caractéristiques du fonds de commerce ;
- évaluer la rentabilité de l'agence et ses composantes.

L'analyse interne donne une comparaison qualitative (positionnement) et quantitative (part de marché) entre les caractéristiques du marché et celles du fonds de commerce.

À l'issue de l'analyse interne de l'agence, une synthèse est rédigée en mettant en évidence ses points forts et ses points d'effort.

## II Méthode

### A. L'étude de la clientèle de l'agence

Elle permet de bien appréhender les caractéristiques de la clientèle :

PCS représentées, moyenne d'âge, segments de clientèle, (voir fiche « La segmentation de la clientèle »), appartenance à la zone primaire ou secondaire (voir fiche « l'analyse externe de l'agence »).

Les besoins et motivations sont aussi mis en évidence (voir fiche « le cycle de vie du client »).

L'étude s'appuie sur des croisements de critères de segmentation (PCS/revenus, segment/âge…) pour affiner l'analyse.

### B. L'étude du portefeuille de l'agence

Le portefeuille de l'agence est scindé bien souvent en plusieurs portefeuilles attribués pour chacun d'entre eux à un conseiller.

Les indicateurs de mesure suivants peuvent être utilisés : le stock des produits en portefeuille, l'évolution de ces stocks, les avoirs détenus (degré de risque, échéance), les encours (stocks d'épargne ou de crédit possédés par la banque), les flux enregistrés sur les comptes, les soldes moyens, les taux d'équipement, le niveau de satisfaction des clients (connu par les enquêtes de satisfaction, le traitement des réclamations), le niveau de risque de la clientèle (nombre de clients débiteurs, interdits bancaires …).

Ces informations sont transmises régulièrement aux collaborateurs de l'agence sous forme de tableau de bord.

## C. L'analyse du tableau de bord de l'agence

Une partie de ce document indique le stock de produits détenus par le portefeuille de l'agence, son évolution depuis la dernière période d'analyse. Une comparaison avec les agences du groupement ou avec un autre groupement peut être établie. À partir de ce tableau de bord, les collaborateurs de l'agence mènent une réflexion sur plusieurs points :

- quels segments de clients ont été sollicités ?
- quels segments de clients ont été délaissés ?
- quelles sont les marges de progression ?
- quelles actions commerciales correctrices sont à mettre en place pour atteindre les objectifs ?
- quelles sont les prochaines campagnes commerciales prévues par le réseau ou le siège pour aider à vendre ?

## D. L'organisation de l'agence et ses moyens

Un état des moyens de l'agence est à dresser régulièrement : moyens humains (nombre de collaborateurs, leur profil et formation ), moyens matériels (nombre de bureaux, étude de l'espace accueil, présence de DAB/GAB, matériels informatiques...). L'organisation est étudiée à travers un organigramme fonctionnel et décisionnel.

# III Compléments

Les indicateurs d'analyse des forces et faiblesses de l'agence sont :

- **L'analyse de la rentabilité.** La rentabilité peut être calculée au niveau de l'agence, d'un portefeuille, d'un segment de client, d'un client. Le résultat brut d'exploitation, le coefficient d'exploitation, le retour sur fonds propres, le retour sur actifs sont des indicateurs de rentabilité (voir fiche « la rentabilité du portefeuille »).
- **L'analyse de l'activité bancaire.** Elle peut se traduire à travers le produit net bancaire, la part de marché (poids du montant des dépôts de la banque – ou des crédits distribués – par rapport au total des dépôts – ou crédits – de l'ensemble des banques de la zone étudiée), le montant de l'épargne confiée par les clients, le montant des flux confiés par les clients à la banque, le taux d'équipement, le taux de détention de produits par client, le solde moyen (total des dépôts des comptes à vue/nombre de comptes à vue), le taux de nouveaux clients (nombre de nouveaux clients de moins de ... mois/nombre total de clients), la part de l'activité de l'agence dans le groupement d'agences...

# Application

## Énoncé

Vous venez d'être nommé chargé de clientèle dans le réseau bancaire « Normandy ». Votre agence basée dans une ville (16 000 habitants – agglomération : 34 000 habitants) dans l'Orne (département rural en Basse-Normandie) compte 3 240 clients (2 700 particuliers, 70 agriculteurs et 470 professionnels : 320 artisans et commerçants, 110 professions libérales, 40 entreprises).

Les horaires d'ouverture : du lundi au vendredi (8.55 à 12.30 et 13.55 à 18.30). Deux DAB/GAB sont à la disposition de la clientèle 24 h/24 h. Les jours du marché du centre-ville sont le mercredi matin et le samedi matin.

Le tissu économique local est dynamique. De nombreuses PME/PMI sont implantées. La concurrence est vive (9 réseaux bancaires implantés dans le centre-ville et de nombreux assureurs).

Vous intervenez sur le marché des particuliers. Vous devez gérer un des cinq portefeuilles des particuliers.

**À la lecture des informations relevant de l'analyse interne de l'agence, réalisez un diagnostic de celle-ci.**

**Vous proposez des actions correctrices.**

**Répartition dans l'agence des particuliers selon la segmentation de la clientèle**

Pour information :

- le montant du chiffre d'affaires (CA) annuel du client (= montant annuel des flux entrants confiés à l'agence),
- le montant du stock épargne (=montant de l'épargne du client dans l'agence),
- client inactif (pas de CA, pas de stock d'épargne, pas d'engagement crédit) : 127,
- nouveau client (segment transitoire de courte durée : client à revoir rapidement pour équiper) : 33,
- jeune client de 0 à 11 ans : 32,
- jeune de 12 à 18 ans : 105,
- jeune client majeur (moins de 25 ans) sans revenu : 88,
- jeune client majeur (moins de 25 ans) avec revenu : 154,
- client (+ 25 ans) à faible équipement (CA < 5 000 €/**an**, stock < 5 000 €) : 312,
- client (+ 25 ans) moyenne gamme (CA entre 5 001 € et 25 000 €, stock entre 5 001 € et 25 000 €) : 723,
- client gamme intermédiaire (CA entre 25 001 € et 90 000 €, stock entre 25 001 € et 90 000 €) : 1 069,
- clientèle haut de gamme avec potentiel de développement,
- (CA > 90 000 €, stock entre 90 001 et 500 000 €) : 40,
- clientèle haut de gamme (dotée d'un fort patrimoine) : CA > 200 000 € ou stock > 500 000 €) : 17.

**Remarque :** 1 particulier ayant ouvert un compte joint avec son conjoint compte pour 1 client particulier.

**Répartition par tranches d'âge (en %)**

| | 0-19 ans | 20-39 ans | 40-59 ans | 60-74 ans | 75 ans et + |
|---|---|---|---|---|---|
| Clientèle agence | 17 | 22 | 32 | 19 | 10 |
| Moyenne du réseau au niveau départemental | 22 | 25 | 28 | 18 | 7 |
| Population de l'agglomération | 25 | 28 | 23 | 15 | 9 |

**Stock de produits détenus dans l'agence par les particuliers**

| | |
|---|---|
| Package | 1 755 |
| Cartes bancaires y compris cartes proposées dans le package (dont cartes de prestige proposées aux clients apportant un CA supérieur à 90 000 €) | 2 220 (52) |
| Services banque à distance (hors package) | 127 |
| Livret de développement durable (LDD) | 2 400 |
| Livret d'épargne populaire (LEP) | 120 |
| Compte sur livret | 2599 |
| Livret jeune | 142 |
| Compte épargne logement (CEL) | 720 |
| Plan épargne logement (PEL) | 455 |
| Plan en actions (PEA) | 423 |
| Réserve d'argent | 1970 |

## Solution

1. **Le diagnostic de l'analyse de l'agence** met en évidence les points forts et les points faibles de celle-ci.

| Points faibles | Points forts |
|---|---|
| Sous-représentation de la clientèle jeune de moins de 19 ans par rapport au réseau à l'échelle départementale<br><br>Mauvaise conquête dans la ville des jeunes de moins de 19 ans : image de marque du réseau auprès des jeunes ? | Seuls 4,7 % des clients du portefeuille de l'agence sont inactifs : pas de compte dormant, les comptes peuvent être « travaillés par le conseiller »<br><br>33 nouveaux clients vont être revus prochainement pour être équipés |

| Points faibles | Points forts |
|---|---|
| Seulement 3,3 % de la clientèle est étudiante (en supposant que les moins de 25 ans sans revenu soient majoritairement étudiants) : fuite des étudiants ?<br><br>2,1 % des clients de l'agence sont des clients haut de gamme (57 clients).<br><br>Faible taux de détention de LEP : le produit est délaissé par les conseillers ? Il y a au moins 312 clients de plus de 25 ans amenant un CA inférieur à 5 000 €/an (revenu de 416,6 €/mois confié à l'agence) – alors que ces clients sont éligibles au LEP.<br><br>Stock de livret jeune insuffisant (40,9 % des jeunes en âge d'être équipés le sont : 142/347).<br><br>Faible taux de détention de CEL (26,7 %) et de PEL (16,9 %) : les clients de l'agence sont-ils majoritairement déjà propriétaires de leur résidence principale ?<br><br>Stock de PEA insuffisant. Au moins 1 126 clients peuvent être ciblés (CA > 25 001 €). Or, seuls 423 PEA en stock : culture boursière de la clientèle ? Spécialisation des conseillers dans le domaine ?<br><br>Fermeture de l'agence le samedi (jour du marché). | Surreprésentation des clients âgés de plus de 40 ans par rapport au réseau au niveau départemental et à la ville : clientèle possédant des avoirs (générateurs de PNB pour l'agence).<br><br>Plus de 92 % des clients potentiels détiennent un package (1 755/2 403 (hors clients inactifs, nouveaux clients, moins de 18 ans).<br><br>Très bon équipement de la clientèle en compte sur livret (96,3 %) et en LDD (88,9 %).<br><br>Plus de 82 % des clients possèdent une carte bancaire de l'agence.<br><br>Très bon taux d'équipement en carte bancaire de prestige (52 détenteurs/57 clients ciblés).<br><br>Bon score du stock de réserve d'argent (72,96 % des clients en détiennent).<br><br>Larges horaires d'ouverture dans la journée pour être reçu par un conseiller.<br><br>2 DAB/GAB en libre-service en permanence. |

## 2. Les actions correctrices

Pour renouveler le fonds de commerce de demain, l'agence doit partir à la conquête des jeunes : actions de prospection dans les clubs sportifs, les endroits fréquentés par ce segment, développement de la recommandation (parrainage). Les clients de l'agence en âge d'être parent doivent être contactés pour des ouvertures de compte, livrets jeunes pour leurs enfants.

Une action de prospection auprès des jeunes lycéens prochainement étudiants est à lancer (proposition de prêt étudiant pour les capter).

Une action sur le LEP est à mener. Une accroche à l'accueil doit être quasi-systématique auprès de la clientèle visée. Une action phoning peut également être organisée.

Un animateur des ventes doit évaluer les connaissances des conseillers sur la bourse. Une formation peut être conduite pour les monter en compétences dans ce domaine.

Une ouverture le samedi matin peut être étudiée pour capter une partie de la population fréquentant le marché ce jour-là.

# 8 La rentabilité de l'agence et du portefeuille

## I Principes clés

La rentabilité de l'activité bancaire provient de la somme des rentabilités de chaque client. Or, tous les clients ne présentent pas la même rentabilité pour la banque. D'où une recherche permanente pour l'établissement bancaire de sources de profit.

La notion de rentabilité bancaire peut s'appliquer à l'agence (au fonds de commerce), à un portefeuille, à un segment clientèle, à un client.

La rentabilité d'un établissement de crédit représente son aptitude à dégager de son exploitation des gains suffisants après déduction des coûts nécessaires à cette exploitation pour poursuivre durablement son activité.

Toutes les banques cherchent à accroître leur PNB (produit net bancaire). Cet indicateur d'activité rend compte de l'ensemble des activités de la banque et détermine sa marge brute.

Le PNB est le point de départ des calculs d'indicateur de rentabilité. Les banques recherchent en permanence un accroissement du PNB s'appuyant aujourd'hui sur la recherche de commissions.

De même pour augmenter la rentabilité globale de l'agence, une diminution des coûts prévaut : coûts salariaux en optimisant le temps commercial ce qui conduit à réorganiser et à faire évoluer les concepts d'agence (coûts variables), coûts fixes moyens (recherche de synergies lors d'opération de rapprochements de réseaux bancaires (utilisation d'une même plateforme informatique), déplacement des salariés des sièges sociaux vers le réseau).

Dans beaucoup d'agences, cet indicateur n'est connu que du directeur. Le montant du PNB par client ou par portefeuille n'est pas calculé ou communiqué aux chargés de clientèle. Ces derniers doivent donc s'appuyer sur d'autres indicateurs pour apprécier la rentabilité globale de leur portefeuille.

## II Éléments et analyse

### A. Présentation de l'activité d'une banque

#### 1. Une banque, c'est un commerce d'argent

■ ***Fonction de la banque : collecter des fonds et les redistribuer***

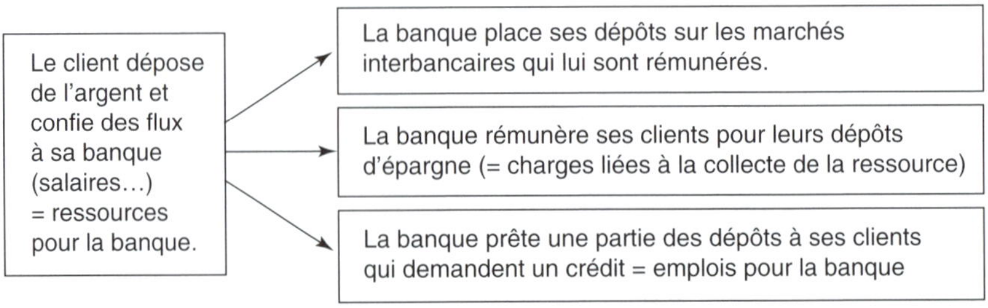

La marge d'intermédiation représente la valeur ajoutée sur capitaux.

| |
|---|
| Marge d'intermédiation =<br>intérêts reçus des clients (opérations de crédits)<br>– intérêts versés aux clients par la banque (opérations d'épargne) |

**Remarque :** comme la banque au niveau national est obligée de respecter des ratios tels que Mac Donough (quand 100 € sont prêtés à un client, la banque doit détenir en contrepartie 8 € de fonds propres), elle doit emprunter des fonds sur le marché interbancaire auprès des banques centrales pour des refinancements à court terme.

## 2. Une banque, c'est un commerce de services

### *Fonction de la banque : rendre des services à la clientèle*

La banque prend **des commissions** sur ces services. Les commissions peuvent se définir comme des cotisations et prélèvements divers facturés aux clients en contrepartie de services rendus. Certaines commissions sont récurrentes (cotisation mensuelle pour l'adhésion à un package…) et d'autres non (frais de dossier pour un prêt immobilier…).

Les commissions sont principalement prélevées sur :

- l'épargne financière (frais de gestion, frais d'entrée…) ;
- le crédit (frais de dossier, pénalités pour remboursement anticipé du client…) ;
- les conventions de compte (package…) ;
- les services (opérations de change, frais de débit non autorisé…) ;
- l'assurance ;
- les voyages, les alarmes… lorsque ces produits sont commercialisés en agence ;
- la monétique (utilisation des distributeurs automatiques de billets et guichets automatiques bancaires, location des terminaux de paiement pour le marché des professionnels…)

**Remarque :** un retrait d'espèces dans le réseau Y réalisé par un client du réseau X entraînera une facturation au réseau X de la part du réseau Y.

# B. Le produit net bancaire

## 1. Formule de calcul

| |
|---|
| Produit net bancaire = Marge d'intermédiation + Commissions |

Le PNB est calculé par différence entre les produits bancaires et les charges bancaires (activité de prêt et d'emprunt, opérations sur titres, change, marchés dérivés…). Il mesure la contribution spécifique des banques à l'augmentation



B.U. BREST

de la richesse nationale et peut en cela être rapproché de la valeur ajoutée dégagée par les entreprises non financières. Depuis 1993, le calcul du PNB intègre les dotations ou reprises de provisions sur titres de placement. En revanche, les intérêts sur créances douteuses en sont déduits.

### 2. Importance des commissions dans le PNB

Le temps où la rentabilité des banques reposait sur l'intermédiation est révolu. Il y a 25 ans, les emprunteurs faisaient le PNB… les services étaient gratuits !

Comme la marge d'intermédiation est liée à l'environnement économique (taux de l'épargne, taux du crédit) et qu'elle tend à diminuer, les banques multiplient les sources de rentabilité pour accroître leur PNB : diversification de leurs activités (alarme, téléphonie, immobilier…). Les services ont l'avantage d'être pérennes. Ils sont moins sensibles à la conjoncture (par exemple aux variations de taux). Actuellement, les commissions tendent à représenter dans des réseaux 40 à 50 % du PNB. C'est pour cela qu'il est dit que le PNB est issu aujourd'hui de l'intermédiation et aussi de la facturation.

Cependant, l'environnement médiatique actuel tend à faire disparaître des commissions issues de la facturation dite punitive.

La maîtrise du **ratio commissions/marge d'intermédiation** de l'agence bancaire est capitale pour cette dernière. En effet, ce ratio mesure l'importance des commissions générées par rapport à la marge d'intérêt sur les ressources et les emplois. Comme les commissions perçues par la banque auprès de la clientèle sont étroitement liées aux efforts de la force de vente de l'agence, ce ratio permet de suivre l'évolution de l'activité commerciale de celle-ci. Cependant, la marge d'intermédiation est capitale pour les agences car les produits d'épargne et de crédit permettent de fidéliser dans le temps les clients (crédit immobilier à rembourser durant 25 années…).

## C. Le coefficient d'exploitation

La banque attache de l'importance à un autre indicateur de rentabilité : le coefficient d'exploitation.

L'établissement bancaire doit faire face à de nombreuses dépenses. Les principaux postes de dépenses sont les suivants :

- charges de personnel (masse salariale, formation…) ;
- charges de logistique (entretien et rénovation de l'agence, EDF, achats de fournitures…) ;
- charges informatiques (équipement, maintenance, achats logiciels…) ;
- charges de production bancaire (affranchissement courriers…) ;
- charges de marketing/communication (partenariats, publicité, prestations commerciales à payer au siège : PLV, mailing…).

Toutes ces charges constituent les frais généraux de l'agence.

Le coefficient d'exploitation (frais généraux/PNB) permet également d'évaluer la rentabilité de l'agence. Il met en évidence la part des gains réalisés qui est absorbée par les coûts fixes. Plus le ratio est bas, plus l'agence est « armée » pour l'avenir. Mais le degré d'acceptabilité de ce ratio diffère selon l'organisation du réseau d'agences. Néanmoins, ce ratio permet de positionner les agences issues d'un même groupe (départemental…).

## D. D'autres indicateurs de rentabilité bancaire

La banque mesure également la rentabilité de ses fonds propres. **Le retour sur fonds propres** (*return on equity* : ROE) se calcule de la manière suivante : résultat net/montant des fonds propres de la banque.

Pour les actionnaires de l'établissement, le rapport du résultat net aux fonds propres met en évidence le rendement de leur investissement.

**Le retour sur actifs** (*return on assets* : ROA) est l'expression de la rentabilité des actifs de la banque. Cet indicateur résulte de l'opération suivante : résultat net / total du bilan. Cet indicateur a un inconvénient. Il place tous les actifs sur un même plan alors que leurs risques sont différents. Et les activités hors bilan se sont développées au cours de ces dernières années…

Pourquoi prendre en compte les fonds propres de la banque pour évaluer la rentabilité de la banque ?

L'activité de la banque est affectée par des risques, pour elle-même et pour ses clients. Les profits de la banque doivent servir non seulement à rémunérer ses actionnaires mais également à renforcer ses fonds propres. Or, en cas de réalisation d'un risque, les fonds propres seront le dernier recours pour la banque pour faire face à celui-ci.

# III Compléments : l'exploitation des résultats de rentabilité par le chargé de clientèle

La rentabilité de la relation commerciale établie avec le client constitue un critère de segmentation pour la banque. Elle peut être croisée avec un autre critère tel que la fidélité du client (notre agence est-elle sa banque principale voire unique ?).

Dans cette démarche de rentabilité que suit la banque, des actions de rentabilisation vont être menées auprès des clients non rentables et infidèles. Ces clients pourront être rencontrés afin d'être informés de leurs difficultés et de se voir proposer la poursuite de la relation à partir d'un équipement incontournable tel que le package (source de commissions récurrentes).

Des actions de rentabilisation et de gestion à distance pourront être proposées aux clients non rentables mais fidèles. Les clients seront rencontrés afin de les convaincre d'adopter des équipements de nature à alléger le coût de la relation en utilisant pour certaines opérations la banque à distance.

Quant aux clients rentables et fidèles, des actions de conservation et de consolidation de rentabilité seront menées auprès d'eux (rencontre régulière pour suivre l'évolution de leurs attentes et leur proposer des solutions d'épargne complémentaires).

Les clients rentables mais infidèles seront approchés dans le but d'approfondir leurs connaissances afin de les reconquérir. Des produits fidélisants leur seront proposés.

**Piège à éviter :** apprécier la rentabilité de son portefeuille est fondamentale pour un chargé de clientèle qui ne doit pas retenir que ses résultats commerciaux (production bancaire). Mais il lui faut également apprécier le risque de son portefeuille.

# Application

## Énoncé 1

Le conseiller n'a pas souvent accès aux données concernant le PNB dégagé par la vente des produits.
**Listez quelques indicateurs qui permettent au conseiller de positionner son portefeuille par rapport aux autres portefeuilles de l'agence.**

## Solution 1

Des indicateurs plus accessibles au chargé de clientèle :

- le montant de l'épargne bancaire confiée par les clients ;
- le montant des flux confiés par le client à sa banque ;
- le montant des virements programmés par le client vers de l'épargne bancaire du réseau ;
- le taux d'équipement (nombre de produits et services détenus par compte) exemple : une carte bancaire pour un couple (compte joint) ;
- le taux de détention de produit par client. En partant de l'exemple ci-dessus, si le foyer (compte joint) se compose d'un couple, monsieur et madame seront à équiper. Chacun peut en effet être titulaire d'une carte.

## Énoncé 2

De grosses campagnes de collecte d'épargne ont eu lieu dans votre agence depuis deux années. Il apparaît que la marge totale dégagée par l'épargne des clients confiée à l'agence s'élève cette année à 4 427 K€. L'agence a octroyé de nombreux crédits à ses clients. Et la marge totale dégagée par ces crédits est de 3 692 K€. Le réseau se positionne sur le marché bancaire depuis quelques années comme un bancassureur. Les dernières campagnes d'assurance ont porté leurs fruits. L'agence a perçu pour cette année 2 523 K€ de commissions. La vente et la gestion d'assurance-vie et d'OPCVM ont rapporté 2 217 K€. L'équipe des chargés d'accueil a fait beaucoup de rebond commercial ; cela a contribué à équiper les clients en cartes et services bancaires. La commission totale générée par les cartes et services s'élève à 1 123 K€.
**Calculez le produit net bancaire de l'agence.**

## Solution 2

Marge totale dégagée par l'épargne : 4 427 K€
+ Marge totale dégagée par les crédits : 3 692 K€
+ Total des commissions générées par les assurances : 2 523 K€
+ Total des commissions générées par les assurances-vie et OPCVM : 2 217 K€
+ Total des commissions générées par les cartes et services : 1 123 K€
= 13 982 K€

# 9 Un zoom sur la négociation bancaire

## I Principes clés

Les associations de consommateurs, les médias décrient beaucoup les banques. Un abus tarifaire des différents services bancaires leur est reproché. Le client bancarisé est devenu méfiant, averti et négociateur.

Lorsque le client quitte son banquier, il peut avoir l'impression d'être venu souscrire des produits dont il n'avait pas réellement besoin. De même, comme les agences doivent atteindre des objectifs de vente, la pression des objectifs peut être ressentie par les clients. D'où la difficulté aujourd'hui de faire venir le client en agence et de lui faire prendre conscience de la pertinence de la proposition commerciale.

Si vous ne voulez pas ressembler à « un marchand de tapis », vous devez être crédible (rappel du devoir d'information, de conseil...) au niveau de votre connaissance sur les produits (maîtrise de l'offre bancaire), de la législation bancaire et des procédures de souscription. L'apprentissage des techniques bancaires et droit bancaire vous permettra d'obtenir une valeur ajoutée par rapport à d'autres postulants et de fidéliser les clients de votre portefeuille. Vos connaissances devront être actualisées en permanence. Mais cela ne suffira pas ! Il faudra adopter une approche structurée de la relation client.

## II Éléments et analyse

### A. La relation banque – client : une relation multicanal

Aujourd'hui, le client a une relation multicanal avec sa banque : contacts avec son agence, la plateforme téléphonique, internet, minitel, mobile *via* les SMS reçus (consultation des dernières opérations, alerte sur un solde minimum...). La banque développe de plus en plus la gestion de la relation à distance. Aussi lorsque le client se déplace en agence pour s'entretenir avec son conseiller financier, il doit y trouver une réelle valeur ajoutée par rapport à sa relation avec sa banque *via* les autres canaux.

### B. Les attentes du client lors d'un entretien avec son banquier

- La prise en compte de sa situation personnelle, financière, familiale et fiscale.
- La prise en compte des évolutions récentes de la réglementation bancaire.
- Des informations claires et disponibles sur les produits, les nouvelles dispositions.
- L'analyse de ses placements.
- Des propositions de placement, de crédit s'appuyant sur des estimations chiffrées.
- L'optimisation de son potentiel d'épargne.

## C. La nécessité de suivre une méthode de vente

En l'absence de méthode de vente structurée, le conseiller financier procédera à des découvertes embryonnaires et se confrontera à des défauts de conseil. La clientèle pourra alors se laisser séduire aux appels de la concurrence qui lui paraîtront plus professionnels.

Les raisons de suivre une méthode de vente structurée :

- établir une relation de confiance avec le client,
- aider le client à exprimer ses besoins latents (prévoyance…),
- renforcer l'image professionnelle du conseiller,
- donner au client le meilleur conseil,
- informer le client sur la gestion du portefeuille dans l'établissement bancaire,
- exploiter l'intégralité du potentiel du client,
- aider le conseiller à réaliser ses objectifs de vente plus facilement.

## D. Les étapes de l'entretien de vente

Structurer son entretien, c'est en déterminer les étapes. La méthode de vente doit être rythmée par des étapes qui s'enchaînent. Le respect de l'ordre chronologique est primordial car la réussite de chaque phase est nécessairement conditionnée par celle des phases précédentes.

| Avant l'entretien | Préparer l'entretien |
|---|---|
| **Pendant l'entretien** | Accueillir<br>Découvrir<br>Reformuler<br>Proposer – argumenter<br>Conclure<br>Vendre (signature du contrat) |
| **Après l'entretien** | Auto évaluer son entretien<br>Suivre la relation (=organiser des relances)<br>Suivre ses ventes |

# III Compléments

## A. La réussite de l'entrée en relation

Elle peut se résumer à travers la règle des 4 × 20.

| |
|---|
| **Objectif de cette règle :** accroître l'impact du contact |
| **Les 20 premières secondes :** l'entrée en relation doit être soignée, préparée, répétée |
| **Les 20 cm du visage :** le visage est ouvert, souriant. Le conseiller regarde son interlocuteur dans les yeux. |
| **Les 20 premiers gestes :** le conseiller a une démarche assurée, la posture du corps droite, une poignée de main directe et franche, des gestes toniques. |
| **Les 20 premiers mots :** sa présentation est maîtrisée. |

Le conseiller construit son image à partir de son apparence physique, sa tenue vestimentaire, sa démarche, ses premières attitudes face au client, son premier contact, son accueil, sa méthode de travail…

## B. La prise en compte de l'autre

La prise en compte de l'autre peut se résumer en un mot : **l'empathie**. L'empathie, « cheval de bataille » de la communication et du métier de conseiller financier est la capacité à comprendre une autre personne pour percevoir ses sentiments. La pratique de l'empathie est fondamentale lors d'un entretien commercial. La question suivante doit être régulièrement posée lors d'une rencontre avec un client ou prospect : « qu'est ce qui se passe actuellement chez la personne qui est en face de moi ? ».

| | |
|---|---|
| **Les effets de l'empathie** | • Améliorer la qualité de la communication.<br>• Augmenter le degré d'estime de soi de l'interlocuteur.<br>• Ouvrir l'entretien vers d'autres thèmes. |
| **La manifestation de l'empathie** | • Mettre des mots sur l'émotion dominante de l'interlocuteur.<br>• Demander à l'interlocuteur ce dont il a le plus besoin.<br>• Comprendre sa réponse et la reformuler sans la modifier. |
| **Des conseils pour améliorer son empathie** | • Ne pas avoir d'idées reçues (ex : un client patrimonial peut avoir des soucis de trésorerie).<br>• Ne pas se laisser impressionner par le montant des soldes créditeurs de comptes d'un client ou par le montant de ses avoirs.<br>• Ne pas avoir de tabou par rapport à l'argent.<br>• Entrer dans l'univers de l'autre en faisant son portrait-robot (ex : face à un client de 20 ans, se demander « qui est-il aujourd'hui ? » et ne pas se dire « moi, à son âge… »). |

Pour faire avancer un entretien, l'interlocuteur doit se sentir compris. Pour cela, un minimum de compréhension formulée de la part du conseiller aide le client ou prospect à s'exprimer.

Le conseiller ne peut jamais se mettre à la place de l'autre même s'il a vécu une situation similaire à la sienne. Il n'est pas le client. Chaque individu a une histoire de vie différente.

## C. Des astuces pour mieux vendre

- **Prise de conscience d'un manque** : sur une feuille de papier, le conseiller réalise un schéma qui montre la constitution du portefeuille produits bancaires et financiers du client. Les produits sont répartis en trois familles : épargne (disponible, à long terme)/assurance et prévoyance/crédit (consommation, immobilier, permanent…). L'objectif de ce schéma est de faire prendre conscience au client d'un éventuel déséquilibre de son portefeuille et de le faire adhérer aux propositions commerciales à venir (virements programmés sur de l'épargne disponible, souscription d'un contrat d'assurance décès pour protéger les siens, souscription à un produit retraite…).

- **Acceptation par le client du montant de la cotisation** : le conseiller divise le montant de la cotisation annuelle par 12 pour annoncer un montant mensuel « pour … € par mois, vous bénéficiez d'une assistance juridique à domicile ». Pour faire accepter plus facilement le montant de la cotisation, le conseiller peut évoquer un achat de produit courant pour l'équivalent de cette somme « pour le prix d'une baguette… ».
- **Solution de repli** : si la vente ne se réalise pas immédiatement, le conseiller donne souvent de la documentation et prend un deuxième rendez-vous. Néanmoins, comme le conseiller aura fait une découverte en profondeur de son interlocuteur, il doit avoir un retour sur investissement de sa préparation de l'entretien. La transition est alors à soigner « en préparant notre entretien, je n'ai pas vu de solutions pour maintenir votre niveau de vie à la retraite. Y avez-vous songé ? »
- **Projection du client** : amener le client à avoir besoin du produit en question en provoquant une projection imaginaire dans l'avenir « si demain, il vous arrive quelque chose. Qu'est-ce qui se passe pour vos enfants ? » – « si je vous propose de payer moins d'impôts, cela vous intéresse ? » ou en anticipant la possession de ce produit « imaginez que vous avez…, vous pourrez ainsi… ».

## D. Les devoirs du banquier dans le cadre de sa déontologie

Un conseiller financier doit respecter, dans le cadre de la déontologie bancaire, plusieurs devoirs : le devoir de conseil, le devoir d'information, le devoir de vigilance, le devoir de bon sens, le devoir de non ingérence, le devoir de déclaration de soupçon, le devoir de tenue de registre, le devoir de prudence.

# Application

### Énoncé

Négocier, c'est communiquer !

Mais le plus souvent, les deux parties ont des intérêts et objectifs différents. C'est ce qui les pousse à négocier. Si les intérêts divergent, une marge de négociation apparaît. Chaque partie recherche une zone d'accord possible. Si aucun accord n'est trouvé, la négociation va devenir soit à dominante acheteur, soit à dominante vendeur. Des compromis et des concessions devront alors apparaître pour que la négociation puisse aboutir. Le type de négociation variera selon le type de stratégie suivie par l'entreprise (stratégie de conquête, de fidélisation).

**Retrouvez pour chaque situation commerciale décrite ci-dessous la stratégie mise ou à mettre en place par le conseiller dans le cadre de l'entretien.**

1. Situation : le client est en position dominante. Sa motivation principale est l'argent. Tout lui est offert ; il réclame à sa banque toujours plus.

2. Situation : le client tend à mener l'entretien en formulant très tôt des objections sans laisser le conseiller exposer les atouts de son offre. Il a soit des *a priori*, soit il a peur du changement.
3. Situation : le client a étudié parfaitement un produit bancaire et accepte un rendez-vous dont l'objectif est la présentation du produit en question.
4. Situation : le prospect est client dans une banque concurrente. La banque du conseiller lui sert de « lièvre » (expression utilisée dans le milieu bancaire). Le prospect a pour motivation principale le prix. Dans le cas d'une recherche de prêt immobilier, il veut le taux le plus bas du marché.

   Il se sert de la simulation de votre banque pour faire baisser le taux annoncé par sa banque. En général, ce prospect s'intéresse peu à la gamme de produits de votre établissement. Ses questions sont axées sur le taux, les frais de dossier. À ce stade, ce prospect n'est pas générateur de PNB et fait perdre du temps à la banque nouvellement sollicitée... Néanmoins, c'est bien souvent à l'occasion d'un emprunt immobilier que le client est prêt à changer de banque.
5. Situation : le conseiller propose à son client un bon taux de crédit immobilier. Satisfait de l'effort commercial, le client accepte de souscrire un contrat d'assurance décès dans l'établissement.
6. Situation : le client a un projet (exemple : projet immobilier). Il vient chercher une simulation de crédit et implicitement un accompagnement dans son projet. Le conseiller marquera des points si le client se sent en confiance. La vente ne se concrétisera pas au premier entretien mais plusieurs points du contrat auront déjà été étudiés et validés par le client. Le conseiller fait profiter de son expérience en respectant son devoir d'information et de conseil.
7. Situation : le conseiller est en retard sur ses objectifs ou est en campagne pour un produit. Il accueille un client à qui il a décidé de vendre tel produit sans se soucier des besoins et projets du client. Il est convaincu que ce produit est idéal pour son client.
   Le conseiller dynamique et fonceur ne cesse d'argumenter. Il enivre le client par son « bagout ». Le client finit par céder. Quelle pérennité à cette relation ?
8. Situation : le conseiller a des objectifs à atteindre mais n'oublie pas que le client a des besoins et des projets. Il respecte le rythme de l'entretien qu'il sait modifier grâce à son écoute active. Il est proactif. Il rebondit sur les objections et informations livrées par le client. Il conduit son interlocuteur à la bonne décision en répondant aux objectifs de son établissement (PNB...).

**Stratégies possibles :**

**A. Stratégie du discours technique** : le conseiller adopte un registre de vocabulaire plus technique pour être crédible et montrer la maîtrise de ce produit mais doit être très vigilant. En acceptant ce terrain d'entretien technique, le client peut vouloir toujours le prendre à défaut !

**B. Stratégie vente conseil post-diagnostic** : La découverte du client est la pierre angulaire d'un bon entretien de vente. Sans diagnostic, pas de tour d'horizon sur la situation du client.

**C. Stratégie « donnant - prenant »** : le conseiller doit rester maître de l'entretien, faire preuve de rigueur, être prudent dans les annonces. Il doit se garder des marges de négociation et donner au client le sentiment de le faire gagner. Mais il doit dire au client ce que la banque peut accorder et jusqu'où elle peut aller.

**D. Stratégie vente centrée sur le résultat ou sur un produit.**

**E. Stratégie « taux profilé pour prospect »** : cette situation est donc à gérer avec professionnalisme - ne pas jouer au marchand de tapis en baissant tous les jours suite à la demande du client mais proposer dès la première simulation d'emprunt le taux pratiqué par votre établissement pour ce profil prospect.

**F. Stratégie de « vente défensive »** : le conseiller le rassure en développant les atouts de son offre en réponse à ses objections.

**G. Stratégie de vente centrée sur le client et le résultat**

**H. Stratégie équilibrée « gagnant gagnant » (ou « donnant donnant »)** : définir sa stratégie de vente traduit la volonté d'obtenir un résultat tangible. Elle se concrétise donc par le résultat attendu en fin d'entretien « en terminant cet entretien, j'aurai fait signer… ». Pour que le résultat attendu soit accepté par le client, le conseiller doit le formuler de façon équilibrée. Il doit mettre en avant autant l'intérêt de son interlocuteur que celui de son entreprise.

## Solution

1 C - 2 F - 3 A - 4 E - 5 H - 6 B - 7 D - 8 G

# II

# Le compte et les moyens (services) de paiement

# 10 Le compte bancaire et son ouverture

## I Principes clés

Le premier contact avec un prospect avec lequel la banque souhaite entrer en relation est primordial. À ce stade, le chargé de clientèle doit analyser avec précision le contexte de cette entrée en relation pour mieux apprécier le niveau de risque encouru. En effet, l'ouverture d'un compte avec mise à disposition de moyens de paiements est un acte plus ou moins risqué et la responsabilité du banquier se trouverait engagée en cas d'incident et de manquement aux contrôles à effectuer lors de l'ouverture. Si l'entrée en relation comporte un niveau de risque jugé trop élevé, alors le banquier peut refuser l'ouverture du compte.

## II Méthode : l'ouverture du compte

### A. Le droit au compte

Ce droit au compte est prévu par l'article 312-1 du Code monétaire et financier (nouveau CMF du 14 décembre 2000 qui s'appuie tant sur la loi bancaire de 1984 que sur la loi relative à la lutte contre l'exclusion de juillet 1998). Ce droit au compte a encore profité d'une amélioration le 28 avril 2006 en simplifiant la procédure pour le client qui se verrait refuser l'ouverture d'un compte.

L'article L. 312-1 stipule en effet que :

« Toute personne physique ou morale domiciliée en France, dépourvue d'un compte de dépôt, a droit à l'ouverture d'un tel compte dans l'établissement de crédit de son choix.

L'ouverture d'un tel compte intervient après remise auprès de l'établissement de crédit d'une déclaration sur l'honneur attestant le fait que le demandeur ne dispose d'aucun compte. En cas de refus de la part de l'établissement choisi, la personne peut saisir la Banque de France afin qu'elle lui désigne un établissement de crédit situé à proximité de son domicile ou d'un autre lieu de son choix, en prenant en considération les parts de marché de chaque établissement concerné, dans un délai d'un jour ouvré à compter de la réception des pièces requises. L'établissement de crédit qui a refusé l'ouverture d'un compte informe le demandeur que celui-ci peut demander à la Banque de France de lui désigner un établissement de crédit pour lui ouvrir un compte. Il lui propose, s'il s'agit d'une personne, d'agir en son nom et pour son compte en transmettant la demande de désignation d'un établissement de crédit à la Banque de France ainsi que les informations requises pour l'ouverture du compte.

L'Association française des établissements de crédit et des entreprises d'investissement, mentionnée à l'article L. 511-29, adopte une charte d'accessibilité bancaire afin de renforcer l'effectivité du droit au compte. Cette charte précise les délais et les modalités de transmission, par les établissements de crédit à la Banque de France, des informations requises pour l'ouverture d'un compte. Elle définit les documents d'information que les établissements de crédit doivent mettre à disposition de la clientèle et les actions de formation qu'ils doivent réaliser.

La charte d'accessibilité bancaire, homologuée par arrêté du ministre chargé de l'économie, après avis du comité consultatif du secteur financier et du comité consultatif de la législation et de la règlementation financière, est applicable à tout établissement de crédit. Le contrôle du respect de la charte est assuré par l'ACPR et relève de la procédure prévue à l'article L. 613-15.

Les établissements de crédit ne peuvent limiter les services liés à l'ouverture d'un compte de dépôt aux services bancaires de base que dans des conditions définies par décret.

En outre, l'organisme désigné par la Banque de France, limitant l'utilisation du compte de dépôt aux services bancaires de base, exécute sa mission dans des conditions tarifaires fixées par décret.

Toute décision de clôture de compte à l'initiative de l'établissement de crédit désigné par la Banque de France doit faire l'objet d'une notification écrite et motivée adressée au client et à la Banque de France pour information. Un délai minimum de quarante-cinq jours doit être consenti obligatoirement au titulaire du compte.

Ces dispositions s'appliquent aux interdits bancaires. »

Depuis le 28 avril 2006, la banque qui vient de refuser l'ouverture du compte peut proposer de se charger des formalités auprès de la Banque de France. Avant cette date, c'était au client éconduit qu'il revenait de justifier auprès de la Banque de France des refus essuyés. Il devait en particulier fournir une attestation prouvant le refus d'ouverture du compte. Si le client demande à la banque de se charger des formalités auprès de la Banque de France, il devra fournir un dossier comportant une pièce d'identité (photo), un justificatif de domicile, une attestation sur l'honneur qu'il n'est titulaire d'aucun autre compte, et il devra faire part de ses préférences géographiques.

Le client peut aussi décider de s'occuper personnellement des démarches à accomplir auprès de la Banque de France.

L'arrêté du 18 décembre 2008 impose à toutes les banques d'appliquer dès le 1^er^ janvier 2009 la charte d'accessibilité adoptée par l'Association Française des Etablissements de Crédit et des Entreprises d'Investissement (AFECEI) pour renforcer l'effectivité du droit au compte.

La loi de séparation et de régulation des activités bancaires de 2013 renforce la question de l'accessibilité en obligeant l'Association française des établissements de crédit et des entreprises d'investissement, mentionnée à l'article L. 511-29 du Code monétaire et financier à adopter une charte d'inclusion bancaire. L'objectif est de « renforcer l'accès aux services bancaires et de faciliter l'usage de ces services » (art. 17 bis-A de la loi de 2013).

D'autre part, le texte (art. 21) prévoit que le « département, la Caisse d'allocation familiale, le centre communal ou intercommunal d'action sociale dont cette personne dépend ou une association ou fondation à but non lucratif dont l'objet est d'accompagner les personnes en difficulté ou de défendre les consommateurs ou les intérêts des familles peut également transmettre en son nom et pour son compte la demande de désignation et les pièces requises à la Banque de France ».

## B. Le service de base bancaire

Ce service bancaire de base est né de la commission Jolivet, qui a conduit la négociation entre les pouvoirs publics, les établissements bancaires et les associations de consommateurs.

Les personnes les plus démunies, notamment les bénéficiaires des minima sociaux, qui éprouvent des difficultés à trouver un établissement bancaire, peuvent, après avoir essuyé un refus d'ouverture de compte auprès d'une banque, s'adresser directement à la Banque de France qui désigne un établissement tenu de leur fournir les prestations de base.

Le contenu du service de base (loi Murcef décret 2001-45 du 17 janvier 2001) :

- l'ouverture, la tenue et la clôture du compte,
- les dépôts et retraits d'espèces au guichet,
- l'encaissement de chèques et de virements,
- l'exécution de virements, le paiement de prélèvements et des TIP,
- deux formules de chèques de banque par mois,
- une carte de paiement à autorisation systématique ou une carte de retrait,
- un relevé de compte mensuel,
- l'interrogation à distance du solde du compte,
- la délivrance, à la demande, de RIB,
- un changement d'adresse par an.

Ces services doivent être fournis gratuitement aux personnes ayant ouvert un compte auprès d'un établissement désigné par la Banque de France.

Au-delà du droit au compte, la loi Murcef votée en 2001 affiche comme objectif de pacifier les relations entre la banque et son client. C'est ainsi que la loi prévoit : le recours à un médiateur chargé de proposer une solution en cas de litige, un aménagement pour le rejet de chèque de moins de 50 €, une communication de toute modification tarifaire 3 mois avant sa mise en œuvre. En l'absence de contestation dans un délai de deux mois, le tarif est supposé accepté par le client. Dans le cas contraire, ce dernier pourra demander la clôture ou le transfert de son compte et ceci gratuitement.

## C. Typologie des comptes

### 1. Le compte individuel

Le compte individuel n'est ouvert qu'à une personne. Seule sa signature, en l'absence de procuration, est autorisée pour le fonctionnement du compte.

## 2. Les comptes collectifs : compte ouvert au nom de plusieurs co-titulaires

### *Compte joint*

• **Fonctionnement**

Chaque co-titulaire peut faire fonctionner le compte sous sa seule signature et disposer de l'intégralité de l'actif du compte, même si la contribution à l'actif est inégalement répartie entre les co-titulaires : c'est la solidarité active. La notion de solidarité ne joue que dans les rapports entre les co-titulaires et le banquier teneur de compte.

En contrepartie, chaque co-titulaire est responsable de l'intégralité d'un éventuel solde débiteur. En cas de chèque impayé, les co-titulaires sont tous interdits bancaires. C'est la solidarité passive.

Dans la pratique, le libellé du compte joint est généralement le suivant (en cas de couple marié) :

« Monsieur ou Madame Grelet »

• **Dénonciation de convention de compte joint**

Lorsque des clients co-titulaires d'un compte joint ne s'entendent plus et que l'un d'eux souhaite se désolidariser du compte joint, la banque doit respecter la procédure suivante :

- réception d'une demande de désolidarisation de la part d'un des co-titulaires : ce courrier n'autorise pas le banquier à clôturer le compte. Il supprime simplement la solidarité active et transforme de fait le compte joint en compte indivis ;
- notification à l'autre (aux autres) cotitulaire (s) de la transformation du compte joint en compte indivis ;
- proposition de clôture du compte indivis qui présentera dès lors des difficultés de fonctionnement. La banque devra alors obtenir la signature de l'ensemble des co-titulaires pour procéder à la clôture du compte.

### *Compte indivis*

Pas de solidarité active. Tous les co-titulaires doivent signer pour engager une opération. Pour en simplifier le fonctionnement, un mandataire peut être désigné dans le cadre d'une procuration donnée par l'ensemble des co-titulaires. La solidarité passive en vigueur sur ce type de compte implique que chaque co-titulaire est solidairement responsable d'un éventuel solde débiteur. Ce type de compte est particulièrement adapté dans les cas d'indivision patrimoniale (conséquence d'une succession par exemple).

Dans la pratique, le libellé du compte d'indivision est généralement le suivant :

« Monsieur Thomas Bourde et Mathieu Catas »

Afin d'atténuer les conséquences de la solidarité passive, l'article L. 131-80 du Code monétaire et financier permet la désignation préalable d'un responsable. En cas d'émission d'un chèque sans provision, seul ce responsable sera interdit bancaire (sur ce compte et tous ses autres comptes). Les autres co-titulaires ne peuvent plus émettre de chèque sur ce compte mais ils ne sont pas interdits bancaires sur leurs autres comptes.

## D. Les modalités pratiques d'une ouverture de compte

| Vérifications | Justifications | Formalités |
|---|---|---|
| État civil | Il n'y a pas de liste officielle de documents permettant de justifier de son identité.<br>Tout document émanant d'une administration et comportant une photo du titulaire est un document permettant de justifier de son identité. Cependant, devant la multiplication de faux papiers en circulation, certaines banques sont plus restrictives que d'autres et n'acceptent que :<br>La carte d'identité de moins de 10 ans,<br>Le passeport en cours de validité. | Vérifier que le document produit n'est pas falsifié pour masquer une interdiction bancaire (modification date de naissance), qu'il est récent (on identifie clairement le porteur).<br>Conserver une copie du document ayant servi à justifier l'identité.<br>Signer la convention d'ouverture de compte.<br>Recueillir la ou les signatures (si compte collectif joint ou indivis).<br>Déclarer l'ouverture du compte à l'administration fiscale (fichier FICOBA). |
| Domicile | Il s'agit d'obtenir une adresse à laquelle la banque peut joindre son client. | Envoyer un courrier de bienvenue après l'ouverture permettra de vérifier l'exactitude des renseignements donnés.<br>Une facture EDF, une facture de téléphone de moins de trois mois suffisent pour justifier d'un domicile. |
| Nationalité | Le statut du client va dépendre de sa nationalité. Un client étranger en France mais qui réside habituellement en France aura le statut de résident.<br>À l'inverse, un français résident à l'étranger aura un statut de non-résident. | Carte d'identité<br>Titre de séjour |
| Capacité civile | La pièce d'identité permet de vérifier l'âge de la personne et de déterminer si elle est majeure ou mineure (les mineurs émancipés ont la capacité civile).<br>Dans le cas d'un mineur non émancipé et / ou d'un majeur incapable, la vérification s'étend au représentant légal. | Les restrictions à la capacité civile (sauvegarde de justice, curatelle, tutelle) sont prononcées lors de jugements recensés au répertoire civil (RC). L'acte de naissance porte alors la mention RC en marge.<br>Une telle consultation étant nuisible à la relation commerciale, ces vérifications ne seront réalisées qu'en cas de doute sérieux. |
| Capacité bancaire | Il s'agit de vérifier que la personne n'est pas frappée d'une interdiction bancaire, qu'elle n'a pas eu d'incident de remboursement de prêts. | Consultation des fichiers banque de France : FCC et FICP (voir fiche 1). |

## E. Le fonctionnement du compte : la convention de compte

La convention de compte est un contrat entre la banque et son client, qui précise les modalités de fonctionnement du compte de dépôt. Sont ainsi précisées les conditions d'ouverture, de gestion et de clôture. Par ailleurs, les autres produits (épargne, crédit) qui font l'objet de contrats particuliers ne sont pas concernés.

Ce document de référence précise les règles de fonctionnement du compte et des moyens de paiement qui y sont rattachés. Ainsi, les conventions de compte rappellent la réglementation en vigueur en matière de chèque sans provision (voir fiche n° 15), indiquent ce qui se passe en cas de solde débiteur (mode de calcul des intérêts débiteurs), explicitent les dates de valeur, comportent des éléments d'explication sur l'utilisation des cartes (voir fiche N° 16) et la responsabilité respective du titulaire et de la banque (montant des retraits permis par la carte, que faire en cas de perte ou de vol...).

La loi Murcef du 11 décembre 2001 avait posé des principes qu'il convenait de rendre opérationnel. C'est grâce à la Charte signée le 9 janvier 2003 que les banques se sont entendu sur un socle minimal.

| Contenu | Commentaire |
|---|---|
| La durée de la convention | Durée indéterminée |
| Les modalités d'ouverture | Les pièces de contrôle obligatoires (identité, capacité civile et juridique, domicile, déclaration FICOBA) |
| Les produits et services rattachés au compte | Obtention, fonctionnement et retrait des moyens de paiement (délivrance d'un chéquier)<br>Procédure de traitement des incidents de fonctionnement<br>Modalités d'information du client sur les mouvements affectant son compte |
| Les commissions, tarifs et les dates de valeur applicables | La loi sur la concurrence votée en novembre 2007 rend obligatoire la communication d'un récapitulatif annuel des frais bancaires payés par le client. |
| Modification tarifaire | Information par écrit du client 3 mois avant l'entrée en vigueur des nouveaux tarifs.<br>Passé un délai de 2 mois le client qui n'aurait pas contesté ces conditions est supposé les avoir acceptées. |
| Position débitrice non autorisée | Tarif<br>Information du titulaire<br>Découvert de moins de 3 mois consécutifs fait l'objet d'une convention spécifique qui définit les conditions d'utilisation de la position débitrice. |
| Engagement du client | Informer sa banque de tous les changements de situation intervenus depuis l'ouverture du compte. |
| Secret professionnel | Le Banquier teneur du compte s'engage à une obligation de confidentialité (sauf exceptions prévues par la réglementation : dans le cas d'un ATD, d'une saisie attribution, le banquier doit communiquer la position du compte). |
| Compte joint | Rappel du fonctionnement (solidarité passive et active et ses conséquences en matière d'interdiction bancaire).<br>Désignation d'un mandataire (voir point sur la procuration). |

| Contenu | Commentaire |
| --- | --- |
| Transferts, résiliation, clôture | La convention précise les délais, rappelle que la clôture ou le transfert sont gratuits dès lors qu'ils sont motivés par une modification substantielle du contrat bancaire. |
| Décès du titulaire | Fonctionnement du compte |
| Fonctionnement du compte ouvert dans le cadre de la procédure du droit au compte | Article 312-1 du CMF et service de base bancaire |
| La médiation | Le client peut saisir gratuitement le médiateur en cas de litige avec sa banque. |

## F. La procuration

C'est un mandat qui autorise une tierce personne (mandataire) à agir pour le compte du titulaire (mandant). Il existe deux types de procurations :

- la procuration générale : pas de limitation dans la durée, les montants, la nature des opérations ;
- la procuration spéciale : limitée dans le temps, limitée à certaines opérations ; limitée en montant.

La procuration doit faire l'objet d'une acceptation réciproque du mandant et du mandataire par la signature d'un avenant à la convention de compte. Le mandant devra faire précéder sa signature de la mention « bon pour pouvoir », le mandataire de la mention « Bon pour acceptation de pouvoir ». La procuration n'exonère en aucune façon le titulaire du compte. Par exemple, dans le cas de l'émission d'un chèque sans provision par le mandataire, c'est à l'encontre du titulaire du compte que sera prononcée une éventuelle interdiction bancaire.

La procuration cesse d'exister au décès du titulaire du compte, à l'échéance prévue dans le cas d'une procuration spéciale, ou dans le cas où le mandataire renonce à son mandat. Dans tous les cas, le banquier doit être informé.

# III Complément : précisions juridiques

## A. Le statut bancaire du mineur

Jusqu'à l'âge de la majorité fixée à 18 ans en France, le mineur est juridiquement incapable (sauf cas d'émancipation). Ses comptes bancaires fonctionnent sous la responsabilité des parents (ou du représentant légal). Le mineur non émancipé peut être protégé par deux régimes : l'administration légale ou la tutelle. Pour les mineurs, trois cas sont à envisager :

| Situation du mineur | Explications |
|---|---|
| *Cas 1 :*<br>Moins de 16 ans | **Mineur sous administration légale pure et simple** :<br>l'ouverture d'un compte ainsi que les modalités de fonctionnement sont déterminées par les parents (père ou mère dépositaire de l'autorité parentale). Par exemple, les parents vont déterminer un seuil maximum de retrait par semaine avec la carte souvent remise lors du passage à 12 ans.<br>**Mineur sous administration légale sous contrôle judiciaire :**<br>un seul parent exerce l'autorité parentale (autre parent décédé, ou déchu de cette autorité). C'est ce parent qui représente légalement l'enfant et qui a la capacité d'ouvrir un compte.<br>**Mineur sous tutelle**<br>L'ouverture et le fonctionnement du compte sont autorisés par le tuteur. Un mineur ne peut emprunter qu'avec l'autorisation du ou des parents et en principe l'accord du juge des tutelles.<br>Exception : un mineur peut ouvrir seul un livret de Caisse d'épargne (loi du 13 mars 1917 et article 221-4 du CMF). « Les mineurs sont admis à se faire ouvrir des livrets sans l'intervention de leur représentant légal. » Par contre les prélèvements ne seront possibles qu'avec l'accord des parents. |
| *Cas 2 :*<br>de 16 à 18 ans | Le mineur de plus de 16 ans salarié ou titulaire d'une bourse d'étude peut ouvrir un compte bancaire et le faire fonctionner sans l'accord de ses représentants légaux. Entre 16 et 18 ans, un mineur peut détenir un chéquier ainsi qu'une carte de paiement avec l'accord préalable de ses parents. Ces derniers restent responsables du fonctionnement du compte. |
| *Cas 3 :*<br>mineur émancipé | **Émancipation par le mariage**.<br>Depuis 2006, l'âge légal du mariage des femmes est aligné sur celui des hommes c'est-à-dire 18 ans. L'émancipation par le mariage (pour les femmes) devient de plus en plus rare. En effet, selon l'article 145 du Code civil le mariage avant 18 ans ne sera possible qu'après avoir recueilli le consentement des deux parents ainsi qu'une dispense du procureur de la république (dispense accordée en raison d'un motif grave). En l'absence des parents, le consentement devra être accordé par les grands-parents ou le conseil de famille.<br>**Émancipation sur décision du juge des tutelles.**<br>Émancipation à partir de 16 ans et à la demande des parents ou du conseil de famille. Le juge des tutelles accorde l'émancipation après s'être assuré que cette dernière n'est pas contraire à l'intérêt du mineur. Dès lors, le mineur devient capable et peut ouvrir seul un compte bancaire. |

## B. La connaissance du régime matrimonial du couple de clients

| **Profil du couple** | Couple dont l'un est sans revenu et sans patrimoine propre. | Couple âgé et sans enfant à charge. | Couple souhaitant gérer indépendamment leur bien tout en participant à l'accroissement de la fortune de l'autre. | Couple dont l'un exerce une activité à risque ou souhaite conserver ses revenus propres/familles recomposées. |
|---|---|---|---|---|
| **Régime requis** | Communauté réduite aux acquêts (absence de contrat). | Communauté universelle. | Participation aux acquêts. | Séparation de biens. |
| **Composition du patrimoine** | Biens communs, biens propres[a] à chaque époux. | Biens communs. | Biens indivis (achetés par les deux), biens personnels de chaque époux. | |
| **Gestion des biens** | Biens communs : chacun peut les gérer et les vendre seul sauf exceptions.<br>Biens propres : gestion et vente libres sauf vente du logement familial. | | Biens indivis : gestion et vente à deux.<br>Biens personnels : gestion et vente libres sauf vente du logement familial. | |
| **Dettes** | Les biens et revenus des époux sont engagés par les dettes de la vie courante, dettes liées à l'éducation des enfants, les emprunts et cautionnements à deux pendant l'union et autres dettes nées pendant l'union. | Toutes les dettes sont communes et engagent les biens communs (sauf emprunt ou cautionnement si l'autre conjoint n'a pas consenti à engager les biens communs). | Chaque époux est seul responsable de ses dettes sauf solidarité conventionnelle, dettes de la vie courante ou liées à l'éducation des enfants ou si l'autre s'est porté caution. | |

a. Pour la notion de bien propre, se reporter à la fiche 25.

# Application

### Énoncé 1

1. **Rappelez les précautions qu'un banquier doit prendre avant de procéder à l'ouverture d'un compte et de mettre à disposition des moyens de paiement.**
2. **La banque peut-elle refuser l'ouverture d'un compte ?**
3. **Que doit-elle alors remettre au prospect ?**
4. **Que doit alors faire le prospect ?**
5. **Quelles sont les principes de base du compte joint ? Quel intitulé faut-il préconiser pour un couple marié ?**

## Solution 1

1. Avant de procéder à l'ouverture du compte, la banque doit procéder à un certain nombre de vérifications d'usage. Elle doit en premier lieu s'assurer de l'identité du futur client, s'assurer de sa capacité bancaire (FCC, FICP), vérifier la capacité juridique de la personne souhaitant ouvrir le compte.
2. La banque peut refuser de procéder à l'ouverture du compte. Elle doit alors en faire part par écrit au client et lui indiquer les moyens à sa disposition pour faire valoir son droit au compte.
3. La banque remet au prospect une attestation de refus d'ouverture du compte. La banque peut également s'occuper des formalités.
4. Le prospect doit alors se présenter à la Banque de France qui désignera un établissement bancaire qui devra alors procéder à l'ouverture du compte dans le cadre de la procédure du droit au compte.
5. Le compte joint entraîne une solidarité active et passive. Un seul co-titulaire peut disposer seul des fonds déposés qui appartiennent pour moitié à chacun d'eux. Le compte doit être alimenté proportionnellement à la capacité contributive des co-titulaires. La solidarité passive implique une totale responsabilité des co-titulaires quant aux opérations effectuées au débit du compte. Dans l'hypothèse de l'émission d'un chèque sans provision les 2 co-titulaires se retrouvent interdits bancaires (sauf si un responsable avait été préalablement désigné). L'intitulé à recommander est « Monsieur ou Madame ».

## Énoncé 2

**Vous recevez Madame Dujardin. Elle dispose d'un livret A et d'un compte joint ouvert avec son mari. Ce dernier a quitté le logement familial et a vidé le compte joint. Que pouvez-vous conseiller à Madame Dujardin ?**

## Solution 2

Vous devez lui conseiller d'engager une procédure de désolidarisation du compte joint. Cette demande doit être faite par lettre recommandée. Le compte se transforme alors en compte indivis. Il n'y a donc plus de solidarité active.

# 11 L'entretien en face à face

## I Les principes clés

En tant que débutant, il faut oser s'affirmer comme conseiller financier. Oser s'affirmer consiste à savoir se présenter, parler vrai (exposer son objectif d'entretien), déclarer son ambition (créer une relation de confiance, faire le point régulièrement) sans enrober son discours de faux-fuyants.

Le client a comme le conseiller des raisons d'être là (il a accepté ou provoqué la rencontre), des objectifs et un temps limité.

Découvrir un client (ou un prospect) consiste à identifier ses besoins (ce qui lui manque), ses projets, ses motivations (ce qui le fait agir) afin de les reprendre dans l'argumentation. Vous choisirez ainsi les arguments les mieux adaptés à la psychologie du client.

Contrairement aux besoins et projets, les motivations sont rarement exprimées par le client. Pour cerner les motivations du client, il faut utiliser un questionnement adapté à la situation.

## II La démarche

### A. La préparation de l'entretien de vente

Vous avez peu de chance d'obtenir le résultat attendu sans préparation rigoureuse de votre entretien ! L'efficacité de l'entretien vente ne peut dépasser celle de sa préparation.

#### 1. Les objectifs

- Connaître son client et préparer sa découverte.
- Construire le plan de son entretien.
- Définir sa stratégie de vente.
- Visualiser l'entretien.
- Préparer une stratégie de relance.
- Pérenniser la relation avec son client par le professionnalisme.
- Favoriser le multi-équipement.

#### 2. Les avantages

- Une meilleure connaissance du client.
- Un confort sécurisant pour le conseiller.
- Une plus grande aisance du conseiller face à son client.
- Un entretien fluide (questions et documentation préparées).
- Une concentration durant l'entretien sur le résultat attendu.
- L'élimination des sujets parasites, des dérives.

## B. L'accueil

### 1. Les objectifs

- S'accorder sur la conduite de l'entretien. C'est le conseiller qui mène l'entretien !
- Créer un climat de confiance favorable à la suite de l'entretien.
- Être transparent dans ses intentions.

> L'étape de l'accueil est une « étape sociale » (salutations, présentation) mais également consensuelle (accord sur l'objectif de l'entretien).

### 2. La construction de la phase accueil

#### *Prise de contact*

Salutations « Bonjour ! » + présentation « prénom – nom – fonction »
+ identification du client ou prospect « vous êtes bien … ? »
+ phrase d'ambiance « météo, enfants, vacances… »

> Sourire, avoir un ton agréable, regarder franchement son interlocuteur, maintenir une distance raisonnable entre le client et vous (équivalente à une poignée de mains)

#### *Motif du rendez-vous*

**Pourquoi** nous nous rencontrons aujourd'hui ?

#### *Présentation du déroulement de l'entretien*

**Comment** allons-nous procéder ?
Présentation brève du déroulé de l'entretien (« questions à poser pour cerner votre situation », « présentation de la solution qui vous conviendra »)
Indiquer le temps nécessaire à l'entretien pour bien conseiller le client (ou faire connaissance avec le prospect) et obtenir l'adhésion de l'interlocuteur

#### *Mise en place de la relation future*

Et **après** ?
Après analyse de la situation du client, il apparaît fréquemment au conseiller certains manques (produits que le client ne détient pas encore). Il est alors impensable de vouloir tout proposer en un seul rendez-vous. D'où la mise en place d'une stratégie de relance acceptée par le client. « On ne pourra peut-être pas tout voir aujourd'hui ; aussi on sera amené à se revoir »

## C. La découverte

### 1. Le questionnement

Interroger un client, c'est le faire progresser, le faire réfléchir… le révéler.
La qualité du questionnement induit la qualité de la réponse du client.

| Type de question | Avantages pour le conseiller | Inconvénients pour le conseiller |
|---|---|---|
| **Question fermée** (oblige à une réponse « oui, non ou je ne sais pas ») : « utilisez-vous internet ? » | Permet la précision<br>Engage le client | Donne peu de renseignements<br>Peut être ressentie comme inquisitoire<br>Difficulté de relancer les discussions après un non |
| **Question ouverte** (opinion du client demandée) : « que pensez-vous de... ? » | Fournit beaucoup de renseignements<br>Appelle une réponse développée<br>Valorise le client car il se sent écouté | Perd du temps avec les clients bavards |
| **Question alternative** (proposition de deux choix) : « vous êtes plutôt... ou... ? » | Permet de faire prendre position au client<br>Explicite le choix du client plus rapidement | Peut être ressentie comme une technique manipulatrice |
| **Question miroir ou suspensive** (reprise sous la forme interrogative d'un mot ou d'un morceau de phrase prononcé par le client) : client « quels sont les avantages de la bourse ? » – conseiller « que savez-vous de la bourse ? » | Permet de connaître les vrais besoins du client<br>Permet au client de bien s'exprimer | Peut lasser le client si type de question trop souvent utilisé |

Le questionnement doit être rythmé ; les types de question doivent être alternés. Il est préférable d'aller du général vers le particulier (technique de l'entonnoir) pour réguler l'entretien. Le client doit ressentir le questionnement du conseiller comme un échange qui l'incite à développer et à enrichir la conversation menée depuis le début de l'entretien.

## 2. Le plan de découverte

Il vous permet de confirmer ce que vous savez déjà du client (commencer par vérifier ces informations) et d'explorer ce que vous ignorez : **le client a ......** (partir de la situation actuelle) ; **il voudrait ...** (découvrir les besoins et projets) ; **il est ...** (identifier les principales motivations d'achat).

Il faut bien justifier à son client la raison de cette découverte. Plusieurs points doivent être abordés avec lui :

### *Coordonnées*

L'adresse, le numéro de téléphone fixe et mobile, le mèl, la préférence en terme de communication avec le conseiller (téléphone fixe ou mobile, plage de disponibilité).

### *Situation familiale et matrimoniale*

Le futur client est marié ? avec un contrat de mariage ? Le nombre et l'âge de ses enfants ?

> **Remarque :** lors d'un second contact, partie plus rapide : validation des éléments découverts précédemment.

### *Situation professionnelle*

Quelle est l'activité professionnelle du futur client ? Le type de contrat de travail ? L'ancienneté de l'emploi ? Le niveau de ses revenus ? Prendre des informations sur l'employeur.

### *Situation financière*

Étudier le budget (revenus – charges) et calculer la capacité d'épargne disponible.

### *Situation fiscale*

Quel est le montant des impôts de l'année N et N – 1 ? Défiscalisation réalisée ?

### *Situation bancaire*

Équipement actuel ? Relations actuelles avec sa banque ? Vision des relations idéales avec une banque ?

### *Étude des besoins et des attentes*

Le client en général connaît peu ses besoins bancaires

Étude des projets : Le client a une vision claire de ses projets (travaux, loisirs, vacances, voiture, immobilier, éducation des enfants, préparation de la retraite, défiscalisation, transmission du patrimoine…). Il doit répondre aux questions « quoi ? quand ? (les dater et leur donner un degré de priorité) combien ? comment les financer ? »

### *Situation patrimoniale*

Le client est en confiance. Il parle plus aisément de ses avoirs à la concurrence : épargne, prêt, assurance à la concurrence ?

> Le questionnement se doit d'être directif. Les transitions sont soignées (« on va aborder maintenant votre situation… »). Le conseiller ne parle toujours pas de produit !

## 3. La prise en compte des réponses du client

### *La pratique de l'écoute active*

Le conseiller doit laisser parler son client même si c'est lui qui mène l'entretien. Il prend des notes ; cela valorise le client. Il se sent écouté. Il rebondira sur les éléments découverts lors de l'argumentation.

### *L'encouragement des réponses*

Le conseiller montre son écoute, hoche la tête, accepte les silences, ne coupe pas la parole, adopte une attitude ouverte et attentive, sourit et s'intéresse à l'autre (**pratique de l'empathie**).

### *L'exploration des réponses*

Le conseiller utilise les différents types de question cités ci-dessus, reprend le dernier mot prononcé par le client sur un ton interrogatif, adopte un regard interrogatif qui incite le client à aller plus loin dans son discours.

> **Piège à éviter :** ne pas avoir d'idée reçue ! A 60 ans, un client peut avoir envie de souscrire un emprunt immobilier… la vie n'est pas finie !

## 4. La reformulation

La découverte doit être impérativement suivie d'une reformulation. Cela consiste à reprendre toutes les réponses du client lors de la phase recherche de besoins, attentes et projets et de les récapituler devant lui. Votre client est ainsi sûr que vous avez bien cerné sa demande. De même, vous vous assurez que vous avez bien tout compris et vous vous assurez du degré d'intérêt du client : « si j'ai bien compris, ce que vous recherchez c'est plutôt… ».

## D. La concrétisation de l'ouverture du compte

Le respect de la conformité entraîne plusieurs tâches incontournables : vérifier et scanner les pièces d'identité et le justificatif de domicile (cf. fiche 10), éditer le contrat et les RIB, le certificat de conformité, le questionnaire MIF, faire remplir ces documents au client, lui remettre le double ainsi que la convention de compte et conditions tarifaires, donner la carte de visite du conseiller.

## E. L'argumentation

L'argumentation permet de convaincre son interlocuteur. Convaincre, c'est amener une personne, par preuve ou par raisonnement, à reconnaître l'utilité d'une solution. L'art de vendre est avant tout l'art de savoir écouter pour mieux comprendre les désirs de son interlocuteur. S'il recherche un placement sécurisé, à quoi bon lui vanter les atouts d'un placement boursier ?

Le conseiller propose mais n'est pas sûr de vendre ! Il doit se mobiliser pour atteindre son objectif. Il doit s'efforcer de capter l'attention et susciter l'intérêt de son interlocuteur jusqu'à ce qu'il l'ait convaincu sur les qualités de l'offre.

Pour argumenter efficacement, le conseiller doit régulièrement faire le point sur sa connaissance :

- des atouts de l'offre de son établissement ;
- des objections les plus courantes ;
- des réponses argumentées à ces objections.

> L'argumentation est une étape professionnelle (mise en avant des besoins – argumentation – conviction) !

### *La mobilisation du conseiller*

Les arguments structurés sont choisis par le conseiller en fonction des motivations du client. Il convient de livrer au client deux arguments au maximum par motivation décelée. En effet, il serait peu pertinent de réciter sa batterie d'arguments au risque de se retrouver sans nouvel argument (effet de surprise chez le client) à la première objection !

Les mots trop techniques sont à proscrire chez le client lambda.

### *La méthodologie de construction de l'argument*

L'outil CAP **(Caractéristiques – Avantages client – Preuve)** peut être utilisé.

### *La méthodologie de présentation de l'argument*

L'argumentation doit être vivante, dynamique et personnalisée. Le client est mis face à sa situation présente ou future en mettant en scène ses projets.

**Méthode : Prétexte – solution – rebond**

*Situation 1 : Une cliente âgée de 35 ans ouvre un compte…*

| | |
|---|---|
| Prétexte | « Vous avez deux enfants : Adam (10 ans) et Salomé (12 ans) » |
| Solution | « Nous venons de lancer un produit de préparation des études des enfants. » |
| Rebond | « Vous voulez constituer une épargne pendant 6 à 8 ans (à la vue de l'âge des enfants) qui sera valorisée quand vos enfants entameront des études supérieures ? » |

**Méthode : Valoriser le besoin – Présenter l'argument structuré – Contrôler l'effet de l'argumentation sur le client**

*Situation 2 : Un client fait le point avec le conseiller sur ses besoins…*

| | |
|---|---|
| Valoriser le besoin | « Vous m'avez dit avoir besoin d'un placement non bloqué pour faire face à vos achats plaisir… Vous avez raison : il faut se faire plaisir dans la vie ! » |
| Présenter l'argument structuré | « Le livret bancaire vous permet de déposer de l'argent en toute liberté jusqu'à … €, de retirer selon vos besoins et de percevoir une rémunération de … %. » |
| Contrôler l'effet de l'argumentation sur le client | « Cela vous intéresse de bénéficier de ce livret pour gérer votre trésorerie ? » |

## F. La proposition de l'offre

**Rappel** : L'étude de la capacité d'épargne disponible mensuelle et des avoirs du client pour réaliser ses projets est capitale avant de faire une proposition ! (cf. fiche 34)

L'offre est détaillée. Cela signifie que le produit bancaire est proposé, argumenté et prêt à l'emploi (il ne reste plus qu'à signer !).

## G. La recommandation

Le client est remercié de la confiance qu'il accorde au conseiller. Ce dernier demande au client s'il est satisfait du déroulement de l'entretien et formule aussitôt une demande de recommandation : « Connaissez-vous dans votre entourage une personne à qui notre banque pourrait apporter ses services bancaires et/ou d'assurance ? » L'offre de parrainage est alors présentée.

## H. La prise de congé

Le conseiller obtient un engagement de principe sur un nouvel entretien ou fixe un RDV. Il raccompagne le client jusqu'à la porte de sortie et le salue.

## I. Le suivi de la démarche commerciale

Le suivi est fondamental pour respecter la réglementation (produit avec échéance, changement de la situation personnelle…) et assurer « la continuité relationnelle » pour favoriser une relation durable. La démarche commerciale du conseiller est régulièrement évaluée par un moniteur des ventes.

La démarche commerciale du conseiller financier est régulièrement évaluée par un moniteur des ventes. Ce dernier observe un ou plusieurs entretiens clientèle menés par le conseiller. Un tableau d'analyse de la démarche commerciale est ensuite remis au conseiller pour le faire progresser. Ce tableau peut prendre la forme suivante :

| Étape | Points évalués | Taux de maîtrise (score en %) |
|---|---|---|
| La préparation de l'entretien | – ai-je bien qualifié le RDV ?<br>– ce que je sais du client ?<br>– ce que je veux savoir du client ?<br>– ce que je veux lui proposer ?<br>– vers quoi je peux élargir l'entretien ? | |
| L'ancrage de la relation | – l'ambiance des premières minutes<br>– la validation de la durée de l'entretien<br>– la validation de l'objet du RDV<br>– la validation du déroulement de l'entretien (questionnement et prise de notes acceptés ?) | |
| La découverte | – poser des questions ouvertes<br>– poser des questions ciblées<br>– qualifier la base de données<br>– faire valider les projets à moyen et long terme<br>– découvrir les besoins<br>– prendre des notes complètes | |
| L'implication | – reformuler les demandes du client<br>– faire du rebond sur les informations collectées et besoins du client | |

| Étape | Points évalués | Taux de maîtrise (score en %) |
|---|---|---|
| La mise en avant des produits et services du réseau | – proposer les produits adaptés à la situation<br>– mettre en avant les atouts des produits du réseau<br>– traiter les objections<br>– adopter une attitude positive | |
| La concrétisation | – montrer les propositions à l'écran<br>– imprimer les contrats<br>– faire signer les contrats<br>– ne pas repartir sur l'argumentation | |
| La recommandation | – s'assurer de la satisfaction du client sur le déroulement de l'entretien<br>– demander des noms de personnes de l'entourage du client qui accepteraient une entrée en relation avec le conseiller | |
| Le suivi | – enregistrer les propositions retenues et refusées du client sur la base client<br>– saisir le nom des prospects recommandés par le client | |

# Application

## Énoncé

### La préparation de l'entretien de vente

Situation commerciale : Monsieur Jérôme Lebigot (client du réseau X, marié, deux enfants de 12 et 9 ans, informaticien salarié) a décidé de changer de banque. Il déclare avoir été séduit par la publicité actuelle de votre réseau. Un rendez-vous a été pris par téléphone pour une ouverture de compte aujourd'hui.

**Vous préparez l'entretien.**

## Solution

- **La démarche à suivre pour préparer l'entretien :**
  - collecter des informations sur le client, l'historique de la situation : ici, peu d'informations. Il faut donc creuser la découverte ;
  - élaborer la stratégie de vente à partir du profil du client (objectifs quantitatifs : ouvrir un compte joint ? vendre une solution packagée ? ouvrir des produits d'épargne ? et qualitatifs : s'assurer que le client n'est pas un client à risque, donner une bonne image du réseau) ;
  - préparer des outils de vente : documents à remettre au client (PLV), documents à remplir face au client (contrats), plan de découverte…

• **La préparation du plan de découverte**

Le plan de découverte est la liste de tous les points à aborder ou des questions à poser afin de détecter les besoins, projets et les motivations d'achat du client.

| **Points sur la situation de mon client à étudier lors de l'entretien** | |
|---|---|
| Situation personnelle | Situation matrimoniale ? Conjointe future cliente ? Enfants (âge...) ? Adresse ? Propriétaire ? Situation professionnelle ? Revenus ? Imposition ? |
| Relation avec sa banque actuelle | Motif du départ ? Incidents bancaires ?<br>S'assurer que le client n'est pas un client à risque.<br>Vérifier une éventuelle interdiction bancaire.<br>Équipement actuel (package...) ? |
| Fonctionnement de ses comptes actuels | Domiciliation des revenus ? Habitudes de paiement (chèque, carte...) ? Prélèvement pour des charges courantes (EDF...) ? Solde moyen ? Déséquilibre entre le montant des flux confiés et l'autorisation de découvert ? |
| Épargne | Montant des avoirs détenus dans les établissements concurrents ? Montant de l'épargne disponible ? Versements réguliers sur des produits d'épargne ? Épargne logement ? Déséquilibre entre épargne monétaire et financière ? Date d'ouverture et date d'échéance éventuelle des contrats ? Virements extérieurs sur comptes épargne ? |
| Famille | Produits de prévoyance ? Assurance auto, MRH dans notre établissement ?<br>Livret jeune détenu par l'enfant aîné ? Livret bancaire pour le plus jeune enfant ? |
| Crédits | Prêts personnels, immobiliers... ? Virements à des organismes extérieurs de crédit ? |
| Relation souhaitée avec notre banque | Attentes actuelles sur le fonctionnement de ses futurs comptes dans notre réseau ? |
| Offre bancaire | Explication de la tarification, du fonctionnement de l'agence, vente des atouts de la banque, proposition de la prise en charge de domiciliation. |

# 12 Les incidents de fonctionnement

## I Principes

Les incidents de fonctionnement sont générés par des évènements qui imposent à la banque de mettre en place et suivre une procédure particulière. Parmi ces événements, l'avis à tiers détenteur est une procédure permettant au trésor public de recouvrer les sommes qui lui sont dues au titre des impôts impayés. Cette procédure concerne tous les comptes à l'exception des comptes titres.

La saisie attribution permet à un créancier de faire pratiquer par un huissier de justice une saisie des comptes bancaires de son débiteur et d'obtenir le paiement des sommes dues. Cette procédure ne peut pas être utilisée par un employé au titre des salaires dus et non payés par l'employeur. D'autres incidents comme le rejet de chèque pour absence ou défaut de provision, le rejet de prélèvement sont largement encadrés par la réglementation.

## II Méthodes

### A. L'avis à tiers détenteur (ATD)

#### 1. Le déroulement de la procédure

**Étape 1** : envoi de l'ATD par lettre recommandée à la banque. Dans le même temps le trésor public informe la banque de la procédure.

La banque est également tenue d'informer le client.

**Étape 2** : A réception de l'ATD, la banque communique les soldes des comptes du client pour savoir si l'ATD pourra être payé partiellement ou en totalité. Deux situations sont envisageables :

Le solde des comptes est débiteur : Les comptes ne sont pas saisissables.

Les comptes présentent un solde créditeur : La banque procède au blocage des comptes pendant 15 jours, délai nécessaire pour calculer le solde effectif qui sera disponible après la prise en compte des opérations qui doivent être régularisées.

- Les opérations au crédit : Il s'agit des remises de chèques faites avant la date de saisie et non encore comptabilisées en compte. L'horodatage ou la date de compensation permettent d'attester de la date de remise.
- Les opérations au débit : Les chèques à payer (loi du 9 juillet 1991) : L'assiette de la saisie est diminuée du montant des chèques émis et remis à l'encaissement à une date antérieure à la saisie, les chèques impayés faisant l'objet d'une contre-passation. Les paiements cartes : si les bénéficiaires ont été crédités avant la date de saisie, la banque diminuera l'assiette de saisie du montant crédité au bénéficiaire (carte à débit immédiat).

Toutefois, pour ce qui concerne plus précisément le régime des créances insaisissables versées sur un compte bancaire, le titulaire du compte dispose du délai de deux mois pour invoquer les dispositions protectrices des créances insaisissables. En conséquence, les sommes appréhendées ne seront versées au Trésor Public qu'à l'issue de ce délai.

En cas de concours d'un avis à tiers détenteur et d'une saisie conservatoire ou d'une saisie attribution, la saisie prime l'avis à tiers détenteur lorsqu'elle a été signifiée antérieurement à celui-ci.

Certains revenus (RSA, allocations familiales) sont insaisissables. Les autres revenus ne sont saisissables qu'en partie (décret 11 septembre 2002) selon le barème figurant dans le tableau ci dessous. Le saisi peut demander à sa banque, dans un délai de 15 jours et par lettre recommandée à bénéficier du solde bancaire insaisissable. D'autre part, le montant des frais bancaires perçus dans le cadre d'une opposition administrative, ne peut pas dépasser 10 % du montant dû au Trésor Public (articles 147 et 148 de la loi de finances rectificative pour 2006).

| Quotité saisissable | Tranche de la rémunération annuelle au 1er janvier 2013 |
|---|---|
| 5 % | ≤ 3 670 € |
| 10 % | 3 670 €< *X* ≤ 7 180 € |
| 20 % | 7 180 €< *X* ≤ 10 720 € |
| 25 % | 10 720 €< *X* ≤ 14 230 € |
| 33,33 % | 14 230 €< *X* ≤ 17 760 € |
| 66,66 % | 17 760 < *X* ≤ 21 330 € |
| 100 % | > 21 330 € |

Les seuils sont majorés de 1 390 € par personne à charge. Sont considérées comme personnes à charge :

- le conjoint du débiteur dont les ressources sont inférieures au RSA,
- l'enfant à la charge du débiteur qui ouvre droit au versement des prestations familiales,
- l'enfant à qui le débiteur verse une pension alimentaire,
- l'ascendant qui habite chez le débiteur et dont les ressources sont inférieures au RSA,
- l'ascendant à qui le débiteur verse une pension alimentaire en raison de ressources inférieures au RSA.

## B. La saisie attribution

**Déroulement de la procédure**

La saisie attribution a pour effet de déposséder le débiteur du montant des sommes dues au créancier. De ce fait, la créance sort du patrimoine du débiteur, ce qui revient à dire que la banque (tiers saisi) devient débitrice du créancier. Pour autant les sommes doivent être consignées le temps du déroulement de la procédure. Il faut en effet s'assurer que le débiteur ne conteste pas la saisie attribution.

| Étape | Intitulé | Commentaire |
|---|---|---|
| Étape 1 | Signification à la banque | Muni d'un titre exécutoire, le créancier (par voie d'huissier) informe la banque de la procédure. |
| Étape 2 | Dénonciation au débiteur | Le tiers saisi dispose d'un délai de 8 jours maximum pour informer son client. |
| Étape 3 | Informations du créancier | La banque doit communiquer le solde des comptes bancaires saisissables.<br>Sont saisissables tous les comptes à l'exception : des comptes titres, des coffres loués par le débiteur, des bons de caisse au porteur souscrits et détenus par le débiteur, des bons de caisse au porteur déposés chez la banque tiers-saisie lorsqu'ils ont été souscrits chez une autre banque, des autorisations de découvert non utilisées. |
| Étape 4 | Blocage des comptes | Dès que la banque est informée, elle procède au blocage de l'ensemble des comptes bancaires (cas général 15 jours ouvrables). Seules les opérations antérieures (tant au débit qu'au crédit) à la date de saisie peuvent modifier le solde. La totalité des avoirs est bloquée même si le montant de la dette est inférieur aux soldes créditeurs des comptes bloqués. Passé ce délai de 15 jours le solde créditeur effectif est saisissable.<br>Ne sont pas saisissables : allocations familiales et de logement, le RSA, l'Allocation Spécifique de Solidarité, les prestations en nature de l'assurance-maladie, les rentes accident du travail, les pensions alimentaires, les indemnités chômage et une fraction du salaire. |
| Étape 5 | Paiement | Le paiement sera effectué si deux conditions sont réunies :<br>• absence de contestation du débiteur dans un délai d'un mois ;<br>• solde créditeur.<br>Si ces conditions sont réunies, alors le paiement est immédiat. Le tiers saisi effectuera le paiement après s'être fait présenter un certificat d'absence de contestation délivré par le greffe du tribunal. |
| | Contestation | Si le débiteur conteste auprès du juge de l'exécution, le paiement est différé sans pour autant remettre en question l'attribution immédiate de la créance. S'il existe des sommes insaisissables, le créancier dispose d'un délai supplémentaire de 15 jours. |

# III Complément : incident de fonctionnement et secret professionnel

Le secret bancaire ne peut pas être opposé dans le cadre d'une procédure d'ATD ou de saisie. De la même manière le secret bancaire n'est pas opposable à la Banque de France, l'AMF, TRACFIN.

# Application

## Énoncé 1

Vous êtes averti le 11 janvier 200N qu'un huissier souhaite effectuer une saisie attribution de 300 € (non-respect paiement pension alimentaire) sur le compte d'un de vos clients. Le 11 janvier, le compte de votre client est créditeur de 742,23 €. Ce client a émis le 7 janvier un chèque pour un montant de 174 € (compensé le 10 janvier), a retiré au GAB de son agence 80 € le 10 janvier et a procédé à une remise de chèque de 54 € le 10 janvier non inscrite en compte le 11 janvier).

**1. Quelle somme devrez-vous déclarer à l'huissier le 11 janvier ?**

**2. Quelle somme sera transmise à l'huissier et dans quel délai ?**

## Solution 1

1. Le 11 janvier le solde à déclarer est de 742,23 €.
2. La banque doit procéder au blocage des comptes pendant une durée de 15 jours. Ce temps permet d'enregistrer les opérations non encore inscrites en compte tant au débit qu'au crédit. À l'issue de cette période le montant saisissable sera de 796,23 €. La somme de 300 € pourra être transmise avant le 11 février 200N sauf si le client demande à bénéficier d'un solde minimum insaisissable.

## Énoncé 2

**Compte tenu des informations à votre disposition, indiquez la décision que vous prenez (rejet ou pas de l'opération). Vous devez justifier votre choix.**

| Client | Solde avant opération | Nombre de jours consécutifs de découvert | Montant du découvert autorisé | Nature de l'opération qui se présente le jour J | Ancienneté dans l'agence | Solde moyen |
|---|---|---|---|---|---|---|
| Client 1 | – 745, 99 € | 6 | 500 € | Prélèvement Facture téléphone : 49,99 € | 30 ans | 369,54 € |
| Client 2 | 38,54 € | 0 | 150 € | Chèque : 275,63 € | 1 an | 195,02 € |

Autres informations :

**Client 1** : il a un encours de crédit personnel de 16 452 €. Vous savez par ailleurs que le compte a enregistré l'année dernière 161 jours de découverts. Les revenus de votre client sont de 25 000 € par an. Il a également 20 000 € d'épargne dont 15 000 € en assurance vie.

**Client 2** : le compte a été ouvert il y a un an à un étudiant d'une grande école de commerce dans le cadre d'un partenariat entre cette école et votre agence. Le compte a régulièrement été alimenté. L'analyse du compte montre que ce dernier n'a plus de flux créditeur depuis un mois. Votre client reste injoignable. Aucune épargne dans l'agence.

## Solution 2

**Client 1** : Ce client est un client avec une grande ancienneté, ses revenus sont légèrement supérieurs à 2 000 € mois, le solde moyen est créditeur. D'autre part, il a une autorisation de découvert souvent utilisée (161 jours sur une année) ; nous lui avons accordé un crédit (étude du risque positive). J'accepte le prélèvement de 49,99 € qui se présente. Il convient de rencontrer ce client pour envisager une augmentation du découvert autorisé et porter ce dernier à 900 €. Un avenant à la convention de compte doit être signé.

**Client 2** : Le paiement du chèque entraînerait un découvert trop important au regard de l'autorisation. D'autre part, il n'y a plus de mouvements créditeurs sur le compte depuis plus d'un mois. Dans ces conditions, le chèque doit être rejeté. La banque aura préalablement tenté par tous les moyens de joindre son client.

# 13 Les agios et autres frais bancaires

# I Principes clés

La banque facture des agios (intérêts débiteurs) à son client lorsque son compte affiche un solde débiteur. Cependant, de plus en plus de banques proposent des formules de convention de compte avec des franchises d'agios (limitées à quelques euros).

# II Méthode

## A. Le calcul des agios

L'ordonnance du 15 juillet 2009 a transposé en droit français la directive européenne 2007/64 du 13 novembre 2007. Ainsi, à compter du 1er novembre 2009 (date d'entrée en application des décrets et arrêtés correspondants), les pratiques visant à créditer le compte à une date postérieure et à débiter le compte à une date antérieure à la date de réalisation de l'opération de paiement sont interdites. Les banques doivent dorénavant exécuter les ordres dans un délai d'un jour ouvrable.
L'article L.133-14 du Code monétaire et financier précise :
« La date de valeur d'une somme portée au crédit du compte du bénéficiaire ne peut être postérieure à celle du jour ouvrable au cours duquel le montant de l'opération de paiement est crédité sur le compte du prestataire de services de paiement du bénéficiaire.
Le prestataire de services de paiement du bénéficiaire met le montant de l'opération à disposition du bénéficiaire après que son propre compte a été crédité.
La date de valeur du débit inscrit au compte de paiement du payeur ne peut être antérieure au jour où le montant de l'opération de paiement est débité de ce compte ».
Ainsi, le montant des agios sera fonction :

- du montant et de la durée du découvert ;
- du montant du plus fort découvert. Une commission dite du plus fort découvert est calculée en faisant la moyenne arithmétique des trois plus forts découverts et en multipliant cette moyenne par le taux du découvert.

Les banques vont également facturer des commissions d'intervention (plusieurs euros par opération au-delà du découvert) dès lors qu'elles autorisent le paiement d'une opération alors même que le compte est en dépassement de découvert autorisé. Passé le découvert autorisé les banques majorent le taux des agios.
Deux méthodes sont utilisées : la méthode des intérêts immédiats et la méthode des nombres débiteurs.
Dans le premier cas, la banque calcule les agios jour après jour. Les agios trimestriels sont alors la somme des agios quotidiens. Dans le second cas, la banque calcule des nombres débiteurs.

Intérêts débiteurs = (cumul croissant × taux du découvert autorisé)/365.

Ils sont calculés et prélevés trimestriellement. Quelle que soit la méthode de calcul, le résultat obtenu est identique.

• Exemple de la méthode des intérêts immédiats

Le découveert autorisé par la banque est de 700 €. Le taux du découvert autorisé est de 16,2 % ; celui du découvert non autorisé est de 17,7 %.

| Libellé opération | Date de valeur | Nombre de jours | Opération | | Solde | Intérêts immédiats |
|---|---|---|---|---|---|---|
| | | | Débit | Crédit | | |
| Solde | 14/5 | 0 | | | 103,17 | 0,00 |
| Chèque 0125882 | 19/5 | 0 | 269,87 | | – 166,70 | 0,00 |
| Prélèvement GDF | 19/5 | 3 | 152,41 | | – 319,11 | 0,42 |
| Assurance IARD | 22/5 | 3 | 145,68 | | – 464,79 | 0,62[1] |
| Chèque 025883 | 25/5 | 5 | 78,96 | | – 543,75 | 1,21 |
| Opération Carte bancaire | 30/5 | 1 | 326,14 | | – 869,89 | 0,39[2] |
| Salaire | 31/5 | 0 | | 1 201,36 | 331,47 | |
| **Total** | | | | | | **2,64** |

1. 0,62 = (464,79 × 3 × 16,2 %) / 365.
2. 0,39 = (700 × 1 × 16,2 %) / 365 + (169,89 × 1× 17,7 %) / 365.

• Exemple de la méthode des nombres débiteurs

| Libellé opération | Date de valeur | Nombre de jours | Opération | | Solde | Intérêts immédiats | Nombre débiteur hors découvert |
|---|---|---|---|---|---|---|---|
| | | | Débit | Crédit | | | |
| Solde | 14/5 | 0 | | | 103,17 | 0 | |
| Chèque 0125882 | 19/5 | 0 | 269,87 | | – 166,70 | | |
| Prélèvement GDF | 19/5 | 3 | 152,41 | | – 319,11 | 3 × 319,11 = 957,33 | |
| Assurance IARD | 22/5 | 3 | 145,68 | | – 464,79 | 464,79 × 3 = 1 394,37 | |
| Chèque 025883 | 25/5 | 5 | 78,96 | | – 543,75 | 543,75 × 5 = 2 718,75 | |
| Opération Carte bancaire | 30/5 | 1 | 326,14 | | – 869,89 | 700 × 1 = 700 | (869,89 – 700) × 1 = 169,89 |
| Salaire | 31/5 | 0 | | 1 201,36 | 331,47 | | |
| Total | | | | | | **5 770,45** | **169,89** |

Le montant des agios est alors de : (5 770, 45 × 16, 2 % + 169,89 × 17, 7 %) / 365 = **2, 64 €**

## B. Les autres frais bancaires

| Nature des frais | Contenu |
|---|---|
| Frais pour incident de paiement | Frais justifiés par l'envoi d'une lettre d'injonction, du traitement de l'opération. Ces frais ont fait l'objet d'un décret qui limite le montant perçu par la banque. |
| Frais de tenue de compte | La convention « packagée » permet de facturer au client une cotisation mensuelle qui englobe le coût de la carte bancaire, le coût des assurances moyens de paiement, de la banque à distance, de la mise en place d'un découvert autorisé. |
| Frais sur les opérations hors banque à domicile | Frais pour l'émission d'un chèque de banque, virement externe occasionnel, retraits dans d'autres GAB que celui de l'enseigne au-delà d'un certain nombre. |

| Nature des frais | Contenu |
|---|---|
| Frais de recherche | La recherche de document, la réédition d'un tableau d'amortissement peuvent faire l'objet d'une facturation particulière. |
| Frais sur les produits d'épargne | Les frais de tenue de compte titres, les frais de transferts entre établissements bancaires ainsi que des frais de passation d'ordre de bourse sont une source de commission pour les établissements bancaires. |

# III Complément : frais bancaires et réglementation

La plupart des produits et des services mis à la disposition du client vont faire l'objet d'une tarification. Les banques ont ces dernières années développé des offres packagées facturées quelques euros par mois dans lesquelles le client va retrouver les services de base (un compte, un chéquier, une carte de paiement, un accès à la banque à distance, une assurance moyen de paiement). La loi MURCEF impose cependant à la banque de mettre l'ensemble de ces services à disposition de son client séparément si celui-ci ne souhaite pas souscrire une offre packagée.

Enfin, le texte de loi sur la concurrence adoptée par l'assemblée nationale le 28 novembre 2007 prévoit que les banques devront envoyer à leur client une fois par an un relevé détaillé d'informations sur l'ensemble des frais perçus.

Opérationnel depuis le 1er janvier 2009, cet envoi se double depuis le 1er juillet 2011 d'une communication séparée des autres opérations des frais mensuellement perçus par la banque. La loi de 2013 dite de séparation et de régulation des activités bancaires prévoit dans son article 21 bis : « Le client est informé gratuitement, par le biais de son relevé de compte mensuel, du montant et de la dénomination des frais bancaires liés à des irrégularités et incidents que l'établissement entend débiter sur son compte de dépôt. Ce débit a lieu au minimum quatorze jours après la date d'arrêté du relevé de compte au minimum quinze jours avant leur prélèvement. »

Un plafonnement des commissions d'intervention par mois et par opération est prévu par l'article 17. Un plafonnement spécifique concernera les personnes bénéficiant du service de base bancaire et les personnes en situation de fragilité financière (les modalités d'application de ces mesures sont fixées par décret – art. 312-1-3 du Code monétaire et financier).

Depuis le 1er janvier 2011, les banques ont également l'obligation de présenter un extrait standard des tarifs qu'elles pratiquent. Cet extrait standard reprend le prix de dix services parmi les plus utilisés par les clients.

On retrouve ainsi le prix de la gestion du compte par internet, de la carte bancaire internationale à débit immédiat et à débit différé, la carte à autorisation systématique, le prix des alertes SMS, le prix des retraits hors réseau, du virement SEPA ponctuel en zone euro, le prix de la mise en place et d'utilisation du prélèvement, celui des commissions d'intervention et de l'assurance perte et vol des moyens de paiement.

# Application

## Énoncé 1

Au mois d'avril de l'année N, un de vos clients s'étonne du montant acquitté au titre des agios. Le compte a enregistré les flux indiqués ci-dessous. (Les dates indiquées sont les dates de valeur). Le découvert autorisé est de 550 €, le taux est de 15,86 %. Au-delà du découvert autorisé le taux est majoré de 1,5 point et chaque opération autorisée au delà donne lieu à la perception d'une commission d'intervention de 7,90 € par opération (plafonnée à 5 opérations par jour).

Au 01/01/N, le solde est créditeur de 267,23 €.

Certaines opérations se reproduisent tous les mois :

Le 01 : prélèvement du loyer : 474,35 €

Le 06 : prélèvement échéance crédit consommation : 275,55 €

Le 10 : versement CAF : 119,13 €

Le 12 : prélèvement opérateur internet : 29,90 €

Le 14 : prélèvement téléphonie mobile : 45,50 €

Le 18 : cotisation assurance-automobile : 53,26 €

Le 30 virement du salaire : 1 950 €

*Flux de janvier :*

Chèque 1145566 émis le 03 : 52,3 €

Chèque 1145567 émis le 16 janvier : 350 € (réparation véhicule)

Règlement CB le 30 : 450 €

*Flux de février :*

Chèque 1145568 35,36 € le 12 février

Retrait GAB le 15 février : 60 €

Chèque 1145569 31,51 € le 21 février

Paiement carte le 28 février : 750 €

*Flux de mars :*

Retrait GAB 20 mars : 40 €

Paiement carte le 30 mars : 700 €

**Calculez le montant des frais perçus par la banque et débités du compte du client le 1er avril N.**

## Solution 1

| Libellé opération | Date de valeur | Nbre de jours | Opération | | Solde | Nbre débiteurs | Échelle débiteur |
|---|---|---|---|---|---|---|---|
| | | | Débit | Crédit | | | |
| Solde à nouveau | 1-janv | 0 | | 267,23 | 267,23 | 0 | 0 |
| Loyer | 1-janv | 2 | 474,35 | | – 207,12 | 414,24 | – 0,1800 |
| Chèque 1145566 | 3-janv | 3 | 52,3 | | – 259,42 | 778,26 | – 0,3382 |
| Prélèvement échéance crédit | 6-janv | 4 | 275,55 | | – 534,97 | 2 139,88 | – 0,9298 |

| Libellé opération | Date de valeur | Nbre de jours | Opération | | Solde | Nbre débiteurs | Échelle débiteur |
|---|---|---|---|---|---|---|---|
| Virement CAF | 10-janv | 2 | | 119,13 | – 415,84 | 831,68 | – 0,3614 |
| Opérateur Internet | 12-janv | 2 | 29,9 | | – 445,74 | 891,48 | – 0,3874 |
| Prélèvement téléphonie mobile | 14-janv | 2 | 45,5 | | – 491,24 | 982,48 | – 0,4269 |
| Chèque 1145567 | 16-janv | 0 | 350 | | – 841,24 | 0 | 0,0000 |
| Commission intervention chèque 1145567 | 16-janv | 2 | 7,9 | | – 849,14 | 1 698,28 | – 0,7624 |
| Cotisation assurance automobile | 18-janv | 0 | 53,26 | | – 902,4 | 0 | 0,0000 |
| Commission intervention | 18-janv | 12 | 7,9 | | – 910,3 | 10 923,6 | – 4,9241 |
| Salaire | 30-janv | 0 | | 1 950 | 1 039,7 | | 0,0000 |
| Paiement Carte | 30-janv | 0 | 450 | | 589,7 | | 0,0000 |
| Loyer | 1-févr | 0 | 474,35 | | 115,35 | 0 | 0,0000 |
| Prélèvement échéance crédit | 6-févr | 4 | 275,55 | | – 160,2 | 640,8 | – 0,2784 |
| Virement CAF | 10-févr | 2 | | 119,13 | – 41,07 | 82,14 | – 0,0357 |
| Chèque 1145568 | 12-févr | 0 | 35,36 | | – 76,43 | 0 | 0,0000 |
| Opérateur Internet | 12-févr | 2 | 29,9 | | – 106,33 | 212,66 | – 0,0924 |
| Prélèvement téléphonie mobile | 14-févr | 1 | 45,5 | | – 151,83 | 151,83 | – 0,0660 |
| Retrait GAB | 15-févr | 3 | 60 | | – 211,83 | 635,49 | – 0,2761 |
| Cotisation assurance automobile | 18-févr | 3 | 53,26 | | – 265,09 | 795,27 | – 0,3456 |
| Chèque 1145569 | 21-févr | 7 | 31,51 | | – 296,6 | 2 076,2 | – 0,9022 |
| Salaire | 28-févr | 0 | | 1 950 | 1 653,4 | 0 | 0,0000 |
| Paiement Carte | 28-févr | 0 | 750 | | 903,4 | 0 | 0,0000 |
| Loyer | 1-mars | 0 | 474,35 | | 429,05 | 0 | 0,0000 |
| Prélèvement échéance crédit | 6-mars | 0 | 275,55 | | 153,5 | 0 | 0,0000 |
| Virement CAF | 10-mars | 0 | | 119,13 | 272,63 | 0 | 0,0000 |
| Opérateur Internet | 12-mars | 0 | 29,9 | | 242,73 | 0 | 0,0000 |
| Prélèvement téléphonie mobile | 14-mars | 0 | | | 242,73 | 0 | 0,0000 |
| Cotisation assurance automobile | 18-mars | 0 | 53,26 | | 189,47 | 0 | 0,0000 |
| Retrait GAB | 20-mars | 0 | 40 | | 149,47 | | 0,0000 |
| Salaire | 30-mars | 0 | | 1 950 | 2 099,47 | 0 | 0,0000 |
| Paiement carte | 30-mars | 0 | 700 | | 1 399,47 | | 0,0000 |
| | | | | | 1 399,47 | | 0,0000 |
| Total débiteur | | | | | | 23 254,29 | 10,3066 |

Lorsque le découvert autorisé est dépassé, les intérêts débiteurs sont calculés de la façon suivante :

$$[(12 \times 550 \times 15{,}86\ \%) + (910{,}3 - 550) \times 12 \times 17{,}36\ \%]/365 = 4{,}9241\ €$$

Le premier terme représente le nombre débiteur calculé sur le montant maximum du découvert autorisé, le second terme le nombre débiteur calculé sur la différence entre le montant du découvert et l'autorisation accordée.
Au total, le client verra son compte débité de 10,31 € au titre des intérêts débiteurs du premier trimestre. Si l'on ajoute les commissions d'intervention supportées par ce client, le total des frais s'élève à 26,11 €.

## Énoncé 2

Recherchez sur les sites internet des principaux groupes bancaires français les prix des services devant figurer dans l'extrait standard des tarifs.

| Services | Enseigne 1 | Enseigne 2 | Enseigne 3 | Enseigne 4 | Enseigne 5 |
|---|---|---|---|---|---|
| Gestion du compte sur Internet | | | | | |
| Carte internationale à débit différé | | | | | |
| Carte internationale à débit immédiat | | | | | |
| Carte à autorisation systématique | | | | | |
| Alerte SMS | | | | | |
| Retrait hors réseau | | | | | |
| Prélèvement | | | | | |
| Virement SEPA occasionnel | | | | | |
| Commission d'intervention | | | | | |
| Assurance perte et vol des moyens de paiement | | | | | |

## Solution 2

Vous trouverez sans difficulté le prix de ces différents services en consultant les sites internet des différents réseaux bancaires. Par exemple, en vous rendant sur le site www.bnpparibas.net/banque/portail/particulier/ vous trouverez un onglet « votre banque » avec un menu vous permettant d'accéder aux tarifs et à la possibilité de télécharger l'extrait standard des tarifs.

# 14 Les services associés au compte

## I Principes clés

Dans un contexte concurrentiel toujours plus exacerbé, les banques n'ont de cesse de proposer à leurs clients des services toujours plus innovants. Outre les services traditionnels (location de coffre, change.), les banques développent des offres complètes de banque à distance, proposent des services d'assurance associés ou non aux différents moyens de paiement utilisés par les clients. L'ensemble de ces services est un moyen supplémentaire d'attirer des clients nouveaux et de fidéliser les clients actuels.

## II Méthode

### A. Les services traditionnels

#### 1. La location de coffre

La banque va établir un contrat de location à travers lequel elle met à disposition de son client un coffre et des moyens sécurisés pour en conserver le contenu. Dans cette opération la banque est un bailleur et non pas un mandataire auquel des avoirs sont confiés. Un certain nombre de vérifications doivent être conduites (identité, domicile, capacité et nationalité) avant la formation du contrat. Le locataire se voit alors confier une clef dont il est le seul possesseur et qui sera utilisée à chaque visite. Chaque visite doit faire l'objet d'un enregistrement sur un registre. Pour mémoire, le contenu d'un coffre n'est pas saisissable (saisie attribution, avis à tiers détenteur).

#### 2. Le change manuel

La banque va acheter ou vendre des devises (en monnaie fiduciaire) pour le compte de son client. La banque pourra également proposer à son client des chèques de voyage, plus sûrs que les espèces. Lors de la remise des chèques, la banque, après s'être assurée de l'identité de l'acheteur, l'invitera à signer les chèques remis. Ces mêmes chèques doivent être contresignés par le porteur une fois arrivés à destination. Le titulaire des chèques pourra également formuler une opposition en cas de perte ou de vol.

#### 3. La mise à disposition d'espèces

Rares sont encore les agences bancaires qui offrent un service de caisse. L'installation de murs d'argent et d'automates a progressivement fait disparaître ce service. Les clients non équipés de cartes bancaires doivent dorénavant utiliser des cartes de « retrait minute » délivrées au plot d'accueil des agences.

Afin de lutter contre le blanchiment des capitaux, le décret 2010 – 662 du 16 juin 2010 précise que le paiement en espèces n'est autorisé que pour une dette inférieure à 3 000 €. Il est d'ailleurs envisagé que ce seuil soit abaissé dans les prochains mois.

## B. Les autres services associés au compte

De plus en plus les banques englobent ces services dans les conventions de services qu'elles s'engagent à proposer et à faire signer à leurs clients lors de toute ouverture de compte.

### 1. La banque à distance (banque par téléphone, par internet)

#### *Contenu de l'offre banque à distance*

La banque à distance permet d'effectuer des interrogations de compte, des virements (internes ou externes), d'éditer des RIB, de simuler en ligne un prêt, d'avoir des devis assurance, de télécharger l'historique de ses comptes, d'obtenir des renseignements sur les produits et services. Les sites de banque à distance sont également des interfaces privilégiées pour communiquer avec le client et lui permettre de prendre contact avec un conseiller. La banque à distance facilite également le passage des ordres de bourse, permet d'accéder à son portefeuille, de suivre la valorisation des contrats d'assurance-vie détenus par exemple.

La banque à distance, c'est également l'utilisation du téléphone portable qui permet d'effectuer des opérations courantes mais aussi de recevoir des SMS d'alerte.

Enfin, les banques développent par ailleurs des offres complémentaires pour sécuriser les paiements sur Internet (générer des cartes à usage unique de sorte que le numéro qui est communiqué lors d'une transaction n'est pas le numéro de la carte physique). Ces offres sont source de commissions et diminuent le risque de fraude dont pourraient être victimes des clients que la banque devrait alors indemniser.

#### *Intérêts et enjeux pour la banque*

Avec la banque à distance, le client devient acteur de la production des services qu'il consomme. L'avantage pour la banque est double : supprimer les tâches à faible valeur ajoutée et dégager du temps commercial.

Rendre le client plus autonome dans sa consommation de services bancaires présente néanmoins l'inconvénient de diminuer les occasions de déplacement dans l'agence. Dès lors, le personnel doit intensifier ses efforts et mettre en œuvre des campagnes commerciales pour inciter le client à accepter un rendez-vous.

### 2. Les assurances moyens de paiement

Il s'agit de garantir le client en cas de perte de vol ou d'utilisation frauduleuse des moyens de paiement contre leur utilisation frauduleuse. Le client aura néanmoins agit avec diligence. Si les moyens de paiement sont perdus ou volés en même temps que les papiers d'identité ou les clefs du domicile, l'assurance prendra en charge le coût de mise à disposition de nouveaux documents administratifs.

Ce sont des services générateurs de commissions, peu coûteux pour le client lorsqu'ils sont intégrés à une convention de service.

### 3. Les services de conseils

Il s'agit du téléconseil, du conseil en gestion de patrimoine, de la gestion de portefeuille de valeurs mobilières.

## III Complément : le développement des services extrabancaires

Le contexte concurrentiel pousse les banques à développer une offre parfois éloignée de leur cœur de métier. D'une manière générale les offres s'articulent beaucoup autour des services à la personne, marché dont les enjeux sont considérables. On trouve ainsi des offres d'abonnement de téléphonie mobile, système de protection du domicile (offre souvent couplée avec une assurance multirisques habitation : fiche 51), des assurances protection juridique. Par ailleurs, les banques développent leur activité vers des métiers complémentaires (rachat de réseaux d'agences immobilières) offrant des synergies importantes avec leur cœur de métier.

### Zoom sur le téléphone mobile comme moyen de paiement (le m-paiement)

Pourquoi la banque commercialise de la téléphonie mobile ? Outre le fait que cette vente soit une source de PNB, elle permet de conquérir de nouveaux clients qui ne venaient pas en agence et de devenir fournisseur pour contrer la concurrence. La banque considère le mobile comme le futur moyen de paiement sans contact de demain de la population française. Le téléphone mobile ne sert plus seulement aujourd'hui qu'à téléphoner. De nombreuses applications le prouvent. L'argent a de plus en plus tendance à se dématérialiser. Le m-paiement devrait donc exploser en France grâce au fort taux d'équipement des acteurs économiques en téléphonie mobile. Le mobile va devenir un terminal de paiement permettant « d'avoir sa banque dans sa poche ». Pour un paiement, le client sera invité à présenter son mobile devant un lecteur. Une animation lumineuse et un signal sonore attesteront de la reconnaissance du téléphone. Le client sera invité à composer son code personnel sur le clavier de son mobile où apparaîtra le montant de la transaction. Le paiement sera confirmé par une nouvelle présentation devant le lecteur. Ce paiement dit sans contact sera sûr, simple et rapide pour l'usager et moins coûteux pour la banque. Dans les zones test, les clients finaux considèrent le service mobile sans contact comme une évolution naturelle de la carte bancaire et non comme une innovation. Dans quelques années, l'Europe de l'ouest et l'Amérique du nord rattraperont leur retard sur l'Asie-Pacifique, le Moyen-Orient et l'Afrique. Aujourd'hui, ce retard s'explique par l'abondance des instruments de paiement sur notre territoire.

# Application

## Énoncé 1

**Après avoir rappelé les différents supports de la banque à distance, vous indiquerez quelles sont les conséquences de son développement croissant.**

## Solution 1

1. **La banque à distance** : Internet (consultation des comptes, édition de RIB, téléchargement de relevés bancaires, possibilité d'effectuer des virements, de passer des ordres de bourse, de contacter un conseiller, de déposer une demande de renseignement ou encore d'effectuer des simulations de crédit), le téléphone portable (alerte SMS, Internet mobile). La banque à distance passe également par le développement des plateformes téléphoniques capables de gérer les flux entrants (appels des clients) et de travailler en flux sortants (solliciter le client). Le développement de la banque à distance a été permis par les nouvelles technologies (ADSL, WAP, 4G…)
2. **Les conséquences**
   Avec le développement de la banque à distance, le client est devenu acteur et producteur des services qu'il utilise.

| Conséquences positives | Conséquences négatives |
|---|---|
| Le client réalise lui-même des actes à faible valeur ajoutée. | Moindre fréquentation des points de vente par le client. |
| Gain de productivité pour la banque, rentabilité accrue. | Plus d'action de prospection : il faut trouver des occasions de faire venir le client. |
| Du temps commercial est dégagé : accroissement des ventes, renforcement de l'activité de conseil et donc augmentation du PNB. | Une relation qui a tendance à se déshumaniser. |
| | Certains clients (les plus mobiles) sont peu ou pas contactés. |

## Énoncé 2

Vous souhaitez vous rendre à Londres à l'occasion des Jeux olympiques d'été qui se dérouleront du 27 juillet au 12 août 2012. Vous devez donc vous procurer des livres sterling.

**1. Vous souhaitez échanger 500 €. Quel montant recevrez-vous en livres sterling ? Vous disposez des informations suivantes :**

| | Achat pour 1 € | Vente pour 1 € |
|---|---|---|
| Quantité de livres sterling | £ 0,8643 = quantité de devises pour l'achat de 1 € | £ 0,8097 = quantité de devises pour la vente de 1 € |

Commission de change de la banque 3 % HT ; TVA sur commission : 19,6 %

**2. Quels conseils pouvez vous donner à votre client ?**

## Solution 2

1. Frais de change : $3\ \% \times 500 \times 1{,}196 = 17{,}94$

$$(500 - 17{,}94) \times 0{,}8097 = £\ 390{,}32$$

Compte tenu des cours et des frais indiqués, la banque pourra me fournir £ 390.

2. Je rappellerai à mon client que la banque ne change pas les pièces et qu'il serait préférable qu'il utilise toute sa monnaie pendant son séjour à Londres. D'autre part, je peux lui conseiller d'utiliser des chèques voyages. En effet, les chèques voyages libellés en devises permettent de payer des commerçants à l'étranger et d'obtenir de l'argent liquide. Dans les deux cas, ils devront être contresignés lors de leur utilisation. Les chèques de voyage non utilisés peuvent également être restitués à la banque à son retour.

# 15 Le chèque

## I Principes

Le chèque est un écrit qui permet au tireur (celui qui émet le chèque, titulaire ou mandataire du compte) de donner l'ordre au tiré (établissement qui tient le compte) de payer une certaine somme à un tiers ou bénéficiaire dans la limite des avoirs déposés chez le tiré.

La France est le deuxième pays utilisateur au monde (après les États-Unis) de chèques gratuits. 3,3 milliards de chèques ont été libellés en 2009. La baisse de l'émission des chèques est lente : – 4 % an de 2002 à 2009. Les nouveaux services de paiement (virement, téléphonie mobile) sont plus rentables que les chèques pour les banques.

### A. La forme

Le chèque doit être établi sur une formule délivrée par le banquier tiré. Ainsi une norme a été définie (175 mm × 80 mm).

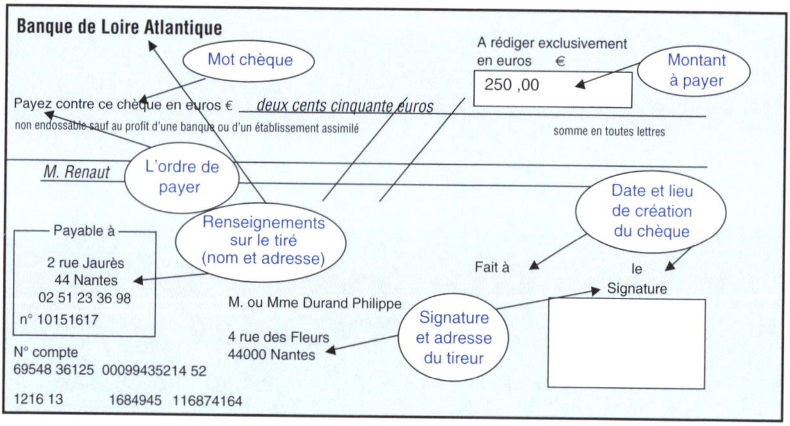


### B. Les mentions obligatoires

- La dénomination chèque.
- L'indication donnant ordre de payer une certaine somme.
- Le nom du tiré (indispensable pour que le mandat de payer soit valide).
- La date et lieu de création du chèque.
- L'indication du lieu de paiement (nom du tiré, coordonnées de l'agence bancaire auprès de laquelle le chèque est payable).
- La signature du tireur.
- Le nom et l'adresse du tireur (mentions facultatives non imposées par la loi).
- La somme en lettres et en chiffres.

# II Éléments et analyse

## A. Les autres caractéristiques d'un chèque

Un chèque a une validité limitée dans le temps. Cette validité comprend un délai de présentation (variable de 8 à 70 jours selon l'origine de l'émission) et un délai de prescription d'un an. Au delà, la banque peut refuser de payer (art. L. 131-59 CMF).

Le délai de présentation est de :

- 8 jours pour un chèque émis et payable en France métropolitaine ;
- 20 jours pour un chèque payable en France et émis en Europe ou dans un pays riverain de la Méditerranée ;
- 70 jours pour un chèque payable en France et émis dans un autre pays.

Dans tous les cas de figure le délai de prescription est de 1 an. Au-delà de ce délai (présentation + prescription) le chèque sera rejeté au motif « chèque prescrit ». En l'absence de provision, la procédure d'interdiction bancaire ne s'applique pas.

Un chèque est un transfert au porteur de la propriété de la provision qui doit être préalable et disponible sur le compte du tireur. L'absence de provision préalable n'est pas sanctionnée dès lors que la provision est suffisante au moment de la présentation.

Le règlement d'une dette en plusieurs chèques ne permet pas au tireur de postdater les chèques dont il souhaiterait qu'ils soient encaissés ultérieurement. Le bénéficiaire peut les encaisser dès le jour même, le chèque étant payable à vue. Même avec une date postérieure à sa présentation, la banque paiera le chèque.

## B. Typologie des chèques

| Type de chèque | Caractéristiques | Modalités d'encaissement |
|---|---|---|
| Barré et non endossable | Le barrement d'un chèque (deux barres obliques en travers du chèque) indique que le chèque ne peut être payé que par l'intermédiaire d'un établissement de crédit (c'est un élément de sécurité).<br><br>Non endossable : le bénéficiaire est le seul à pouvoir endosser le chèque qui ne peut être remis que sur un compte auprès d'un établissement de crédit ou assimilé (sauf chèque de retrait pour le compte du titulaire du compte ou chèque de salaire). Le chèque est alors acquitté par le bénéficiaire grâce à une signature au verso du chèque. Par cet acte, le bénéficiaire reconnaît que son débiteur s'est acquitté de sa dette. | L'encaissement se fait par crédit du compte du bénéficiaire.<br>L'encaissement en espèces est possible au guichet dans deux cas :<br>• chèque de retrait,<br>• chèque de salaire.<br><br>Le chèque est avant tout un instrument de paiement mais, à défaut d'autres moyens, peut être utilisé comme instrument de retrait. |

| Type de chèque | Caractéristiques | Modalités d'encaissement |
|---|---|---|
| Barré et endossable | Endossable : le bénéficiaire du chèque peut par endos céder le chèque à un de ses débiteurs. La délivrance de ce type de chèque fait l'objet de la perception d'un droit de timbre pour le compte de l'administration fiscale et d'une communication des détenteurs de ce type de chèque à l'administration. | Non payable en espèces (sauf cas vu plus haut). |
| Non barré et non endossable | Non barré.<br>Non endossable (voir plus haut). | Payable en espèces auprès du guichet du tiré. |
| Non barré et endossable | Non barré.<br>Endossable : peut circuler par endos successifs le chèque peut être remis à une autre personne en règlement d'une dette. Dans ce cas la mention « endossé à l'ordre de bénéficiaire + date et signature ».<br>Droit de timbre.<br>Déclaration administration fiscale. | Payable en espèces.<br>Ces chèques sont particulièrement surveillés par l'administration fiscale car ils peuvent être un moyen de dissimulation d'une partie de l'activité. |
| Chèque visé | La banque du tiré indique grâce à un visa que la provision est suffisante au moment de l'émission du chèque. La banque ne garantit pas pour autant que la provision existe au moment de la présentation | Paiement auprès d'un établissement bancaire |
| Chèque certifié | Pour des transactions importantes (achat immobilier par exemple) la banque tirée certifie que la provision existe et s'engage à la bloquer au profit du bénéficiaire pendant le délai d'encaissement (ou de présentation). | Paiement auprès d'un établissement bancaire |
| Chèque de banque | Le paiement est effectué directement par l'émission d'un chèque tiré par la banque au profit d'un bénéficiaire. Ces chèques de banque ont un coût facturé entre 10 et 15 € | Paiement garanti auprès d'un établissement bancaire<br>Un chèque de banque ne peut pas être établi au porteur. |

# C. Le paiement d'un chèque

## 1. Les risques

Quand une banque paie un chèque lorsqu'il se présente à l'encaissement, elle supporte un certain nombre de risques :

- décaisser des fonds sur un compte avant de s'assurer du paiement définitif. Si le chèque revient impayé, la banque en supportera les conséquences financières ;
- risque provenant d'un mauvais contrôle (mauvaise rédaction de la remise de chèque, différence entre la somme en chiffres et le somme en lettres (c'est

cette dernière qui vaut juridiquement), contrôle superficiel des mentions obligatoires) ;
- risque de fraude (maquillage chèque).

## 2. Les incidents

### Le rejet de chèque

| Motif du rejet | Commentaires |
|---|---|
| Provision insuffisante | Chèque impayé pour son montant total.<br>Paiement partiel.<br>Compte clôturé. |
| Opposition sur chèque | Perte, vol, utilisation frauduleuse, redressement ou liquidation judiciaire du porteur.<br>Comment faire opposition ? Par téléphone dans un premier temps puis par écrit auprès de sa banque dans un second temps.<br>Les effets de l'opposition : une inscription au fichier national des chèques irréguliers (FNCI) ; ce fichier est principalement consulté par des commerçants qui se voient délivrer un code d'accès par la société gestionnaire du fichier moyennant le paiement d'un droit d'accès.<br>La banque tirée doit refuser le paiement de tous les chèques pendant toute la durée de l'opposition. |
| Délai de validité | Délai de 1 an et 8 jours dépassés. |
| Chèque irrégulier | Absence d'une mention obligatoire.<br>Signature non conforme.<br>Insuffisance de signature (cf. compte indivis).<br>Falsification, surcharge.<br>Faux chèque.<br>Endos non conforme. |
| Compte indisponible | Saisie attribution, ATD : la banque a bloqué le compte.<br>Décès du titulaire.<br>Dénonciation de convention de compte collectif. |

### Le rejet de chèque pour défaut de provision

Un chèque sans provision est un chèque qui est émis alors que le compte du tireur ne dispose pas de la provision suffisante pour permettre son paiement.

Le rejet d'un chèque sans provision entraîne immédiatement une interdiction d'émettre des chèques pour une durée de **cinq ans** (article L. 131-78 du Code monétaire et financier modifié en mai 2001). Seul le paiement des chèques inférieurs à 15 € et présenté moins de 30 jours après leur date d'émission est garanti en l'absence de provision suffisante, sauf naturellement en cas d'opposition ou irrégularité.

- **Les obligations de la banque**

*Information préalable*

L'application de la loi Murcef du 11 décembre 2001 implique que la banque doit avant tout rejet informer préalablement son client « par tout moyen approprié » des conséquences du rejet de chèque sauf cas particulier d'une émission de chèque en violation d'une interdiction d'émettre des chèques). Une fois cette action engagée la banque peut à tout moment rejeter le chèque.

L'arrêté du 20 avril 2011 précise les modalités d'application des articles R. 131-24 et R. 131-48 du Code monétaire et financier.

L'article 2 de l'arrêté précise le contenu de la lettre d'information (en application de l'article R. 131-15 du CMF)

- « Le numéro du compte, le nom ou la dénomination ou raison sociale du titulaire du compte ainsi que les éléments permettant l'identification précise du tiré ;
- Un rappel des sanctions prévues au quatrième alinéa de l'article L. 163-2 du même Code que le mandataire encourt s'il émet en toute connaissance de cause un ou plusieurs chèques dont l'émission est interdite à son mandant. »

*Rejet du ou des chèques et envoi d'une lettre d'injonction*

Elle explique au client les conséquences du rejet (interdiction d'émettre des chèques pendant 5 ans, nécessité de restituer les formules de chèques, information sur les moyens de régularisation). Elle est envoyée en recommandé pour un premier incident, puis en courrier simple pour les suivants. Elle a pour objet d'informer le client sur sa situation, sur la portée de l'interdiction et ses conséquences, ainsi que sur les moyens qui lui sont ouverts pour régulariser cette situation. Cette interdiction vaut pour l'ensemble des comptes détenus et pour l'ensemble des comptes dont il serait mandataire. Dans le cas particulier des comptes joints, l'ensemble des co-titulaires est frappé d'interdiction sauf dans le cas où un responsable préalablement identifié a été désigné.

L'article 1 de l'arrêté précise le contenu de la lettre d'injonction.

La lettre d'injonction adressée, en application des articles R. 131-15 et R. 131-17 du code monétaire et financier, au titulaire du compte par le tiré qui a refusé en tout ou partie le paiement d'un chèque pour défaut de provision suffisante doit comporter, outre les informations mentionnées aux articles L. 131-73, R. 131-15 à R. 131-17 du même Code :

- le numéro du compte ainsi que les éléments permettant l'identification précise du tiré ;
- l'indication, le cas échéant, que le titulaire du compte est co-titulaire du compte pour lequel il n'a été désigné aucun responsable en cas d'incident de paiement ou qu'il a été désigné responsable en cas d'incident de paiement en application de l'article L. 131-80 du même Code ;
- la date à laquelle le paiement en tout ou partie du chèque a été refusé ;
- un rappel des principales dispositions législatives et réglementaires applicables, en particulier les sanctions encourues en cas de violation de l'interdiction d'émettre des chèques prévus à l'article L. 163-2 du même Code ;
- l'information selon laquelle le titulaire du compte sera inscrit au fichier central des chèques et les références de l'ensemble de ses comptes bancaires tirés de chèques, sous réserve, le cas échéant, des dispositions relatives aux comptes collectifs et celles relatives aux comptes ouverts par les entrepreneurs individuels à responsabilité limitée seront portées au fichier national des chèques irréguliers ;

- le fait que le titulaire du compte dispose d'un droit d'accès et de rectification des données le concernant enregistrées dans ces fichiers et les modalités d'exercice de ce droit.
  Un modèle de déclaration de régularisation de l'incident est joint à la lettre d'injonction.

*Attestation de rejet*

Dès que la banque a rejeté le chèque, elle émet une attestation de rejet destinée au bénéficiaire du chèque. Cette attestation est à la fois un instrument de preuve et instrument d'information.

*Déclaration à la Banque de France*

La déclaration à la Banque de France doit se faire :

- le 2e jour ouvré suivant le refus de paiement du chèque ;
- le 5e jour ouvré suivant ce refus si le chèque a été émis malgré une interdiction en vigueur.

- **La régularisation**

L'interdiction d'émettre des chèques dure cinq ans. Néanmoins, pendant cette période, le client peut à tout moment régulariser sa situation. Trois solutions lui sont offertes :

- la représentation du chèque. Le chèque impayé est représenté par son bénéficiaire et sera alors payé si la provision est suffisante. Le compte est alors débité du montant du chèque ;
- la restitution du chèque : le client doit remettre le chèque impayé à sa banque. Cette remise témoigne du règlement du créancier par un autre moyen (espèces, mandat, virement) ;
- le blocage de la provision. Sous réserve d'apporter les fonds nécessaires, le client peut demander à sa banque de bloquer la provision destinée exclusivement à régler le chèque lors d'une représentation ultérieure. Les fonds sont bloqués pendant un an. Si à l'échéance de ce délai le chèque n'a pas été représenté, le client peut en demander la restitution.

Le client doit remettre à sa banque, pour chaque chèque rejeté, le justificatif de la régularisation ainsi que la lettre d'injonction dont il aura complété l'encart de *déclaration de régularisation de l'incident.*

Si le client régularise sa situation, il se voit remettre un certificat de régularisation qui contient selon l'article 3 de l'arrêté :

« L'attestation de régularisation adressée ou remise, en application de l'article R. 131-23 du Code monétaire et financier par le tiré au titulaire ayant procédé à la régularisation de tous les incidents survenus sur le compte doit comporter, outre les informations prévues audit article, le numéro du compte, le nom ou la dénomination ou raison sociale du titulaire du compte ainsi que les éléments permettant l'identification précise du tiré. » *Source : Code monétaire et financier.*

À l'inverse, si dans un délai de 30 jours, l'émetteur n'a pas régularisé sa situation, le bénéficiaire du chèque se voit remettre un certificat de non-paiement conforme au modèle annexé dans l'arrêté :

| Modèle de certificat de non-paiement – Recto |
| --- |
| La banque certifie que le chèque : |
| N° : |
| De [euros] (1) (montant en euros ou en devises). |
| Tiré par Nom et prénom ou dénomination sociale, adresse |
| Titulaire du compte n° |
| Ouvert sur les livres de références de l'établissement tiré |
| Présenté au paiement le |
| A été rejeté par elle pour défaut de provision suffisante. |
| Montant de l'impayé : [euros] (1). |
| Le titulaire du compte n'a pas justifié avoir régularisé cet incident dans le délai de trente jours à compter de sa première présentation. |
| Le présent certificat de non-paiement est destiné à permettre au porteur du chèque d'exercer les recours prévus par la législation en vigueur (cf. extrait en annexe ou au verso). |
| À, le |
| Signature |

| Modèle de certificat de non-paiement – Verso |
| --- |
| Article L. 131-73 du Code monétaire et financier (extrait). |
| Un certificat de non-paiement est délivré à la demande du porteur, au terme d'un délai de trente jours, à compter de la première présentation d'un chèque impayé dans le cas où celui-ci n'a pas été payé lors de sa seconde présentation ou si une provision n'a pas été constituée, pour en permettre le paiement dans ce même délai. Ce certificat est délivré par le tiré lorsque, au-delà du délai de trente jours, une nouvelle présentation s'avère infructueuse. |
| La notification effective ou, à défaut, la signification du certificat de non-paiement au tireur par ministère d'huissier vaut commandement de payer. |
| L'huissier de justice qui n'a pas reçu justification du paiement du montant du chèque et des frais dans un délai de quinze jours à compter de la réception de la notification ou de la signification délivre, sans autre acte de procédure ni frais, un titre exécutoire. |
| En tout état de cause, les frais de toute nature qu'occasionne le rejet d'un chèque sans provision sont à la charge du tireur. |

Lorsque la banque détiendra ces documents pour tous les chèques rejetés, elle pourra entamer la procédure de régularisation auprès de la Banque de France.

- **Les frais supportés en cas d'émission d'un chèque sans provision**

*Les frais bancaires*

Frais d'information sur les conséquences de l'émission d'un chèque sans provision.

Frais de rejet et lettre d'injonction (variable selon les établissements) ; frais de gestion et de régularisation : Le décret 2007-1611 du 15 novembre 2007 prévoit que les frais pour incident de paiement (rejet de chèque) ne peuvent pas excéder 30 € pour les paiements de moins de 50 € et 50 € pour les incidents de paiement supérieur à 50 €. Ce décret est entré en application le 18 mai 2008.

# III Complément : la responsabilité du banquier

Les opérations de paiement par chèque engagent les différentes responsabilités du banquier. Tout d'abord sa responsabilité délictuelle (défaut de vérification ayant entraîné un préjudice aux tiers comme l'encaissement de chèques volés ou falsifiés). En second lieu, sa responsabilité contractuelle peut être engagée. Si la banque a procédé à un rejet de chèque en omettant dans le même temps de comptabiliser des opérations au crédit, la banque a manqué à son devoir de vigilance. Enfin la responsabilité pénale sera engagée en cas de manquement aux procédures de lutte contre le blanchiment.

# Application

## Énoncé

La situation d'un de vos clients attire votre attention. En effet, son compte présente un solde débiteur de 653,57 € et son autorisation de découvert est de 650 €. Le 8 juin N, les opérations suivantes se présentent pour paiement :

Chèque N° 1139665 103,20 € (émis le 2 juin)

Prélèvement opérateur téléphonie mobile : 52 €

Chèque N° 1139664 12,35 € (émis le 5 mai N)

Chèque N° 1139666 64,53 € (émis le 3 juin).

Vous avez déjà eu à rejeter un chèque en février dernier pour insuffisance de provision. Depuis l'incident avait été régularisé.

**1. Quelles sont les opérations que vous pouvez rejeter ?**

**2. Comment ce client peut-il régulariser sa situation ?**

## Solution

1. Toutes les opérations peuvent être rejetées y compris le chèque de moins de 15 € qui a été émis il y a plus de 30 jours.
2. Le client pourra régulariser sa situation après représentation des chèques par le bénéficiaire. Le client aura alors approvisionné son compte ou fait procéder au blocage de la provision sur son compte ou encore restituer à sa banque les chèques. Cette restitution témoigne que le bénéficiaire a été réglé par un autre moyen (espèce, virement).

# 16 Les cartes bancaires

## I Principes clés

Ces dernières années, les paiements par carte ont connu une croissance telle que la carte est devenue le premier moyen de paiement en Europe et en France en particulier. Tous les ans, le nombre et le montant des opérations réalisées par carte augmentent fortement. Il y a actuellement en France 59,8 millions de cartes en circulation qui ont réalisé 8,57 milliards d'opérations en 2010 (en progression de 5,3 % par rapport à 2009). Le nombre de transactions réalisées grâce à la carte bancaire augmente régulièrement pour atteindre en 2010 451,2 milliards d'euros (en progression de 5,9 % par rapport à 2009). Depuis 2001, la carte a pris le pas sur le chèque. La part de marché de la carte est de plus de 43 % contre 18 % pour le chèque.

## II Méthode

### A. Typologie des cartes bancaires

<table>
<tr><th>Type de carte</th><th colspan="2">Caractéristiques</th></tr>
<tr><td>Carte de retrait</td><td colspan="2">Elle sert uniquement à retirer de l'argent dans les distributeurs automatiques de Banque (DAB) de la banque teneur du compte ou autorise les retraits auprès de tous les DAB du réseau.<br>Gratuite ou payante (cela reste la carte la moins chère) : coût moyen : 20 €/an.</td></tr>
<tr><td rowspan="3">Carte de paiements</td><td rowspan="2">Nationale</td><td>Débit immédiat : cartes qui permettent de retirer de l'argent et d'effectuer des paiements en France et dans les DOM TOM dont les sommes correspondantes sont débitées au comptant (après chaque opération) coût : de 18 à 35 € /an.</td></tr>
<tr><td>Débit différé : cartes qui permettent de retirer de l'argent et d'effectuer des paiements uniquement en France et DOM TOM et dont les sommes correspondantes sont débitées une fois par mois (la date est précisée dans la convention de compte (dernier jour calendaire du mois, le 29 ou 30 du mois ou encore le dernier jour ouvré).<br>Coût : de 25 à 42 € /an.<br>On peut également noter que certaines cartes de paiement nationales sont à autorisation systématique.</td></tr>
<tr><td>Internationale</td><td>Débit immédiat : les cartes internationales se partagent entre deux réseaux (VISA et Mastercard)*. Elles possèdent les mêmes fonctions que les cartes nationales et permettent en plus d'effectuer des retraits et des paiements à l'étranger.<br>Coût : 25 € à 36 € /an.</td></tr>
</table>

* Deux grands réseaux se partagent le marché des cartes bancaires : VISA qui dispose de 945 000 distributeurs dans le monde contre 900 000 pour Mastercard. Historiquement, les banques sont liées à l'un ou l'autre de ces réseaux (en général les réseaux mutualistes sont liés à Mastercard alors que les banques de réseaux sont plutôt liées à VISA (LCL, BNP Paribas, la Banque Postale...). Certaines banques peuvent proposer l'accès aux deux réseaux.

| Type de carte | Caractéristiques | |
|---|---|---|
| Carte de paiements *(suite)* | Internationale *(suite)* | *Débit différé* : *idem.*<br>*Coût* : 25 à 46 € /an. |
| | | *Cartes de prestige* : VISA Premier ou Gold Mastercard ont les mêmes fonctions que les autres cartes de paiement internationales mais offrent des services complémentaires : [plafonds de retrait plus élevés (jusqu'à 1 500 € de retrait dans les distributeurs de l'enseigne) ; multiples assurances qui fonctionnent dès lors que le paiement a été réglé avec ladite carte (garanties voyages, garanties neige et montagne, garantie dommage aux véhicules de location)].<br>Coût moyen 115 € par an (de 45 à 130 € selon les banques) |
| | | Cartes haut de gamme : Infinite chez VISA, Platinum chez Mastercard ; ces cartes sont réservées aux clients fortunés et coûtent le double d'une carte de prestige.<br>Coût : en moyenne 280 € (230 à 315 € par an). |
| Cartes de crédit | Certaines CB sont adossées à une réserve d'argent. Elles remplissent les fonctions de cartes de retrait, de paiement et permettent également l'accès à un crédit renouvelable. Depuis la loi Murcef de 2001, toute carte de ce type doit porter la mention carte de crédit (article L. 311.9 du Code de la consommation).<br>Il existe également *des cartes, dites accréditives ou privatives*, qui sont uniquement des cartes de crédit utilisables au sein du groupe de magasins qui les a émises. Le crédit accordé lors de la mise à disposition de la carte est généralement d'un coût élevé. | |

Depuis le 1er octobre 2007, les cartes co-marquées (*co-branding* en anglais) sont autorisées en France. Les cartes co-marquées sont à la fois des cartes de paiement et des cartes privatives. En effet, il s'agit d'associer à la carte bancaire traditionnelle le visuel d'une marque commerciale.

| Acteurs | Avantages |
|---|---|
| Banque | • Un élargissement des canaux de distribution<br>• Une augmentation des commissions |
| Enseigne partenaire | • La carte devient un support publicitaire<br>• La carte permet de renforcer la fidélité du client |
| Client porteur de la carte | • La carte bancaire permet de profiter des avantages offerts par l'enseigne : elle a alors les fonctions d'une carte privative |

## B. Incidents liés à l'utilisation d'une carte bancaire

- L'utilisation abusive de la carte par le titulaire peut conduire le banquier à mettre lui-même la carte en opposition. Cette information apparaît d'ailleurs dans le FCC (fichier central des chèques) pour une durée de 2 ans, sauf levée par l'établissement déclarant. La Banque de France gère en effet la centralisation des retraits de carte pour usage abusif.

- Le vol, la perte ou l'utilisation frauduleuse d'une carte bancaire : le client doit immédiatement prévenir sa banque ou joindre le Centre des Oppositions. Si l'opposition a été effectuée par téléphone, elle doit être impérativement confirmée par écrit.

**Deux situations se succèdent :**

**Situation 1 : avant la mise en opposition**

La responsabilité du client est engagée dans la limite d'un plafond de 150 € depuis le 1er janvier 2003 (Art L. 133.19 CMF). Cette limite de responsabilité sera remise en cause si la mise en opposition n'a pas été faite dans les meilleurs délais (délai qui s'apprécie en fonction de la fréquence d'utilisation de la carte) ou si l'utilisation du code confidentiel a été permise par une faute grave du titulaire. L'arrêt du 02 octobre 2007 (chambre commerciale de la cour de cassation) impose à la banque de prouver la faute du titulaire de la carte. **L'article 133.19** crée par l'ordonnance du **15 juillet 2009** précise :

« En cas d'opération de paiement non autorisée consécutive à la perte ou au vol de l'instrument de paiement le payeur supporte, avant l'information prévue à l'article L. 133-17, les pertes liées à l'utilisation de cet instrument dans la limite d'un plafond de 150 €.
Toutefois, la responsabilité du payeur n'est pas engagée en cas d'opération de paiement non autorisée effectuée sans utilisation du dispositif de sécurité personnalisé.
La responsabilité du payeur n'est pas engagée si l'opération de paiement non autorisée a été effectuée en détournant, à l'insu du payeur, l'instrument de paiement ou les données qui lui sont liées.
Elle n'est pas engagée non plus en cas de contrefaçon de l'instrument de paiement si, au moment de l'opération de paiement non autorisée, le payeur était en possession de son instrument.
Sauf agissement frauduleux de sa part, le payeur ne supporte aucune conséquence financière si le prestataire de services de paiement ne fournit pas de moyens appropriés permettant l'information aux fins de blocage de l'instrument de paiement prévue à l'article L. 133-17.
Le payeur supporte toutes les pertes occasionnées par des opérations de paiement non autorisées si ces pertes résultent d'un agissement frauduleux de sa part ou s'il n'a pas satisfait intentionnellement ou par négligence grave aux obligations mentionnées aux articles L. 133-16 et L. 133-17. »
Source : Code Monétaire et Financier.

L'utilisateur de services de paiement signale, sans tarder, à son prestataire de services de paiement une opération de paiement non autorisée ou mal exécutée et au plus tard dans les treize mois suivant la date de débit sous peine de forclusion à moins que le prestataire de services de paiement ne lui ait pas fourni ou n'ait pas mis à sa disposition les informations relatives à cette opération de paiement conformément au chapitre IV du titre 1er du livre III. (Article L. 133-24 du code monétaire et financier).

**Situation 2 : après la mise en opposition**

Si la carte a été perdue ou volée sans son code, le client est exonéré de toute responsabilité. Sa responsabilité sera par contre engagée si la carte a été perdue ou volée avec le code confidentiel (le titulaire a alors commis une faute).

# III Compléments : Les cartes bancaires à l'heure de l'espace de paiement unique européen (SEPA)

La volonté d'harmoniser la règlementation des moyens de paiement à l'échelle européenne a vu le jour par le vote en 2007 de la directive sur les services de paiement (DSP). Les cartes bancaires sont ainsi concernées et doivent être aux normes SEPA dès 2010 (la directive est entrée en vigueur en novembre 2009). Les cartes SEPA ont toute la même norme à savoir la norme EMV (Europay, Mastercard, Visa) et doivent utiliser un code confidentiel. Cette harmonisation repose également sur des règles de fonctionnement communes aux 27 pays membres de l'Union européenne de telle sorte que l'interopérabilité des systèmes soit permise. L'entrée en vigueur au 1$^{er}$ novembre 2009 de la directive européenne sur les services de paiement permet également de renforcer la protection et l'information des consommateurs. Compte tenu de l'interdiction des dates de valeur, les établissements de crédit doivent désormais faire preuve de diligence dans l'exécution des opérations au crédit.

# Application

## Énoncé 1

Votre client est titulaire d'une carte bleue Mastercard. Il vient de se rendre compte qu'il n'a plus la carte en sa possession. Il a immédiatement fait opposition auprès du Centre National. S'agissant d'une carte associée à un compte chèques utilisé à des fins professionnelles, il ne s'est pas aperçu immédiatement qu'il ne l'avait plus en sa possession. C'est un compte qu'il utilise moins fréquemment, uniquement à l'occasion de ses déplacements professionnels.

1. **Quels conseils pouvez vous donner au titulaire d'une carte bancaire ?**
2. **Rappelez à votre client la procédure d'opposition et les conséquences financières de cette mise en opposition de la carte.**

## Solution 1

1. Les conseils sont les suivants : ne jamais communiquer son code confidentiel pas même à sa banque. Conserver sa carte, redoubler de vigilance à l'occasion

d'un paiement chez un commerçant ou d'un retrait dans du DAB, avoir en sa possession le numéro de téléphone de sa banque ou du centre des oppositions et enfin pointer toutes les opérations apparaissant sur le relevé envoyé par la banque afin de détecter rapidement tout débit frauduleux.

2. L'opposition sera faite en téléphonant au centre des oppositions et sera confirmée ensuite par écrit. L'opposition exonère le porteur de carte de toute responsabilité pour les opérations réalisées après la mise en opposition. Avant l'opposition sa responsabilité est limitée à un montant de 150 € sauf si le client a fait preuve de négligence. Une opposition tardive peut être considérée comme une négligence constitutive d'une faute lourde.

## Énoncé 2

Un de vos clients vous indique qu'une somme de 189 € a été débitée de son compte en fin de mois avec les autres débits cartes. Cette somme correspond à un achat effectué sur un site marchand Internet. Or votre client vous affirme qu'il n'a jamais contracté sur ce site et n'a donc jamais acheté le bien objet du prélèvement.

**La banque doit-elle recréditer le compte de ce client ?**

## Solution 2

Il s'agit ici d'une utilisation frauduleuse de la carte dans le cadre d'une vente à distance. Le code confidentiel n'ayant pas été utilisé et la carte étant toujours physiquement en possession du client ; la banque dispose d'un délai de 30 jours pour créditer le compte du client de 189 €. De son côté, le client dispose d'un délai de 13 mois pour contester les opérations à compter de la date de réalisation de ladite opération.

# 17 La vente de cartes bancaires : la montée en gamme

## I Principes clés

Le conseiller est amené à vendre des solutions packagées à ses clients (compte, chéquier, carte bancaire, services liés au compte). Ces ventes génèrent du produit net bancaire au réseau.

Dans un souci d'anticiper les besoins des clients qui évoluent et d'y répondre, le conseiller leur propose une montée en gamme de carte bancaire. Les cartes bancaires de prestige et haut de gamme s'adressent à des segments de clientèle dont un critère de segmentation repose sur le niveau des revenus.

## II. Méthode

### A. L'argumentation pour vendre une carte de prestige (visa premier ou gold mastercard) à un client particulier

#### 1. L'argumentaire de base

Une **plus grande souplesse budgétaire** en déplacement : plafonds de paiement et de retrait plus élevés donc plus adaptés au besoin du client.

Une fourniture d'une **carte de remplacement** en cas de vol ou de perte.

Une **avance de fonds** en cas de perte ou de vol à l'étranger.

Une **plus grande tranquillité d'esprit** avec les services d'assistance et d'assurance pour tous les membres de la famille (assistance médicale et juridique, assurances voyage, annulation ou interruption de voyages, détérioration des bagages, perte, vol, responsabilité civile à l'étranger, dommages et vol des véhicules de location…). « Vous pouvez partir rassuré, votre carte vous assure et vous assiste. Même en cas de perte ou de vol de votre carte, vous êtes dépanné. »

> Pour les services d'assistance, la garantie vaut à partir du moment où l'on est titulaire de la carte. Les membres de la famille qu'ils voyagent ou non avec le titulaire de la carte sont assurés.
>
> Pour les services d'assurance, la garantie vaut à partir du moment où l'on règle au moyen de la carte.

## 2. L'argumentaire ciblé selon le segment de client

### *Les jeunes entrant dans la vie active : PCS avec fort potentiel d'évolution de carrière, revenus supérieurs à 2 500 €/mois, déplacements fréquents et/ou lointains, recherche d'un statut social :*

« Sans vous déplacer, vous pouvez commander et recevoir vos billets pour des soirées théâtre, rencontres sportives. Et vous bénéficiez d'autres services privilégiés. »

### *Les familles (couples avec ou sans enfant) : 30 à 55 ans, revenus supérieurs à 2 500 €/mois, voyages en famille (sports d'hiver...) :*

« Aux sports d'hiver, un accident peut survenir. L'assurance neige et montagne liée à votre carte couvre les frais de recherche et de secours, de transport jusqu'au centre hospitalier, la responsabilité civile pour des dommages causés à des tiers. »

### *Les seniors actifs : 55 ans et plus, en retraite ou en préretraite, revenus supérieurs à 2 500 €, voyages en France et à l'étranger, temps libre, recherche de divertissements*

« Avec votre carte, vous assurez aussi vos petits-enfants de moins de 25 ans, même s'ils voyagent seuls. »

## 3. La réfutation des objections courantes

### *« Ma carte bancaire actuelle me suffit ! »*

Cette carte propose une couverture beaucoup plus large au niveau des assurances pour tous les membres de la famille même s'ils voyagent sans vous. De plus, vous avez des possibilités supérieures de paiement et de retrait qui peuvent s'avérer utiles. »

### *« Je n'en ai pas besoin ! »*

« Vous ne partez jamais en vacances, même en France ? Votre famille part quelquefois sans vous ? Vous n'avez jamais annulé votre départ à la dernière minute ? Dans tous ces cas, vous réalisez des économies grâce aux assurances. »

### *« Je ne voyage jamais ! »*

« Vos enfants partent en vacances ? Avec cette carte, vos proches sont assurés même s'ils voyagent sans vous. »

### *« C'est une carte pour vos clients riches ! »*

« C'est plutôt une carte familiale et c'est surtout un bon calcul dès lors que vous partez en vacances une fois par an. Vous pouvez en effet réaliser de nombreuses économies sur les assurances et services associés à la carte, qui sont inclus dans la cotisation. »

### *« La cotisation est très élevée ! »*

Cette carte vous fait réaliser des économies sur la souscription de services d'assistance et d'assurance mais également sur la location de véhicules. Grâce au bonus (valable pour la carte gold), chaque utilisation de votre carte fait baisser le montant de votre prochaine cotisation. »

### *« Ces services, on ne les utilise jamais ! »*

« C'est vrai qu'ils ne sont pas nécessaires s'il ne vous arrive rien. Néanmoins, quand vous en avez vraiment besoin, vous êtes à l'abri et vous n'avez plus besoin d'effectuer des démarches supplémentaires. Vous et votre famille pouvez voyager en toute sérénité. »

## B. Les opportunités de vente d'une carte prestige

### *Interrogations du client*

« J'ai besoin de plafonds plus élevés », « je veux pouvoir payer les autoroutes avec ma carte ».

### *Observations comportementales du client*

Le client part souvent en voyage en France ou à l'étranger ; il va souvent à la montagne ; il utilise beaucoup sa carte bancaire ; il loue des voitures ; ses enfants voyagent seuls.

### *Demande de renouvellement de la carte*

Le conseiller fait le point sur l'utilisation actuelle de la carte et suscite un intérêt pour une montée en gamme.

### *Échéance proche du renouvellement*

Le conseiller contacte son client deux mois avant l'échéance pour faire une proposition de montée en gamme.

### *Ouverture de compte dans le réseau*

La carte de prestige est à proposer systématiquement aux clients intermédiaires (revenus supérieurs à 2 500 €) et haut de gamme.

### *Approche des vacances d'été ou de Noël*

Ce sont des périodes de forte consommation. Le client peut être sensible au plafond de paiement et de retrait.

# Application

## Énoncé

**Vous recevez aujourd'hui trois clients. Vous préparez votre argumentation pour leur proposer une carte prestige : la gold master card.**

Clients Enée : Monsieur et Madame Louis Enée (65 ans) sont retraités (retraite de 2 600 €/mois). Ils sont fidèles à votre réseau depuis 30 ans. Ils ont envie de partir dans 6 mois faire une croisière autour du monde. Ils veulent savoir si c'est possible d'augmenter le plafond de retrait de leur carte actuelle.

Clients Desplanches : Monsieur et Madame Franck Desplanches (40 ans) vivent en couple. Ils ont deux enfants (12 et 17 ans). Avec des revenus de 3 000 €/mois, ils souhaitent obtenir un crédit permanent pour financer leurs vacances de sport d'hiver et le séjour linguistique de leurs enfants.

Client Clément : Monsieur Maxime Clément (26 ans) vient de terminer ses études supérieures de gestion aux États-Unis. Il a signé un contrat de travail avec une multinationale à Paris. Il commence la semaine prochaine. Il vous sollicite aujourd'hui pour un devis crédit auto. Comme il prendra souvent les transports en commun, il se demande encore s'il n'est pas préférable pour lui de louer une voiture occasionnellement…

## Solution

Clients Enée : « Avez-vous choisi votre voyage ? Je peux vous proposer les services de l'agence de voyage de la carte Gold Master Card. Avec cette carte, vous bénéficiez également d'une assistance élargie et de montants supérieurs, notamment pour les frais médicaux à l'étranger. »

Clients Desplanches : « Pendant leurs séjours linguistiques, vos enfants (s'ils voyagent seuls) sont protégés : les frais médicaux, l'envoi de médicaments sont pris en charge. De même, à la montagne, une entorse peut survenir suite à une chute en ski. L'assurance neige et montagne liée à la carte Gold couvre les frais de recherche et de secours, de transfert jusqu'au centre hospitalier le plus proche, les frais de responsabilité civile pour des dommages causés à des tiers. »

Client Clément : « Vous avez parfois besoin d'une voiture. Si vous décidez d'en louer une avec la carte Gold, vous n'avez plus besoin ni de payer une assurance-vol et dommages, ni de vous soucier de la franchise, vous êtes déjà assuré. En plus, si vous appelez Gold Master service, vous bénéficiez d'une remise chez les loueurs partenaires. »

# 18 Les autres services de paiement

## I Principes

D'autres moyens de paiements sont une alternative que de nombreuses entreprises et administrations tentent de promouvoir auprès de leurs clients. Parmi ces moyens, figurent le virement, le prélèvement automatique, le titre interbancaire de paiement, le télépaiement.

## II Méthodes

| Moyens de paiement | Caractéristiques |
|---|---|
| Le virement | C'est une opération de transfert de fonds entre deux comptes. Si ces comptes sont domiciliés dans la même banque, il s'agira d'un virement interne, sinon on parlera d'un virement externe ou interbancaire. Dans le premier cas, la gratuité sera de mise, dans le second la banque percevra une commission fixe à chaque virement.<br>Le virement peut être occasionnel ou au contraire permanent. Le virement permanent permet de programmer à une date fixe et selon la périodicité souhaitée, le virement d'une somme d'argent vers un autre compte. Les fonctionnalités de la banque à distance permettent aujourd'hui au client de programmer seul ce mouvement scriptural entre comptes. Pour les virements externes, le client aura préalablement communiqué à la banque sous la forme d'un RIB les coordonnées du compte externe à créditer. Une fois exécuté, le virement est irrévocable.<br>Pour les virements internationaux, les principes de base sont identiques. La seule différence est qu'ils transitent par un autre réseau : le réseau Swift. Ils peuvent être libellés en euros ou en devises. |
| Le prélèvement automatique | *Principe :*<br>Ce mode de paiement est principalement proposé par les grandes entreprises comme EDF pour s'acquitter de ses factures, le Trésor Public pour le paiement mensualisé des impôts, les établissements de crédit pour le remboursement de prêts. D'une manière générale, ce mode de paiement est parfaitement adapté au règlement de sommes répétitives. Le client qui accepte le prélèvement signe préalablement une autorisation qui permet au créancier de prélever une certaine somme à une date fixée et selon une périodicité définie.<br><br>*Mise en place :*<br>L'organisme qui débite le compte doit être titulaire d'un numéro national d'émetteur et le client dont le compte est débité doit accompagner son autorisation de prélèvement d'un RIB. |

| Moyens de paiement | Caractéristiques |
|---|---|
| Le prélèvement automatique *(suite)* | Le prélèvement est révocable à tout instant. Il convient cependant de prévenir le créancier et d'informer la banque de ses intentions. Il est possible également en cas de litige avec son créancier de faire opposition au prélèvement. L'opposition doit être envoyée à la banque par écrit. Elle peut se faire avant la date du prélèvement et concernera alors le prélèvement d'une échéance à venir ou après la date du prélèvement dans la limite d'un délai de 7 jours.<br>En l'absence de provision suffisante, le prélèvement sera rejeté sans pour autant entraîner d'interdiction bancaire. |
| Le titre interbancaire de paiement (TIP) | C'est également une autorisation de prélèvement mais donnée au cas par cas. Le TIP accompagne en général une facture. Y figure le montant à débiter, les coordonnées bancaires du débiteur. Ce dernier doit simplement dater, signer et renvoyer le TIP pour que la somme due soit débitée du compte. La somme ne sera débitée du compte que s'il existe la provision suffisante. Dans le cas contraire le paiement sera refusé sans pour autant que ce refus entraîne une interdiction bancaire. |
| Le télépaiement | Procédé qui permet de payer à distance, en ligne à l'initiative du débiteur. Il est aujourd'hui possible de télé payer ses impôts, ses amendes par exemple. Le recours au télépaiement n'exclut pas de pouvoir utiliser un autre moyen de paiement. |
| Le chèque emploi service universel (CESU) | Il existe deux types de CESU :<br>Le CESU bancaire qui se compose d'un chèque et d'un volet social pour déclarer le salarié. il s'obtient auprès de la banque et s'utilise comme un chèque bancaire classique. Il permet de rémunérer les services d'un salarié à domicile par exemple.<br>Le CESU préfinancé qui est un titre de paiement préfinancé par les émetteurs qui les distribuent à leurs salariés permettra de financer le salaire d'un employé à domicile salarié d'un organisme agréé de services à la personne. |

À noter : les frais bancaires consécutifs au rejet d'un virement ou d'un prélèvement sont limités au montant de l'ordre de paiement rejeté, dans la limite d'un plafond de 20 €.

Les banques françaises devraient supprimer début 2014 les principales commissions interbancaires liées aux prélèvements, virements, titres bancaires de paiement (TIP), téléréglements et lettres de change. L'autorité de la concurrence a rappelé que les banques avaient fixé d'un commun accord des montants uniformes de commissions pour chaque paiement par ces moyens indépendamment de leur coût de revient.

# III Complément : le nouveau cadre juridique des services de paiement

La transposition en droit français de la directive européenne sur les services de paiement (DSP) offre un nouveau cadre juridique pour les services de paiement. Depuis le 1er novembre 2009, les prestataires de services de paiement (entreprise agréée pour délivrer des services de paiement) sont soit des établissements de crédit, soit des établissements de paiement (nouveaux opérateurs qui peuvent proposer une offre de services de paiement). D'autre part, un certain nombre de changements est attendu :

- La disparition de la pratique des dates de valeur (une opération ne peut plus être inscrite au débit d'un compte à une date antérieure à sa date de réalisation : un retrait au GAB d'un établissement effectué le 15 du mois ne pourra plus être débité en date de valeur le 13 du même mois).
- La contestation d'une opération de paiement autorisée est possible si le client n'en connaissait pas le montant à l'avance et si ce montant est manifestement excessif par rapport au montant attendu. Si ces deux conditions sont remplies, l'opération pourra être contestée dans un délai de 8 semaines à compter de la date du débit. Le prestataire de services de paiement a alors 10 jours ouvrables pour apporter une réponse (remboursement ou refus motivé).
- Les délais d'exécution des virements sont raccourcis : 1 jour ouvrable entre la réception de l'ordre par le prestataire de services de paiement et le crédit en compte pour les virements reçus.
- Enfin, le délai pour contester une opération non autorisée (paiement par carte par exemple) passe de 70 jours à 13 mois.

## Zoom sur le prélèvement SEPA

Le prélèvement SEPA (Single European Payment Area) est proposé par les banques depuis le 1/11/2010. Il s'agit d'un prélèvement en euros utilisable entre des comptes ouverts dans les banques de la zone SEPA (Espace économique européen, la Suisse et Monaco). Progressivement, il remplacera l'avis de prélèvement. Ce prélèvement en euros permet de régler les factures régulières ou ponctuelles auprès d'un créancier français ou de l'espace SEPA. Contrairement à l'ancien prélèvement, un seul formulaire (au lieu de deux au préalable) « mandat de prélèvement SEPA » est à remplir et à signer. Le créancier conserve ce dernier. Ce formulaire contient deux autorisations (une donnée au créancier de présenter des prélèvements SEPA sur le compte, une autre à la banque de débiter le compte du montant des prélèvements présentés).

# Application

### Énoncé

1. **Quelles sont les modalités de mise en place d'un prélèvement ?**
2. **Quelles sont les conséquences du rejet d'un prélèvement ?**

### Solution

1. La mise en place d'un prélèvement suppose de compléter un imprimé d'autorisation de prélèvement automatique. Ce document permet d'identifier le débiteur et le compte sur lequel les sommes seront prélevées ainsi que le créancier et ses coordonnées.



B.U. BREST

2. Le rejet d'un prélèvement crée un impayé : le débiteur peut être pénalisé par le créancier qui peut mettre un terme au contrat.

   La banque va prélever des frais. Cependant, à la différence du rejet de chèque, aucune interdiction bancaire ne sera prononcée.

# 19 La clôture du compte

## I Principes clés

La clôture d'un compte peut avoir de multiples origines. Comme pour l'ouverture, la clôture est un acte lourd de responsabilité pour le banquier.

## II Méthode

Un compte peut être clôturé soit à l'initiative de la banque, soit à l'initiative du client.

### A. Clôture à l'initiative de la banque

#### 1. Les motifs

- Compte inactif.
- Comportement répréhensible du client.
- Incidents de gestion fréquents.
- Agissements frauduleux du client.
- Changement de politique commerciale.

#### 2. Les modalités

- Informer le client par LRAR (lettre recommandée avec accusé de réception).
- Respecter un préavis raisonnable pour ne pas occasionner de gêne excessive. (la clôture sans délai est cependant admise lorsque le client est à l'origine d'opérations frauduleuses). Par ailleurs, le délai est porté à 45 jours si le compte avait été ouvert dans le cadre d'une procédure de droit au compte. Dans ce cas la banque doit également notifier sa décision à la Banque de France en la motivant. S'il s'agit d'un compte joint et qu'un des co-titulaires est à l'initiative de la clôture, la banque doit alors informer les autres titulaires et bloquer le solde du compte.
- Être ferme. Si le client a commis des actes graves, la clôture représente la sanction de la faute. La banque ne peut plus avoir de relation commerciale avec un client envers lequel elle n'a plus confiance.

### B. Clôture à l'initiative du client

#### 1. Les motifs

- Mécontentement à l'égard de sa banque.
- Proposition plus avantageuse de la concurrence.
- Changement de domicile.
- Souhait de se « démultibancariser ».
- Divorce.

- Démarche de la concurrence de domicilier le salaire du client suite à l'accord d'un prêt immobilier.

## 2. Les modalités

- Envoyer une lettre recommandée à sa banque et respecter le délai de préavis fixé dans la convention de compte.
- S'assurer qu'aucune opération tant au débit qu'au crédit n'affectera le solde. Si un chèque émis est présenté à l'encaissement alors que le compte est clôturé, le client risque de se retrouver en situation d'interdiction bancaire.
- Restituer les moyens de paiement (carte, formules de chèque non utilisées. En conséquence, le solde devient exigible : s'il est créditeur, il est mis à la disposition du client pendant 10 ans. Au-delà le solde est consigné à la Caisse de Dépôts et Consignation pendant 20 ans. Au bout de 30 ans les sommes sont récupérées par l'État. Si le compte est débiteur, le solde est passé en pertes et profits ou transmis au contentieux pour recouvrement.
- La clôture met fin à l'ensemble des services associés au compte (assurance moyens de paiement, accès banque à distance…).

Le conseiller tente de connaître les raisons du client qui l'ont poussé à clôturer son compte. Si le client est mécontent vis-à-vis de sa banque, le conseiller se doit d'écouter activement son client. Manifestement, une attente ou un problème n'a pas été prise en compte. La réclamation doit alors être traitée rapidement. Le client doit avoir à l'esprit une image de l'accueil au moins équivalente à celle du premier contact (*cf.* fiche 53).

Si le client souhaite changer d'agence pour cause de déménagement, le conseiller l'oriente vers une agence du réseau proche du nouveau lieu de résidence, prend un rendez-vous avec la nouvelle agence. Néanmoins, le conseiller peut conserver son client distancié dans son portefeuille en lui proposant les méthodes de gestion de relation clientèle à distance (agence en ligne dédiée exclusivement aux clients distanciés).

# C. Le décès du client

Le compte est mis sous surveillance. La remise au banquier du certificat de décès va déclencher la procédure d'envoi du dossier client au service succession. Un dossier de succession est ouvert et la banque communique au notaire le montant des avoirs détenus par le client. Le service succession envoie une copie du certificat de décès à la compagnie d'assurance en cas de prêt avec ADI en cours. Les chèques et paiements par carte, effets de commerce émis avant le décès doivent être payés si le solde du compte le permet, les prélèvements également mais seulement avec accord express des héritiers au notaire. Quand le montant des avoirs est inférieur à 7 600 € et en l'absence de patrimoine immobilier, la procédure est simplifiée en matière de succession. Le passage devant le notaire n'est pas obligatoire.

S'il s'agit d'un compte individuel, le compte est bloqué dès la connaissance du décès. Il est clôturé après liquidation des opérations de partage. S'il s'agit d'un compte joint, le co-titulaire peut utiliser le compte pour faire face à certaines dépenses liées au décès (sauf contestation des héritiers).

Enfin, pour les successions modestes (moins de 5 035 €) et devant le refus de certains maires de délivrer des certificats d'hérédité exigés par ailleurs par la banque, la loi de séparation et de régulation des activités bancaires prévoit de remplacer ce certificat d'hérédité par un acte de naissance, n'obligeant plus ainsi les héritiers à faire appel aux services payants d'un notaire.

# III Complément : clôture ou transfert ?

Le client peut également vouloir changer de banque sans pour autant avoir intérêt à clôturer certains comptes. Il en est ainsi pour les PEL, PEA pour lesquels la clôture entraînerait la perte d'antériorité et donc la remise en cause des avantages qui y sont liés (avantages de rémunération pour les PEL anciens, avantages de fiscalité pour les plans d'épargne en actions…). Dans ces conditions, il convient de procéder au transfert des comptes entre les deux banques. Cependant cette opération sera facturée plusieurs dizaines d'euros par la banque que le client quitte. Mais souvent, la banque qui accueille un nouveau client prend en charge une partie de ces frais de transfert.

# Application

## Énoncé 1

**Indiquez quelles doivent être les démarches à effectuer et les précautions à prendre à l'occasion de la clôture d'un compte.**

## Solution 1

La clôture d'un compte dans une banque doit s'accompagner de l'ouverture d'un compte à vue dans la nouvelle banque afin d'y domicilier ses revenus, d'y transférer virements et prélèvements. Il est nécessaire de prévenir par écrit son ancienne banque. Il est également nécessaire de vérifier que tous les chèques émis depuis moins d'1 an et 8 jours ont été présentés au paiement.

## Énoncé 2

**Quelles sont les conséquences du décès de l'un des co-titulaires sur le fonctionnement d'un compte joint ? D'un compte indivis ?**

## Solution 2

Dans le cas d'un compte joint, le co titulaire survivant pourra continuer à faire fonctionner le compte et utiliser les moyens de paiement associés à celui-ci conformément au principe de solidarité active. En revanche, en l'absence de cette solidarité active, le compte indivis ne pourra plus fonctionner. Il reviendra aux services chargés des successions de proposer des solutions aux indivisaires.

III

# La fiscalité du particulier

# 20 Le système fiscal français

## I Principes clés

Les impôts et taxes sont des prélèvements au profit de l'État (au sens strict), des collectivités locales ou des administrations de sécurité sociale. L'INSEE définit l'impôt comme le versement obligatoire et sans contrepartie aux administrations publiques et aux institutions européennes. Les impôts permettent de financer les dépenses publiques et d'orienter l'activité économique dans le cadre du budget de l'État. Les prélèvements fiscaux ne sont qu'une partie des prélèvements ; les prélèvements sociaux complètent le dispositif d'imposition. Peu de revenu et peu de produit échappent aujourd'hui à ces prélèvements.

## II Méthode

### A. Typologie des impôts

Les impôts sont soit directs, soit indirects, proportionnels ou progressifs.

| | Progressif | Proportionnel |
|---|---|---|
| Impôt direct | Impôt sur le revenu des personnes physiques (IR).<br>Impôt de solidarité sur la fortune (ISF). | Taxe d'habitation (impôts locaux).<br>Taxe foncière (impôts locaux).<br>Prélèvement forfaitaire libératoire,<br>Impôt sur les plus-values. |
| Impôt indirect | Droits d'enregistrement : droits de succession, droits de donation, droits de mutations à titre onéreux. | Impôt sur la dépense (TVA).<br>Taxe intérieure sur les produits pétroliers (TIPP).<br>Taxe sur le tabac, les alcools. |

Celui qui s'acquitte de l'impôt est également celui qui doit l'impôt ; en d'autres termes le redevable est également le contribuable. Les impôts directs sont donc perçus par voie de rôle dans la mesure où l'administration fiscale peut établir la liste des contribuables dans un « rôle ».

À l'inverse les impôts indirects sont versés par le redevable (entreprise par exemple pour la TVA) mais acquittés par le contribuable (en l'occurrence le consommateur final inconnu de l'administration fiscale).

### B. Les principes fiscaux et les sources du droit fiscal

- Le principe de légalité, défini dans l'article 34 de la Constitution, précisant que les règles concernant l'assiette, (c'est-à-dire ce sur quoi repose l'impôt) le « taux », et les modalités de recouvrement des « impositions de toutes natures » sont fixées par la loi, donc par le Parlement : le pouvoir législatif est ainsi à l'origine de la création ou de la modification d'un impôt.

- Le principe d'annualité, selon lequel le Parlement doit donner chaque année au gouvernement l'autorisation de percevoir l'impôt.
- Le principe d'égalité : selon l'article 13 de la Déclaration des droits de l'Homme de 1789, « la contribution commune doit être également répartie entre tous les citoyens en raison de leurs facultés ».
- Le principe de nécessité, tiré de l'article 13 de la déclaration des droits de l'homme et du citoyen indique : « pour l'entretien de la force publique et pour les dépenses d'administration, une contribution commune est indispensable ».

Une des missions de l'administration fiscale est de préciser à travers la publication des BOI (Bulletins officiels des impôts) les modalités d'application des textes votés. Les instructions qui en résultent ne doivent pas aller au-delà de ce que prévoit la loi sous peine d'être frappées d'illégalité.

## C. Les prélèvements sociaux

Les prélèvements sociaux sont constitués de cinq prélèvements différents. Il y a en premier lieu la CSG (contribution sociale généralisée créée en 1991) dont le taux diffère en fonction de la catégorie de revenu. Vient ensuite la CRDS (contribution au remboursement de la dette sociale), le prélèvement social, la contribution additionnelle au prélèvement social dont le produit doit être affecté au financement des personnes âgées (contribution solidarité en vigueur depuis 2004), et enfin la contribution RSA (1,1% depuis janvier 2009) destinée à financer la mise en place du Revenu de Solidarité Active.

**Taux des prélèvements sociaux sur les revenus au 1er janvier 2013[1].**

| Nature des revenus | Revenus d'activité (salaires, traitement) | Allocation chômage, Indemnités Journalières | Pension de retraite, d'invalidité de préretraite (avant le 11 octobre 2007) | Revenus du patrimoine : revenus fonciers, rentes viagères à titre onéreux, revenus mobiliers[1] |
|---|---|---|---|---|
| CSG | 7,5 %[2] | 6,2 %[3] | 6,6 %[4] | 8,2 %[5] |
| CRDS | 0,5 % | 0,5 % | 0,5 % | 0,5 % |
| Prélèvement Social | | | | 4,5 % |
| Contribution additionnelle | | | | 0,3 % |
| CRSA | | | | 2 % |
| **Total** | **8 %** | **6,7 %** | **7,1 %** | **15,5 %** |

1. Sont exonérés de prélèvements sociaux : Le livret A, le livret Bleu, le LEP, Le LDD, le livret jeune.
2. Dont 5,1 % sont déductibles
3. Dont 3,8 % sont déductibles. Le taux de CSG est réduit à 3,8 % pour les personnes disposant de faibles ressources ou dont l'impôt est inférieur à 61 €.
4. Dont 4,2 % sont déductibles (ou 3,8 % si taux de CSG minoré).
5. Dont 5,1 % sont déductibles

Au total, les revenus d'activité subissent un prélèvement de 8 % (7,5 % + 0,5 %), les revenus de remplacement de 6,7 % (allocations chômage ou indemnités journalières), de 7,1 % pour les autres revenus de remplacement alors que les revenus du patrimoine et autres placements soumis aux prélèvements sociaux sont taxés à hauteur de 15,5 %.

Il convient de noter également que certains revenus (revenus fonciers par exemple) bénéficient d'une CSG partiellement déductible des revenus de l'année suivante. Ces précisions sont mentionnées dans les différentes fiches qui traitent ces points.

## III Complément : un système fiscal complexe

Au fil des ans notre système fiscal s'est considérablement complexifié. La fiscalité est souvent utilisée pour infléchir, orienter les comportements des contribuables, leur consommation vers tel ou tel type de dépense pour lesquelles on met en place des déductions, des réductions d'impôt ou encore des crédits d'impôt. La multiplication des niches fiscales (dispositifs qui permettent de fortement alléger l'impôt) a contribué à cette perte de lisibilité du système. Par ailleurs certaines évolutions (déclaration préremplie, télé déclaration) vont dans le sens d'une plus grande simplicité.

Le nombre de déclarations va dépendre de la situation familiale au moment de la perception des revenus.

| Événement pendant l'année de perception des revenus | Nombre de déclarations |
|---|---|
| Mariage, PACS | Au choix : 2 déclarations séparées ou 1 déclaration commune. |
| Divorce, rupture de PACS | 2 déclarations séparées. |
| Décès | 1 déclaration commune jusqu'à la date du décès.<br>1 déclaration pour le conjoint survivant entre la date du décès et le 31 décembre. |

Le paiement de l'impôt : en 3 fois ou en 10 prélèvements mensuels (si l'impôt dû est supérieur à 342 € et si le contribuable en fait la demande).

- 1er tiers provisionnel le 15 février, le second acompte provisionnel le 15 mai et enfin le solde le 16 septembre.
- 10 prélèvements mensuels : chaque prélèvement correspond à 10 % de l'impôt dû. Si le solde est supérieur à trois fois l'acompte mensuel, ce dernier est étalé entre octobre et décembre.

# 21 Les revenus catégoriels et le calcul de l'impôt sur les revenus

## I Principes clés

Les revenus peuvent se classer en sept catégories. Chaque catégorie va bénéficier d'abattements qui lui sont propre. Un abattement trouve sa légitimité et sa justification dans la nécessité de sauvegarder la source à l'origine du revenu. Ainsi, l'abattement de 10 % dont bénéficient les salaires et traitements est justifié par les frais qu'il faut engager pour exercer une activité professionnelle et en retirer un revenu (dépenses déplacement) et pérenniser ainsi la source du revenu. Il en va de même de la justification de l'abattement de 30 % sur les revenus fonciers (dans le cadre du régime microfoncier) qui tient compte des dépenses d'entretien qu'un propriétaire doit engager pour maintenir en état le logement loué et continuer à percevoir le fruit de cette location, les revenus fonciers. Une fois identifiés les principaux revenus soumis à l'impôt, le calcul de ce dernier se fera par étapes successives au cours desquelles seront pris en compte la composition du foyer fiscal, les éventuelles déductions, les réductions ou encore les crédits d'impôt auxquels le contribuable peut prétendre.

## II Méthode

### A. Typologie des revenus

#### 1. Les traitements et salaires, pensions et rentes

Il s'agit de revenus tirés d'une activité (traitement des fonctionnaires, salaires des salariés) ou d'un état (retraité, pensionné, rentier). On distingue les rentes viagères à titre gratuit des rentes viagères à titre onéreux. Une rente viagère est à titre gratuit lorsqu'il y a absence de contrepartie financière (exemple d'une donation). Elles sont imposées au même titre que les pensions de retraite et bénéficient donc de l'abattement de 10%. A l'inverse, une rente à titre onéreux est versée en échange de l'aliénation d'un capital (assurance-vie par exemple) ou d'un bien. Seule une fraction de ces rentes est imposable. Le tableau ci-après indique les modalités de cette imposition.

**Remarque :** il existe cependant des exceptions à cette classification. Ainsi, les rentes tirées d'un PERP, d'un contrat Madelin, d'un contrat Préfon (dispositif facultatif de capitalisation des agents de la fonction publique) sont imposées comme des rentes viagères à titre gratuit.

**Imposition des rentes viagères à titre onéreux**

| Fraction de rente imposable | Age du crédit rentier au moment du premier versement de la rente |
|---|---|
| 70 % | Moins de 50 ans |
| 50 % | de 50 ans à 59 ans inclus |
| 40 % | de 60 ans à 69 ans inclus |
| 30 % | Plus de 70 ans |

Sont exonérés les salaires des apprentis dans la limite du montant d'un SMIC annuel brut ainsi que le salaire des étudiants de moins de 26 ans dans la limite de 3 SMIC bruts mensuels (art. 81 du CGI).

## 2. Les autres revenus professionnels

| Régimes | Définition | Mode d'imposition |
|---|---|---|
| Les bénéfices non commerciaux (BNC) | Revenus des professions libérales, droits d'auteur, revenus tirés de la pratique d'un sport | Régime Micro BNC si recettes HT < 32 600 € par membre du foyer fiscal<br>Bénéfice imposable =<br>Recettes – abattement 34 % |
| | | Régime réel (régime de la déclaration contrôlée) : recettes > 32 600 €<br>Le bénéfice imposé est le résultat fiscal de l'entreprise. |
| Les bénéfices industriels et commerciaux (BIC) | Revenus tirés d'une activité industrielle, commerciale, ou artisanale activité de location meublée (gîte, location saisonnière...) | Régime micro-BIC : le chiffre d'affaires HT < 81 500 € et 32 600 € pour un prestataire de services ou loueur en meublé. |
| | | Régime réel si les seuils précédents sont dépassés. |
| Les bénéfices agricoles (BA) | Revenus tirés de l'exploitation agricole (culture élevage, revenus de la propriété de biens ruraux après déduction des frais professionnels) | Régime du forfait si CA < 76 300 € |
| | | Réel simplifié si 76 300 < CA < 350 000 € |
| | | Réel normal dans les autres cas. |

## 3. Les revenus fonciers (fiche 22)

Loyers perçus en contrepartie de la location d'immeubles loués non meublés.

## 4. Les revenus de capitaux mobiliers (fiche 23)

Revenus tirés des placements financiers (actions, obligations, SICAV, FCP...), revenus variables ou fixes. Sont exonérés les intérêts des livrets A, des livrets jeunes, des LEP, et LDD, les intérêts et primes des CEL et PEL (seuls les intérêts des PEL acquis au cours des 12 premières années sont exonérés), les revenus perçus dans le cadre d'un PEA après 5 ans.

## 5. Les plus-values immobilières (fiche 22)

## 6. Les plus-values sur cession de valeurs mobilières (fiche 23)

Sont imposables en N les plus-values réalisées en N–1 dès le premier euro.

# B. Les étapes du calcul de l'impôt (IR)

| Étapes | Modalités |
|---|---|
| Étape 1 : Déterminer le Revenu Brut Global (RBG) | Faire la somme de l'ensemble des revenus catégoriels nets des abattements prévus pour chaque catégorie : abattement forfaitaire de 10 % (minimum : 421 € maximum 12 000 € pour 2013) ou frais réel au titre des frais professionnels sur les salaires et traitement par exemple. |
| Étape 2 : Calculer le Revenu net imposable (Revenu effectivement soumis au barème) | RNI = RBG – Charges déductibles du revenu<br>Exemple de charges déductibles :<br>– pension alimentaire versée à ascendant ou descendant<br>– cotisations versées sur un PERP ou autres (produits d'épargne retraite collective).<br>– CSG déductible<br>– déficit foncier<br>– déficits professionnels (BIC, BNC, BA)… |
| Étape 3 : Calculer l'impôt brut | Détermination du quotient familial = RNI/N, N étant le nombre de parts attribuées à chaque foyer fiscal en fonction de sa composition et éventuellement de certaines particularités donnant lieu à une majoration du nombre de parts (veuvage, enfant handicapé, ancien combattant…)<br>Calcul de l'impôt par application du barème<br>Montant de l'impôt brut |
| Étape 4 : Tenir compte des corrections éventuelles à apporter à l'impôt Brut | Plafonnement des effets du quotient familial,<br>Décote éventuelle si IB < 960 €<br>Décote = 480 – IB/2 |
| Étape 5 : Calculer l'impôt exigible | IB corrigé (étape 4) – réductions d'impôts ou crédits d'impôt + prélèvements sociaux |

| Le barème de l'IR | | |
|---|---|---|
| **Tranche de revenu net imposable 2012** | **TMI** | **Impôt 2013 sur les revenus 2012** |
| Quotient familial QF = RNI/N (RNI : revenu net imposable ; N nombre de parts) | Taux marginal d'imposition | Formule de calcul direct |
| Moins de 5 963 € | 0 % | 0 |
| De 5 964 € à 11 896 € | 5,5 % | (RNI × 0,055) – (327,97 × N) |
| De 11 897 € à 26 420 € | 14 % | (RNI × 0,14) – (1 339,13 × N) |
| De 26 421 € à 70 830 € | 30 % | (RNI × 0,30) – (5 566,33 × N) |
| De 70 830 € à 150 000 € | 41 % | (RNI × 0,41) – (13 357,63 × N) |
| Plus de 70 830 € à 150 000 € | 45 % | (RNI × 0,45) – (19 357,63 × N) |

**Remarque :** le barème est actuellement gelé.

**Remarque :** astuce pour retrouver la valeur fixe de la formule directe.

| Seuils | Taux | Formule | Valeur fixe |
|---|---|---|---|
| S1 = 5 963 € | T1 = 5,5 % | VF1 = T1 × S1 | 5 693 × 5,5 % = 327,97 |
| S2 = 11 896 € | T2 = 14 % | VF2 = S2 × T2 – (S2 – S1) × T1 | 11 896 × 14 % – (11 896 – 5 963) × 5,5 % = 1 339,13 |
| S3 = 26 420 € | T3 = 30 % | VF3 = S3 × T3 – (S3 – S2) × T2 – (S2 – S1) × T1 | 26 420 × 30 % – (26 420 – 11 896) × 14 % – (11 896 – 5 963) × 5,5 % = 5 566,33 |
| S4 = 70 830 € | T4 = 41 % | VF4 = S4 × T4 – (S4 – S3) × T3 – (S3 – S2) × T2 – (S2 – S1) × T1 | 70 830 × 41 % – (70 830 – 26 420) × 30 % – (26 420 – 11 896) × 14 % – (11 896 – 5 963) × 5,5 % = 13 357,63 |

**Remarque :** la loi de finances 2012 instaure une contribution pour les hauts revenus.

« Art. 223 sexies. – I. – 1. Il est institué à la charge des contribuables passibles de l'impôt sur le revenu une contribution sur le revenu fiscal de référence du foyer fiscal, tel que défini au 1° du IV de l'article 1417 sans qu'il soit fait application des règles de quotient définies à l'article 163-0 A. La contribution est calculée en appliquant un taux de :

– 3 % à la fraction de revenu fiscal de référence supérieure à 250 000 € et inférieure ou égale à 500 000 € pour les contribuables célibataires, veufs, séparés ou divorcés et à la fraction de revenu fiscal de référence supérieure à 500 000 € et inférieure ou égale à 1 000 000 € pour les contribuables soumis à imposition commune ;

– 4 % à la fraction de revenu fiscal de référence supérieure à 500 000 € pour les contribuables célibataires, veufs, séparés ou divorcés et à la fraction de revenu fiscal de référence supérieure à 1 000 000 € pour les contribuables soumis à imposition commune ». *Source : loi de finances 2012.*

### *Comment déterminer le nombre de parts ?*

Le nombre de parts dépend du nombre de personnes composant le foyer fiscal

| Situation familiale | Nombre de parts correspondantes |
|---|---|
| Célibataire, divorcé veuf (ve) sans personne à charge | 1 |
| Marié sans enfant ni personne à charge | 2 |
| Marié ou veuf avec un enfant à charge exclusive* | 2,5 |
| Marié ou veuf avec deux enfants à charge exclusive | 3 |
| Marié ou veuf avec trois enfants à charge exclusive | 4 |

* Si au moins l'un des enfants est issu du mariage avec le conjoint décédé. Si pas d'enfant issu du mariage alors nombre de parts identiques à un célibataire.

## C. Les principales charges déductibles

| Charges déductibles |
|---|
| Imputation des déficits dans la limite de 10 700 € |
| Les versements effectués sur un PERP ou tout autre produit d'épargne retraite collectif sont déductibles du revenu global dans la limite d'un plafond annuel équivalent à 10 % des revenus professionnels nets de frais, avec un minimum correspondant à 10 % du PASS et un maximum de 10 % de 8 fois le PASS.<br>Ces limites concernent tous les produits d'épargne retraite (souscrit à titre individuel ou collectif). |
| CSG déductible prélevée sur les revenus du patrimoine. Une fraction de la CSG prélevée à la source est déductible des revenus de l'année de prélèvement. Certains prélèvements sociaux (sur les revenus fonciers par exemple) sont acquittés avec un décalage d'une année par rapport aux revenus encaissés. Dans ce cas la CSG déductible calculée sur les revenus de l'année N sera imputée sur le revenu global de l 'année N. La CSG déductible est de 5,1 % sur 8,2 %. |
| Pensions alimentaires versées (ascendants ou descendants)<br>Parent (pas de limite mais obligation de justifier le montant des dépenses engagées)<br>Enfant (pension déductible si l'enfant n'est pas à charge dans la limite d'un plafond annuel) |
| Accueil à domicile d'une personne âgée d'au moins 75 ans et ne dépassant pas le plafond de ressources des bénéficiaires de l'allocation de solidarité aux personnes âgées. Il doit s'agir d'une personne autre qu'un parent envers lequel le contribuable est tenu d'une obligation alimentaire. |

## D. Les principales réductions d'impôt

| Réductions liées à l'immobilier |
|---|
| L'investissement locatif Scellier , loi Duflot (voir fiche 26) |
| Les investissements loi Malraux : réduction liée à l'engagement de dépenses de restauration d'immeubles situés en secteur sauvegardé, dans un quartier dégradé, ou en zone de protection du patrimoine architectural, urbain et paysager. |
| Les résidences meublées ou de tourisme |
| Les investissements outre-mer (voir fiche 26) |
| **Réductions liées à la personne** |
| Emploi d'un salarié à domicile : 50 % des dépenses réelles engagées dans la limite de 12 000 € majorée de 1 500 € par personne à charge sans pouvoir excéder 15 000 € (sauf autre cas particulier où le plafond peut atteindre 20 000 €) |

| Réductions liées à la personne |
| --- |
| Réduction pour frais liés à la dépendance (hébergement soins) : 25 % dans la limite d'un plafond de 10 000 € |
| Dons à des organismes d'aide aux personnes en difficultés (resto du cœur, Croix Rouge) : 75 % du montant versé avec un maximum de 521 € soit une réduction maximale de 391 €. |
| Autres Dons : 66 % des versements dans la limite de 20 % du revenu imposable |
| Enfants en poursuite d'études (par enfant) : Collège : 61 €; Lycée : 153 € ; Étudiant : 183 € |
| **Autres Réductions** |
| Réduction liée à la souscription au capital de PME : La réduction est de 18 % du montant de l'investissement réalisé en 2012 (22 % en 2011) dans la limite d'un investissement de 40 000 € pour un couple et 20 000 € pour un célibataire |

## E. Les crédits d'impôt

| Origine du crédit d'impôt |
| --- |
| Frais de garde d'enfant de moins de 7 ans (assistante maternelle, crèches) 50 % de la dépense plafonnée à 2 300 €/an |
| Dépenses engagées dans le cadre du développement durable : équipement d'un logement de plus de 2 ans d'une chaudière à basse température, travaux d'isolation, acquisition d'équipement de production d'énergie renouvelable (solaire).<br>De 10 à 32 % du montant de l'investissement dans la limite d'un plafond global de 8 000 € (16 000 € pour un couple) par période de 5 ans pour les dépenses effectuées entre le 1er janvier 2005 et le 31 décembre 2015. Plafond majoré de 400 € par personne à charge. |
| Aide à la personne (équipement pour personne âgée ou handicapée.) Dépenses retenues dans la limite d'un plafond de 5 000 € pour une personne seule 10 000 € pour un couple. Le taux du crédit varie entre 15 % et 30 %. |

Le plafonnement global des niches fiscales est abaissé à 10 000 € par an et par foyer fiscal à partir de 2013. Cependant, les réductions d'impôt des investissements outre-mer et en parts de SOFICA ne sont pas retenues dans ce plafond.

# III Complément : les particularités les plus fréquentes

## A. Le plafonnement du quotient familial

Étape 1 : on calcule l'impôt brut en fonction du quotient familial réel et on obtient IB1.

Étape 2 : on calcule l'impôt sur une part (si le contribuable est célibataire, divorcé ou séparé) ou sur 2 parts pour un couple marié : on obtient IB2.

Étape 3 : on compare IB 1 et IB 2 : IB2 – IB 1 < 2 000 € pour chaque demi-part supplémentaire.

**Exemple :**

Un couple marié avec 2 enfants à charge a perçu 90 000 € de RNI de revenus en 200N

Impôt brut sur 3 parts = IB 1 = 10 301 € (90 000 × 30 %) – (5 566,33 × 3)

Impôt brut sur 2 parts = IB 2 = 15 867 €

IB2 – IB1 = 5 566 €

La réduction maximale correspondant ne peut excéder 2 000 € par demi-part supplémentaire soit 2 × 2 000 € soit 4 000 €

Après plafonnement, l'impôt est donc de :

15 867 – 4 000 = 11 867 €

## B. Les revenus exceptionnels ou différés : système de l'étalement et système du quotient

### *Les revenus concernés*

Les revenus exceptionnels le sont tant du point de vue de leur montant que de leur nature. Ainsi, on considère que si un revenu dépasse la moyenne des revenus nets des trois dernières années, il est exceptionnel. De même un revenu que l'on perçoit une fois ou des revenus différés sont considérés comme exceptionnels. Enfin certains revenus, même sans dépasser la moyenne triennale des revenus peuvent être qualifiés d'exceptionnel. Il en va ainsi des indemnités de licenciement pour la fraction imposable, des primes versées à l'occasion d'un départ volontaire de l'entreprise, primes versées en contrepartie d'un changement de lieu de travail et de résidence…

### *Système de l'étalement*

L'imposition du revenu exceptionnel est étalée sur 4 ans. 1/4 du revenu est imposé l'année de perception, puis 1/4 chaque année pendant 3 ans.

### *Système du quotient*

**Exemple :**

Un couple marié sans enfant. Monsieur a perçu en 201N une prime de mobilité de 25 000 €. Le couple a déclaré 50 000 € au titre des salaires reçus en 201N.

| | Méthode du quotient | Méthode de l'étalement | Calcul sans système du quotient |
|---|---|---|---|
| Salaire | 50 000 | 50 000 | 75 000 |
| Déduction forfaitaire | 5 000 | 5 000 | 7 500 |
| Salaire net imposable ordinaire | 45 000 | 45 000 | 67 500 |
| Nombre de parts | 2 | 2 | 2 |

| | Méthode du quotient | Méthode de l'étalement | Calcul sans système du quotient |
|---|---|---|---|
| Quotient familial | 22 500 | [45 000 + (1/4 × 0,9 × 25000)]/2 = 25 313 | 33 750 |
| Étape 1 : calcul de l'impôt sur le revenu ordinaire (IB 1) | (RN × 0,14) – (1 339,13 × N) = 3 622 € | | |
| Étape 2 : Impôt sur revenu ordinaire majoré (IB 2) | [45 000 + (1/4 × 25 000 × 0,9)] × 14 % – (1 339,13 × 2) = 4 409 € | | |
| Étape 3 : impôt relatif aux revenus exceptionnels (IB3) | (4 409 – 3 622)*4 3 148 € | | |
| Étape 4 : Impôt sur l'ensemble des revenus IB4 = IB3 + IB1 | 3 622 + 3 148 = 6 770 € | (RNI × 0,14) – (1 339,13 × N) = 4 409 € | (RNI × 0,30) – (5 566,33 × N) = 9 117 € |

Sans ce système du quotient, l'impôt dû aurait été de 9 117 € soit 2 347 € de plus qu'avec le quotient. Ce mécanisme permet donc bien d'atténuer la progressivité de l'IR.

# Application

## Énoncé

Monsieur et Madame Taurisson ont perçu en 201N respectivement 30 000 € et 20 000 € de salaires. Ils ont un portefeuille d'actions qui a généré 5 000 € de dividendes en 201N. Ils ont également un appartement qu'ils louent 500 € par mois.

Situation de famille : 2 enfants dont 1 enfant bénéficiant des services d'une assistante maternelle pour laquelle le couple a versé 1 500 € en 201N. Ils bénéficient donc d'un crédit d'impôt de 750 €. Monsieur a par ailleurs alimenté son PERP et profite d'une déduction de 1 000 €.

1. **Identifiez les différents revenus catégoriels de ce couple.**
2. **Calculez le montant de l'impôt dû en 201N + 1 sur les revenus perçus en 201N.**

## Solution

1. Les différentes catégories de revenus :
   Des salaires, des revenus de valeurs mobilières et des revenus fonciers

## 2. Le calcul de l'impôt

| Étape | Détail du calcul | Résultat |
|---|---|---|
| Détermination du Revenu Brut Global (RBG) | Salaires<br>Monsieur : 30 000 × 90 %<br>Madame : 20 000 × 90 %<br>Revenus mobiliers<br>5 000 € – 2 000 € (40 % × 5 000) abattement<br>Revenus fonciers (micro foncier)<br>6 000 – (30 % × 6 000) abattement<br>Revenu Brut Global | <br>27 000 €<br>18 000 €<br><br>3 000 €<br><br>4 200 €<br>52 200 € |
| Calcul du Revenu Net Imposable : RBG – charges déductibles | RBG = 52 200<br>– Charges déductibles au titre des cotisations PERP 1 000 €<br>– CSG déductible (revenus de capitaux mobiliers)<br>(5,1 % × 5 000) = 255 | <br>51 200 €<br><br>50 945 € |
| Calcul du quotient familial | QF = RNI/N<br>QF = 50 945/3 | <br>15 981 € |
| Calcul de l'Impôt Brut (IB) | (RNI × 0,14) – (1 339,13 × N)<br>IB = 50 945 × 14 % – (1 339,13 × 3) | <br>3 115 € |
| Correction éventuelle | Aucune | 0 |
| Calcul de l'impôt exigible | 3 115 – 750 | 2 365 € |

**Remarque :** le couple devra également s'acquitter de 651 € de prélèvements sociaux (15,5 % × 6 000 × 70 %). L'assiette de ces prélèvements correspond à 70 % des revenus fonciers (imposition au micro-foncier).

# 22 Les revenus fonciers et les plus-values immobilières

# I Principes clés

Entrent dans la catégorie des revenus fonciers, les revenus tirés de la location par un particulier, d'immeubles (maison, appartement, terrains) non meublés ou non équipés. On rappelle que les revenus des locations meublées sont intégrés dans la catégorie des BIC. Les revenus fonciers nets viennent s'ajouter aux autres revenus catégoriels nets (salaires, pensions, rentes, revenus des capitaux mobiliers nets) pour former le revenu net imposable (RNI) soumis au barème de l'IR.

| Revenus fonciers nets = revenus fonciers bruts – charges déductibles |
|---|

# II Méthode

## A. Les revenus fonciers

### 1. Détermination du revenu foncier imposable

En dehors des régimes spéciaux (voir fiche 26 sur les produits de défiscalisation), il existe deux régimes d'imposition des revenus fonciers :

- le régime microfoncier,
- le régime réel de droit commun.

| | Microfoncier | Réel |
|---|---|---|
| Conditions | Loyers bruts annuels < 15 000 €. | Loyers > 15 000 € ou option pendant 3 ans avec ensuite un renouvellement annuel par tacite reconduction. |
| Revenus bruts | Loyers perçus ou réévalués si l'administration fiscale estime le niveau des loyers trop en dessous du prix du marché. | Loyers perçus ou réévalués si l'administration fiscale estime le niveau des loyers trop en dessous du prix du marché |
| Charges déductibles | Abattement forfaitaire de 30 %. | Charges de copropriété (provisions)<br>Frais d'administration et de gestion (honoraires administrateur du bien, rémunération concierges et gardiens, frais de procédure et autres frais de gestion pour un forfait de 20 € par immeuble).<br>Intérêts et frais d'emprunt.<br>Primes d'assurances (loyers impayés.)<br>Les dépenses de travaux effectués en vue de maintenir l'immeuble en bon état. |
| Déficit maximum Imputable | Aucun. | 10 700 €. |

## 2. Exemples

### Cas 1 :

*Le revenu foncier net est positif et vient s'ajouter aux autres revenus catégoriels. Dans l'exemple, les frais réels sont de 2 890 € (> 30% × 6 000 € = 1 800 € qui auraient été déduits dans le cas du microfoncier). Dès lors que les charges réelles sont plus importantes que le montant de l'abattement de 30 %, le contribuable a tout intérêt à exercer l'option frais réel.*

| Revenus bruts | 6 000 | Frais réels |
|---|---|---|
| Travaux d'entretien | 860 | 860 + 250 +1 780 = **2 890 €** |
| Taxes foncières | 250 | |
| Intérêts d'emprunt | 1 780 | |
| Revenu foncier net imposable | 3 110 € | |

### Cas 2 :

*Déficit foncier : le revenu foncier net est négatif = déficit foncier. Cependant ce déficit est en grande partie lié au fait que les intérêts d'emprunt excèdent les revenus bruts.*

Ce déficit est il dû aux intérêts d'emprunt ?

Revenu brut – intérêts : 4 500 – 5 000 = – 500.

Le déficit provient donc à hauteur de 500 € des intérêts d'emprunt et à hauteur de 1 250 € des autres dépenses. Seuls 1 250 € sont imputables sur le revenu global. Les 500 € le seront sur les revenus fonciers des 10 années suivantes.

| Revenus bruts | 4 500 |
|---|---|
| Travaux d'entretien | 1 000 |
| Taxes foncières | 250 |
| Intérêts d'emprunt | 5 000 |
| Revenu foncier net imposable | – 1 750 |
| Déficit foncier imputable sur les revenus de l'année | 1 250 € |

Le principe d'imputation des déficits pour le calcul de l'impôt sur le revenu est le même pour toutes les catégories de revenus : un déficit non professionnel s'impute uniquement sur les revenus de même nature. Par exception cependant, les déficits fonciers sont imputables jusqu'à 10 700 € sur le revenu global, hors déficit généré par les intérêts d'emprunt, déductibles des revenus fonciers des 10 années suivantes. Lorsque le revenu global du contribuable n'est pas suffisant pour absorber le déficit, alors la fraction non imputée est rapportable sur le revenu global des 6 années suivantes. Le tableau ci-après reprend plusieurs cas de figure.

| | Cas 1 | Cas 2 | Cas 3 |
|---|---|---|---|
| Loyers bruts perçus | 25 000 | 10 000 | 10 000 |
| Charges | 5 000 | 25 000 | 5 000 |
| Charges liées aux travaux de réparation | 8 000 | | |
| Intérêts d'emprunt | 6 000 | 5 000 | 12 000 |
| Revenu foncier net | 6 000 | – 20 000 | – 7 000 |
| Déficit imputable | | 10 700 | 5 000 |
| Report de déficit | | 9 300 | 2 000 |

**Cas 1 :** le revenu foncier est positif et vient s'ajouter aux autres revenus catégoriels.

**Cas 2 :** le déficit excède le maximum imputable de 10 700 €, la fraction du déficit au-delà (9 300 €) viendra s'imputer sur les revenus fonciers des 10 années suivantes.

**Cas 3 :** déficit foncier < 10 700 € mais les intérêts d'emprunt dépassent le montant des loyers bruts. Comme la fraction déductible sur le revenu global ne peut résulter que des dépenses autres que celles des intérêts d'emprunt, la fraction du déficit généré par les intérêts d'emprunt (2 000 €) s'imputera sur les revenus fonciers des 10 années suivantes.

## B. Les plus-values immobilières

Toute plus-value réalisée par un particulier, lors de la cession à titre onéreux d'un immeuble est soumise à l'impôt. Cependant, certaines plus-values sont exonérées.

### 1. Les plus-values exonérées

- Les résidences principales.
- Plus-values réalisées lors de certaines opérations de remembrements urbains ou ruraux.
- Plus-values résultant d'une expropriation.
- Plus-values réalisées par les titulaires de pension de vieillesse ou de la carte d'invalidité qui disposent d'un revenu fiscal de référence inférieur à 10 024 € pour une part, à 12 700 € pour 1,5 part.
- Plus-values relatives aux biens dont le prix de cession n'excède pas 15 000 €.
- Plus-values relatives aux biens détenus depuis plus de trente ans.

### 2. Le calcul de la plus-value imposable

À compter du 1er février 2012, la fiscalité des plus-values immobilières a été alourdie. Dorénavant, il faudra attendre 30 ans pour profiter d'une exonération totale d'imposition. En effet, l'abattement au-delà de la cinquième année devient progressif comme indiqué dans le tableau ci-après.

L'impôt est toujours calculé et versé sur la base d'une déclaration déposée par le notaire lors de la rédaction de l'acte de vente. L'impôt sur la plus-value est de 19 % auquel il convient de rajouter les prélèvements sociaux au taux en vigueur (15,5 % au 1er janvier 2013).

**Tableau des abattements pour le calcul de la plus-value immobilière**

| Abattement par année pleine de détention | Durée |
|---|---|
| 2 % | 12 ans (au-delà de la cinquième année et jusqu'à la dix-septième)<br>12 × 2 % = 24 % |
| 4 % | 7 ans (de la dix-huitième à la vingt-quatrième) 7 × 4 % = 28 % |
| 8 % | 6 ans (de la vingt-cinquième à la trentième année) 6 × 8 % = 48 % |

Plusieurs étapes permettent de calculer l'impôt sur la plus-value

| | |
|---|---|
| **Étape 1** | **Détermination de la plus-value brute**<br>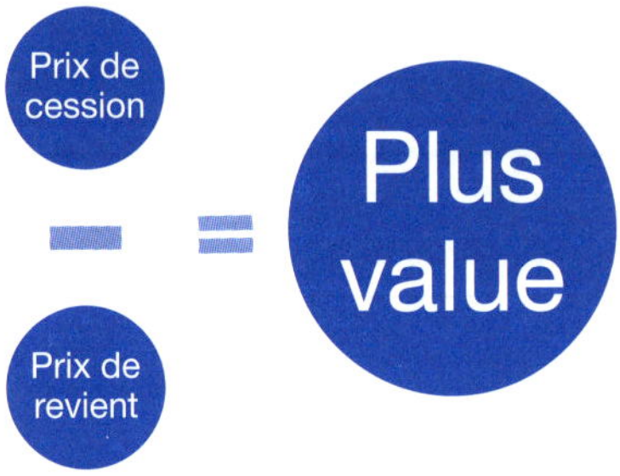<br>**Prix de cession** : prix stipulé dans l'acte<br>+ charges et indemnités au profit du vendeur<br>– frais de vente qu'il a acquittés (honoraires, frais de diagnostic, frais de mainlevée d'hypothèque…).<br>**Prix de revient** = prix d'achat ou pour les biens reçus à titre gratuit, valeur vénale retenue au jour de la transmission antérieure<br>+ charges et indemnités dues au profit du vendeur initial<br>+ frais d'acquisition (7,5 % ou réel justifié : enregistrement, TVA, notaire, agence.) ou droit de mutation à titre gratuit et frais d'acte selon le cas).<br>+ travaux de construction, d'agrandissement et d'amélioration non déduits antérieurement (à défaut de justificatifs pour les immeubles bâtis détenus depuis plus de 5 ans : forfait de 15 % du prix d'acquisition). |
| **Étape 2** | **Calcul de la plus-value imposable (voir tableau des abattements)** |
| **Étape 3** | **Calcul de l'impôt sur la plus-value (19 % + 15,5 %)** |

**Calcul de la surtaxe des plus-values immobilières**

| Plus-value imposable (PV) | Montant de la surtaxe (cessions réalisées depuis le 1er janvier 2013) |
|---|---|
| De 50 001 à 60 000 € | 2 % × PV – 5 % (60 000 – PV) |
| De 60 001 à 100 000 € | 2 % × PV |
| De 100 001 à 110 000 € | 3 % × PV – 10 % (110 000 – PV) |
| De 110 001 à 150 000 € | 3 % × PV |
| De 150 001 à 160 000 € | 4 % × PV – 15 % (160 000 – PV) |

| | |
|---|---|
| De 160 001 à 200 000 € | 4 % × PV |
| De 200 001 à 210 000 € | 5 % × PV – 20 % (210 000 – PV) |
| De 210 001 à 250 000 € | 5 % × PV |
| De 250 001 à 260 000 € | 6 % × PV – 25 % (260 000 – PV) |
| Plus de 260 000 € | 6 % × PV |

# III Complément : vente d'immeuble et droits d'enregistrement

Les ventes d'immeubles donnent lieu au versement de droits et taxes au trésor public. Ainsi la vente d'un bien neuf (VEFA ou 1re vente d'un immeuble achevé depuis moins de 5 ans) est soumise à la TVA immobilière de 19,6 % et d'une taxe de publicité foncière de 0,715 % du prix hors taxe du logement.

La vente d'un bien ancien (plus de 5 ans ou ayant fait l'objet d'une vente dans les 5 premières années suivant son achèvement) supportera 5,09 % de taxe de publicité foncière (voir également le tableau de la fiche 40, F).

# Application

## Énoncé 1

Monsieur et Madame Dubois ont acquis un logement pour une valeur de 65 000 €. Après avoir effectué des travaux de rénovation pour une valeur de 4 000 €, ils ont décidé de mettre le logement en location. Le loyer est fixé à 500 € par mois. L'acquisition et les travaux ont été financés par un prêt bancaire dont les intérêts la première année représentent 2 546,92 €, 2 379,39 € la deuxième année et 2 193,10 € la troisième année. Ils supportent par ailleurs 500 € de charges diverses (assurance vacance locative, loyers impayés).

1. **Quel mode d'imposition allez vous retenir ? Justifiez votre réponse.**
2. **Calculez les revenus fonciers nets.**
3. **Quel est le gain fiscal réalisé la première année si ce couple est imposé au taux marginal de 41 % ?**

## Solution 1

1. 2. Le couple a intérêt à opter pour le régime réel car les dépenses supportées excèdent l'abattement forfaitaire de 30 % prévu dans le cadre du régime micro foncier (loyers bruts perçus inférieurs à 15 000 €). L'option étant prise pour une durée de 3 ans, le couple déclarera 5 319,78 € de revenus fonciers avec l'imposition réelle contre 12 600 € avec le régime micro-foncier.

| | | Régime micro-foncier | | | Régime d'imposition réel | | |
|---|---|---|---|---|---|---|---|
| | | Année 1 | Année 2 | Année 3 | Année 1 | Année 2 | Année 3 |
| Loyer | 500 € | 6 000,00 € | 6 000,00 € | 6 000,00 € | 6 000,00 € | 6 000,00 € | 6 000,00 € |
| Charges à déduire | | | | | | | |
| Forfait 30 % | 30 % | 1 800,00 € | 1 800,00 € | 1 800,00 € | | | |
| Frais réel | | | | | | | |
| Frais de travaux | | | | | 4 000,00 € | – € | – € |
| Intérêt d'emprunt et ADI | | | | | 2 546,92 € | 2 379,39 € | 2 193,91 € |
| Charges | | | | | 500,00 € | 500,00 € | 500,00 € |
| Frais de gestion | | | | | 20,00 € | 20,00 € | 20,00 € |
| Revenus fonciers nets imposables | | 4 200,00 € | 4 200,00 € | 4 200,00 € | –1 066,92 € | 3 100,61 € | 3 286,09 € |
| Total revenus fonciers 3 ans | | **12 600,00 €** | | | **5 319,78 €** | | |

3. La première année, un déficit foncier est constaté (1 066,92 €). Ce déficit vient diminuer le revenu brut global et permettra une économie fiscale de 41 % × 1 067 € = 437,47 €

## Énoncé 2

Monsieur et Madame Meillet ont vendu le 23 mars 2013 une résidence secondaire acquise pour 70 000 € le 28 octobre 2002. Le prix de vente est de 118 000 €. Des travaux ont été effectués pour 12 000 €. Les nombreux diagnostics rendus obligatoires par la réglementation sont évalués à 950 €.

**Calculez l'impôt du au titre de cette cession.**

## Solution 2

| | |
|---|---|
| **Prix de cession – frais de vente** | 118 000 – 950 = 117 050 |
| **Prix d'achat**<br>**+ Frais d'acquisition**<br>**+ Travaux**<br>**Prix de revient** | 70 000<br>7.5 % × 70 000 = 5 250<br>12 000<br>87 250 |
| **Plus-value** | 117 050 – 87 250 = 29 800 |
| **Abattement (5 années pleines au-delà de la cinquième année × 2 % par an)** | 10 % × 29 800 = 2 980 |
| **Plus value imposable** | 29 800 – 2 980 = 26 820 € |
| **Impôt** | 26 820 × 19 % = 5 096 €<br>26 820 × 15,5 % = 4 157 €<br>Soit au total 9 253 € |

# 23 Les revenus de capitaux mobiliers et les plus-values de cessions de valeurs mobilières

## I Principes clés

Les revenus de capitaux mobiliers peuvent être fixes ou variables.

- Les revenus fixes (intérêts d'un compte à terme, d'un PEL de plus de 12 ans, coupon d'une obligation…) sont imposés au titre de l'impôt sur le revenu. Le prélèvement forfaitaire de 24 % est conservé comme acompte sur l'impôt dû en N + 1 sur les revenus perçus en N. Le prélèvement forfaitaire conserve son caractère libératoire uniquement pour les contribuables dont le montant des intérêts est inférieur à 2 000 €/an et qui supportent un taux marginal supérieur à 30 %. Dans ce cas, la part de CSG déductible n'est plus déduite des revenus.

Une demande de dispense d'acompte doit être effectuée avant le 30 novembre 2013 (pour les revenus perçus en 2014).

| Montant des intérêts | Taux marginal d'imposition < 30 % | Taux marginal d'imposition ≥ 30 % |
|---|---|---|
| < 2 000 € | IR préférable. Une demande de dispense d'acompte est à faire auprès de l'établissement payeur. | Le PFL de 24 % conserve son caractère libératoire du paiement de l'IR. Taux de prélèvement global est donc de 39,5 % (PFL + PS). |
| > 2 000 € | Barème de l'IR (le PFL de 24 % est conservé au titre d'avance sur l'impôt dû). Dispense d'acompte si le Revenu Fiscal de Référence < à 25 000 € pour une personne seule ou < à 50 000 € pour un couple. Cette dispense est impossible pour les contribuables dont le TMI est supérieur à 30 %. | |

- Les revenus variables (dividendes) sont imposés au titre de l'impôt sur le revenu, après un abattement forfaitaire de 40 % et la déduction des frais de garde. Le prélèvement forfaitaire de 21 % est conservé comme acompte sur l'impôt à régler. Seront dispensés de cette avance les contribuables dont le Revenu Fiscal de Référence est inférieur à 50 000 € pour une personne seule, 75 000 € pour un couple et qui en feront la demande. Les dividendes supportent également des prélèvements sociaux à la source (15,5 %).

## II Méthode

### A. Les revenus de capitaux mobiliers (RCM)

#### 1. Les produits des placements à revenus fixes

- Obligations : les coupons ;
- bons de caisse (intérêts versés) ;

- comptes à terme (intérêts versés) ;
- contrats d'assurance vie et bon de capitalisation ;
- titres participatifs, SICAV à revenus réguliers (fonds obligataires de distribution).

Depuis 2013, l'ensemble de ces revenus s'ajoutent aux autres revenus catégoriels et sont soumis au barème progressif de l'impôt sur le revenu.

Les bons anonymes restent taxés à 75,5 % (PFL de 60 % + 15,5 % de PS). À ce prélèvement vient s'ajouter un prélèvement spécial de 2 % par 1er janvier écoulé sur la valeur nominale du bon au titre de l'ISF.

## 2. Les produits des actions et parts sociales : l'imposition des dividendes

Depuis la disparition de l'avoir fiscal le 1er janvier 2005, les dividendes distribués par les sociétés françaises ou étrangères sont imposés après un abattement de 40 %.

## 3. L'imposition des revenus de valeurs mobilières étrangères conventionnées

Les revenus d'actions ou d'obligations de l'année sont passibles de l'IR calculé selon le barème progressif et bénéficient désormais des mêmes abattements que les valeurs mobilières françaises et européennes.

Dans la plupart des cas, ils ouvrent droit à un crédit d'impôt dont le taux varie selon le pays d'origine et la nature des revenus distribués (dividendes ou intérêts).

Ce crédit d'impôt s'ajoute aux revenus encaissés et vient ensuite en déduction de l'impôt personnel.

## 4. Les frais et charges déductibles des revenus déclarés

Il s'agit principalement des frais de garde des titres TVA comprise, supportés pour acquérir et conserver les titres.

**Exemple :**

Un couple a perçu 8 000 € de dividendes en 200N. Ils ont supporté 150 € de frais de garde. Les titres sont détenus dans un compte titre ordinaire. S'ils sont imposés au TMI à 30 %, ils paieront :

(8 000 – (40 % × 8 000) – 150) × 30 % = 1 440 € d'impôts

et 8 000 × 15,5 % = 1 240 € de prélèvements sociaux dont 5,1 % (soit 408 €) seront déductibles des revenus de l'année de perception.

Une partie de la CSG (5,1 %) prélevée à la source sur les dividendes perçus en 200N est déductible du revenu brut global de l'année 200N (voir exercice fiche 21).

# B. Les plus-values de cessions de valeurs mobilières

Depuis le 1er janvier 2013, les plus-values sont soumises au barème progressif de l'IR après un abattement progressif avec la durée de détention.

- 20 % pour une durée de 2 à 4 ans ;

- 30 % entre 4 et 6 ans ;
- 40 % au-delà de la 6e année.

La CSG prélevée sur les revenus et les plus-values est déductible à hauteur de 5,1 % du revenu imposable de l'année de son paiement.

Enfin, depuis le 1er août 2012, une taxe sur les transactions financières de 0,2 % est appliquée sur tous les achats d'actions d'entreprises dont le siège social est en France et dont la capitalisation dépasse un milliard d'euros. Cela représente 114 sociétés au 1er janvier 2013.

Les moins-values viennent en diminution des plus-values, avec la possibilité de les reporter pendant 10 ans.

## 1. Le calcul de la plus-value

Plus-value = prix de vente fiscal (prix de vente – frais de courtage TTC)
– prix d'achat moyen fiscal pondéré (prix d'achat + frais de courtage TTC)

**Exemple :**

Frais de courtage : 0,8 % HT soit 0,96 % TTC.

Prix d'achat 15 € ; nombre d'actions 1 000.

Prix de vente : 20 € ; nombre 1 000.

PV = (20 000 – 192) – (15 000 + 144) = 4 664 €

Les titres ont été revendus après 3 ans de détention. Le vendeur est imposé au taux marginal de 41 %. Sachant que la plus-value bénéfice d'un abattement de 20 % pour durée de détention, l'impôt sur la plus-value est de :

(4 664 × 80 %) × 41 % = 1 530 €

Il convient d'ajouter les prélèvements sociaux : 4 664 × 15,5 % = 723 €

Au total, l'imposition sera de 1 530 + 723 = 2 253 €.

Calcul du prix d'achat moyen.

Soit 30 actions à 12 € puis achat de 50 actions à 15 € et 100 actions à 13 €.

Prix moyen d'acquisition = [30 × 12 + 50 × 15 + 100 × 13]/180 = 13,39 €.

Si l'action est revendue à 16 €, la plus-value unitaire est 16 – 13,39 € = 2,61 €.

Ce régime s'applique aux :

- actions et obligations cotées ou non cotées sur le marché français ou un marché étranger ;
- parts sociales de SARL (quel que soit le % de détention des droits dans les bénéfices sociaux) ;
- titres de SICAV et part de FCP (y compris les titres d'OPCVM monétaires ou obligataires de capitalisation).

## 2. Le traitement de la moins-value

Les moins-values se compensent avec les plus-values de l'année. Si le solde dégage une moins-value nette, celle-ci peut être reportée pendant les 10 années suivantes. Ces pertes ne peuvent être imputées sur le revenu global soumis au barème à taux progressif.

Ce régime concerne aussi bien les gains nets de cessions de valeurs mobilières que ceux provenant d'un PEA et imposés aux taux de 22,5 % ou de 19 %.

### Exemple de report des moins-values

| Année | Plus-values | Moins value |
|---|---|---|
| N | | 1 000 € (reportable sur 10 ans) |
| N +1 | 500 € | Reprise de 500 € de MV = PV N + 1 pas imposable PV- MV = 0 |
| N +2 | 1 500 € | 500 : PV – MV = 1 500 – 500 = 1000 : seuls 1 000 € seront soumis à l'IR et aux prélèvements sociaux. |

# III. Complément : schéma synthétique du calcul de l'impôt sur le revenu

| | |
|---|---|
| **Revenu Brut Global** | • **Ensemble des revenus nets catégoriels (voir présentation fiche 21)**<br>• Traitements et salaires nets<br>• Pensions de retraites nettes<br>• Rentes viagères à titre onéreux nettes<br>• Revenus des capitaux mobiliers nets (intérêts compte à terme, coupons, dividendes...)<br>• Revenus fonciers nets<br>• Autres revenus catégoriels: Bénéfices agricoles, bénéfices industriels et commerciaux, bénéfices non commerciaux |
| **Charges déductibles** | • Déficits globaux des années antérieures<br>• Charges déductibles (pensions alimentaires versées aux ascendants ou descendants, versements sur un PERP...)<br>• CSG déductible<br>• Abattements spéciaux |
| **Calcul de l'impôt brut** | • Utilisation du barème progressif (voir fiche 21) |
| **Correction éventuelle de l'impôt** | • Décote ( lorsque l'impôt est relativement faible )<br>• Plafonnement des effets du quotient familial (fiche 21) |
| **Calcul de l'impôt à payer** | • Prendre en compte les réductions d'impôt, les crédits d'impôt. |

# Application

## Enoncé 1

Vous rencontrez votre client le 2 décembre N et vous examinez avec lui les opérations sur valeurs mobilières réalisées en N.

**Compte tenu des informations dont vous disposez, indiquez comment votre client pourrait minimiser l'impact fiscal des opérations réalisées. Vous utiliserez la fiscalité alors en vigueur.**

**Extrait de son portefeuille**

| Titre | Cours | Quantité | Prix de revient global | Dernier cours |
|---|---|---|---|---|
| Alpha | 40,5 | 100 | 4 050 | 42 |
| Beta | 76 | 50 | 3 800 | 6,7 |
| Delta | 82 | 130 | 10 660 | 115,6 |
| Omega | 54,3 | 76 | 4 072,5 | 62,3 |

Vous savez que votre client a effectué les ventes suivantes.

100 actions Teta vendues au prix de 75,80 € (prix de revient 45,20 €), 250 actions giga vendues à 90 € (prix de revient 71,60 €).

## Solution 1

Votre client a réalisé 7 660 € de plus-value en N.

L'examen du portefeuille montre une ligne qui dégage une forte moins value. Il est opportun de conseiller au client de vendre cette ligne (Titre Beta) pour imputer la moins-value réalisée sur les plus-values de l'année en cours et minimiser ainsi l'impact fiscal d'opérations réalisées en N.

$$\text{Moins value} = (6{,}7 - 76) \times 50 = -3\,465\ €$$

Les moins values peuvent venir compenser les plus-values. Ainsi la plus-value nette sera de :

$$7\,660 - 3\,465 = 4\,195\ €$$

## Énoncé 2

Monsieur et Madame Morand sont des retraités de 66 ans. Monsieur perçoit une pension de retraite de 22 600 € ; Madame une pension de 18 000 € ainsi qu'une rente viagère de 950 € par an perçue depuis l'âge de 62 ans. Leur portefeuille d'obligations a permis de générer 800 € d'intérêts. Le compte à terme ouvert par Madame a rapporté 160 € d'intérêt. Enfin, ils ont encaissé 5 000 € de dividendes. Ils vous demandent de calculer leur impôt pour l'année N.

# Solution 2

| Étape | Détail du calcul | Résultat |
|---|---|---|
| Détermination du Revenu Brut Global (RBG) | Pension<br>Monsieur : 22 600<br>Madame : 18 000<br>Total : 40 600 € L'abattement de 10 % est plafonné à 3 660 € par foyer fiscal<br>Pensions imposables : 40 600 – 3 660<br>Revenus mobiliers<br>5 000 € – 2 000 € = 3 000 €<br>Fraction imposable de la rente : 950 × 40 % = 380 €<br>Revenus des obligations et du compte à terme :<br>800 + 160<br>Revenu Brut Global | 36 940 €<br><br>3 000 €<br>380 €<br><br>960 €<br>41 280 € |
| Calcul du Revenu Net Imposable : RBG – charges déductibles | RBG = 41 280<br>CSG déductible (sur les revenus du patrimoine) :<br>5 960 × 5,1 % = 304 € | 40 976 € |
| Calcul du quotient familial | QF = RNI/N<br>QF = 40 976/2 = 20 488 | 20 488 € |
| Calcul de l'Impôt Brut (IB) | (RNI × 0,14) – (1 339,13 × N)<br>IB = (40 976 × 14 %) – (1 339,13 × 2) | 3 058 € |
| Correction éventuelle | Aucune | 0 |
| Calcul de l'impôt exigible | | 3 058 € |

**Remarque :** le montant de la rente imposable est également soumis aux prélèvements sociaux soit 15,5 % × 380 € = 59 €. Le montant étant inférieur au seuil de recouvrement (61 €), aucune contribution n'est due.

# 24 L'impôt de solidarité sur la fortune (ISF)

## I Principes clés

Le paiement de l'impôt de la solidarité sur la fortune concerne les contribuables dont le patrimoine net dépasse 1,3 € (au 1er janvier 2013). Les contribuables habitant en France et ayant fait une déclaration pour l'année N ont jusqu'au 15 juin de l'année N+1 pour déposer leur nouvelle déclaration.

## II Méthode

### A. Détermination de l'actif net

L'actif net se calcule par différence entre les éléments composant l'actif (biens immobiliers, mobiliers, biens meubles, parts de société) et le passif (dettes).

| Détermination actif net | | Biens exonérés |
|---|---|---|
| Actif | Passif | |
| Les biens immobiliers : résidence principale (dont la valeur bénéficie d'un abattement de 30 %), immobilier locatif, terrains à bâtir, terres agricoles et parts de groupements fonciers agricoles, bois et forêts. | Les impôts que doit acquitter le contribuable en N viennent s'ajouter au passif : Il s'agit de : l'IRPP N–1, l'ISF N, les impôts locaux N (taxe d'habitation et foncière sur les biens immobiliers constituant le patrimoine), les prélèvements sociaux payés en N sur les revenus N–1 du patrimoine. N'ayant pas connaissance en Juin N des impôts à payer en N, le contribuable pourra déduire le montant des impôts payés en N–1 et régulariser sa situation en établissant sa déclaration N+1 | Les biens professionnels |
| Les biens mobiliers : actions, obligations, OPCVM, bons du trésor, bons de capitalisation, contrat d'assurance-vie pour leur valeur de rachat au 1er janvier de l'année d'imposition (sauf PERP et contrat Madelin) | Les dettes à court terme (découvert en compte). | Actions, obligations détenues par des non-résidents. Les bons anonymes ne sont pas à déclarer mais supportent un prélèvement forfaitaire libératoire spécial. Les rentes viagères assimilées à des pensions de retraite sous certaines conditions. |

| Détermination actif net | | Biens exonérés |
|---|---|---|
| **Actif** | **Passif** | |
| Biens meubles : liquidités détenues sur les différents comptes du contribuable, pièces et lingots d'or, meubles, bijoux, voitures (pour simplifier, l'estimation des meubles meublants se fait par application d'un forfait de 5 % de l'ensemble des biens.) | Les emprunts : montant du capital restant dû au 1er janvier | Les œuvres d'art, les objets d'art et d'antiquité de plus de 100 ans, les droits de propriété intellectuelle au profit de son auteur. |
| Titres de sociétés non cotés non considérés comme biens professionnels. | Les indemnités de réparation d'un dommage corporel. | |

## B. Calcul de l'impôt : les différentes étapes

L'ISF concerne tous les contribuables dont le patrimoine net taxable est supérieur à 1,3 M€. Cependant, la fraction entre 800 000 € et 1,3 M€ est taxable au taux de 0,5 %.

**Barème ISF 2013**

| Valeur du patrimoine net taxable (P) | Taux d'imposition | Formule de calcul rapide |
|---|---|---|
| > 800 000 € et ≤ 1 300 000 € | 0,5 % | (**P** × 0,5 %) – 4 000 € |
| > 1 300 000 € et ≤ 2 570 000 € | 0,70 % | (**P** × 0,7 %) – 6 600 € |
| > 2 570 000 € et ≤ 5 000 000 € | 1 % | (**P** × 1 %) – 14 310 € |
| > 5 M€ et ≤ 10 M€ | 1,25 % | (**P** × 1,25 %) – 26 810 € |
| > 10 M€ | 1,5 % | (**P** × 1,5 %) – 51 810 € |

D'autre part, pour les patrimoines compris entre 1,3 M € et 1,4 M€, une décote permettant d'atténuer les effets de seuil est à déduire du montant de l'ISF.

Décote : 17 500 € – (1,25 % × P)

| Étape | Contenu | Illustration |
|---|---|---|
| 1 | Application du barème progressif sur l'actif net imposable avec, selon la valeur du patrimoine l'application d'une décote. | Actif net = 2 500 000 €<br>ISF = 2 500 000 × 0,7 % – 6 600 = 10 900 |
| 2 | Calcul de l'actif net corrigé de l'ISF théorique. | Actif net corrigé = 2 500 000 – 10 900 = 2 489 100 |

| Étape | Contenu | Illustration |
|---|---|---|
| 3 | Calculer l'ISF sur l'actif net corrigé du montant de l'ISF calculé à l'étape 1. | (2 489 100 × 0,7 %) – 6 600 = ISF = 10 824 € |
| 4 | Prendre en compte les réductions (voir complément ci-dessous). | 0 |
| 5 | ISF théorique devient : | 10 824 € |

Par ailleurs, la loi de finances 2013 a rétabli le plafonnement de l'ISF :

**ISF + IR + PS < 75 % des revenus de l'année précédente**

# III. Complément : Comment réduire son ISF ?

| Nature Investissement | Taux de réduction | Plafond d'investissement |
|---|---|---|
| Dons à des fondations | 75 % | 66 666 € |
| Groupements Fonciers forestiers | 50 % | 90 000 € |
| Fonds communs de placement dans l'innovation (FCPI,FIP) | 50 % | 18 000 € |
| Capital de PME (investissement direct ou holding) | 50 % | 45 000 € |

**Remarque :** certains investissements permettent d'obtenir également une réduction de l'IR. Les réductions d'IR et d'ISF ne se cumulant pas, le contribuable doit choisir la solution la plus avantageuse pour lui.

# Applications

## Énoncé

Monsieur et Madame Dépit sont propriétaires d'une résidence principale dont la valeur est estimée à 1,2 millions d'euros. Ils ont par ailleurs une résidence secondaire pour une valeur de 600 000 € et ont acquis fin 2007 un voilier pour 55 000 €. Ils ont au 1er janvier N 13 800 € d'encours de crédit. Enfin ils disposent d'un portefeuille de titres dont la valeur estimée au 1er janvier N est de 110 500 €. Ils sont également redevables de l'impôt sur le revenu pour 6 500 € et versent 5 000 € au titre des impôts locaux.

**1. Calculez le montant de l'ISF acquitté en N (utilisez la fiscalité en vigueur).**

# Solution

### Détermination de l'actif net et calcul de l'impôt

| Actif | Montant |
|---|---|
| Résidence principale | 1 200 000 × 70 % = 840 000[a] € |
| Résidence secondaire | 600 000 € |
| Portefeuille de titres | 110 500 € |
| Voilier | 55 000 € |
| **Total Actif** | **1 605 500 €** |
| **Passif** | |
| Impôts locaux | 5 000 € |
| IR et autres prélèvements sociaux | 6 500 € |
| Autres dettes | 13 800 € |
| **Actif net imposable** | **1 580 200 €** |
| Application du barème | ISF théorique = 4 461 € |
| Correction de l'actif net | 1 580 200 – 4 461 = 1 575 739 € |
| **ISF à payer** | 1 575 739 × 0,7 % – 6 600 **= 4 430 €** |

a. Profite d'un abattement de 30 %

# 25 Les successions et donations

# I Principes

Les modalités de la transmission du patrimoine dépendent des choix effectués par celui qui transmet. Le patrimoine peut en effet être transféré par libéralité ou à l'occasion de l'ouverture d'une succession. La donation « est un acte par lequel le donateur se dépouille actuellement et irrévocablement de la chose donnée, en faveur du donataire qui l'accepte » (article 894 du Code civil).

La donation est un acte de transfert gratuit de tout ou partie de la propriété d'un bien. Le donateur a le choix de transmettre la pleine propriété, l'usufruit ou la nue-propriété. Le donataire et le donateur doivent bien évidemment être consentants et disposer de toutes leurs facultés intellectuelles. La donation sera irrévocable dès lors qu'elle aura fait l'objet d'un acte notarié et que le donataire aura accepté la donation.

La succession organise le partage du patrimoine du défunt entre ses ayants droits. C'est au notaire qu'il revient de mener à bien ce partage.

# II Méthode

## A. Les donations

### 1. Les différents types de donation

Une donation organise le transfert de propriété d'un bien sans contrepartie. Plusieurs types de donations sont possibles :

| Forme de la donation | Définition |
|---|---|
| Donation ordinaire | Donation classique faisant l'objet d'un acte notarié |
| Donation de part successorale (avancement d'hoirie) | C'est une avance sur la succession du donateur. Il faut donc que le donataire ait la qualité d'héritier. Les donations sont par défaut des donations de part successorale. Cela signifie qu'à l'ouverture de la succession du donateur, la valeur de la donation est rapportable à la succession selon la valeur du bien au jour du partage. Le donataire verra alors sa part sur la succession amputée du montant de la donation. |
| Donation hors part successorale (préciputaire) | Cette forme de donation permet d'avantager un héritier par rapport aux autres dans la limite de la quotité disponible dès lors qu'il existe des héritiers réservataires. Si cette limite n'a pas été respectée, il y aura réduction des libéralités (legs et donations). Cette forme de donation permet également de transmettre à des personnes n'ayant pas de droits dans la succession. La loi du 23 juin 2006 distingue la donation graduelle qui oblige le premier donataire à s'engager à son tour à transmettre le bien, de la donation résiduelle qui n'impose pas la conservation du bien mais sa transmission à un tiers choisi par le donateur initial. |

| Forme de la donation | Définition |
|---|---|
| Don manuel | Il s'agit de dons d'argent exonéré de droit de mutation dans la limite de 31 865 € et à la double condition que le donateur ait moins de 80 ans et le donataire 18 ans révolus le jour du don. Ce dernier doit fait l'objet d'une déclaration à l'administration fiscale dans le mois qui suit. |
| Donation au dernier vivant | Donation qui prend effet au décès du donateur et qui permet de protéger le conjoint survivant en présence d'enfants communs. Le conjoint survivant pourra alors choisir entre la quotité disponible ordinaire et la quotité spéciale c'est-à-dire un choix entre 100 % en usufruit, 1/4 en pleine propriété et les 3/4 en usufruit ou la quotité disponible en peine propriété (voir tableau 2) |
| Donation partage | Il s'agit de donner et de partager le patrimoine entre les enfants dès lors qu'ils sont au moins deux. Le donateur va céder la nue-propriété du patrimoine tout en en conservant l'usufruit.<br>Avantages fiscaux : lors de la donation, les droits ne sont acquittés que sur la valeur de la nue-propriété (voir barème).<br>Lors de la succession, les droits seront calculés sur la valeur de l'usufruit. L'avantage fiscal va dépendre de l'âge du donateur. |

# B. Les successions

## 1. Détermination de l'actif net successoral

Avant de procéder au calcul des droits de succession, il convient de définir l'actif net de la succession. Cet actif est composé de l'ensemble des biens du défunt, des donations antérieures réintégrées, des avoirs bancaires du défunt et des éventuelles créances sur les héritiers. On déduit ensuite les éventuelles dettes du défunt et on obtient ainsi l'actif net imposable.

## 2. Le calcul de la réserve et de la quotité disponible

Les héritiers réservataires reçoivent obligatoirement une part du patrimoine du défunt : il s'agit de la réserve héréditaire dont la valeur dépend du nombre d'enfants (héritiers réservataires). La quotité disponible est la part que le parent décédé a pu librement décider d'affecter de son vivant aux bénéficiaires de son choix. La valeur d'une donation hors part successorale ne peut en aucun cas dépasser le montant de la quotité disponible sous peine d'être réduite par le notaire après que ce dernier ait ouvert la succession et procédé au calcul de la masse successorale.

**Tableau 1 – Droit des enfants dans la succession des parents**

| Le parent a eu | Réserve héréditaire (part qui revient de droit à chaque enfant) | Quotité disponible (Part dont le parent peut disposer librement) | Vérification |
|---|---|---|---|
| 1 enfant | 1/2 | 1/2 | 1/2 + 1/2 = 1 |
| 2 enfants | 1/3 | 1/3 | 2 × (1/3) + 1/3 = 1 |
| 3 enfants | 1/4 | 1/4 | 3 × (1/4) + 1/4 = 1 |
| 4 enfants | 3/16 | 1/4 | (4 × 3) 16 + 1/4 = 1 |
| 5 enfants | 3/20 | 1/4 | (5 × 3) 20 + 5/20 = 1 |

**Tableau 2 – Droit du conjoint en présence d'enfants**

| Nombre d'enfants | Sans préparer sa succession (ce que la loi attribue au conjoint) | Si donation au dernier vivant ou testament |
|---|---|---|
| 1 | 1/4 pleine propriété ou 100 % usufruit | ❶ 100 % usufruit.<br>❷ 1/4 pleine propriété 3/4 usufruit.<br>❸ 1/2 en pleine propriété (quotité disponible en pleine propriété). |
| 2 | | ❶ 100 % usufruit.<br>❷ 1/4 pleine propriété 3/4 usufruit.<br>❸ 1/3 pleine propriété. |
| 3 | | ❶ 100 % usufruit.<br>❷ 1/4 pleine propriété 3/4 usufruit.<br>❸ 1/4 pleine propriété. |

**Remarque :** Le droit de propriété est scindé entre l'*usus* (droit d'utiliser), le *fructus* (droit de percevoir les revenus) et enfin l'*abusus* (droit de cession).

## C. Le calcul des droits

*Étape 1 : déterminer l'assiette taxable*

Qu'il s'agisse d'une donation ou d'une succession, des droits de mutation sont dus à l'administration fiscale. L'assiette sera constituée de la valeur du bien donné pour une donation et de l'actif net successoral s'agissant d'une succession. Cet actif net est constitué de l'ensemble des avoirs du défunt au jour du décès, déduction faite de ses dettes, des éventuelles donations antérieures réintégrées.

Dans le cas d'un démembrement du droit de propriété, la valeur des biens transmis sera déterminée après application du barème de l'usufruit.

**Barème fiscal de l'usufruit temporaire**

| Durée usufruit | Valeur de l'usufruit | Valeur de la nue-propriété |
|---|---|---|
| De 3 à 10 ans | 23 % | 77 % |
| De 10 à 20 ans | 46 % | 54 % |

**Barème fiscal de l'usufruit**

| Âge de l'usufruitier | Valeur de l'usufruit | Valeur de la nue-propriété |
|---|---|---|
| Moins de 21 ans | 90 % | 10 % |
| De 21 ans à moins de 31 ans | 80 % | 20 % |
| De 31 ans à moins de 41 ans | 70 % | 30 % |
| De 41 ans à moins de 51 ans | 60 % | 40 % |
| De 51 à moins de 61 ans | 50 % | 50 % |
| De 61 ans à moins de 71 ans | 40 % | 60 % |
| De 71 ans à moins de 81 ans | 30 % | 70 % |
| De 81 ans à moins de 91 ans | 20 % | 80 % |
| Plus de 91 ans | 10 % | 90 % |

*Étape 2 et 3 : prendre en compte les abattements des bénéficiaires et appliquer le barème progressif*

**Barème en vigueur au 1er janvier 2013 des droits de successions et donation**

| Tranches | Taux | Donation (renouvelable tous les 15 ans) | Succession |
|---|---|---|---|
| **Transmissions entre époux et partenaires d'un PACS** | | **Montant des abattements** | |
| Jusqu'à 8 072 € | 5 % | 80 724 € | Sans objet[1] |
| Entre 8 072 € et 15 932 € | 10 % | | |
| Entre 15 932 € et 31 865 € | 15 % | | |
| Entre 31 865 € et 552 324 € | 20 % | | |
| Entre 552 324 € et 902 838 € | 30 % | | |
| Entre 902 838 € et 1 805 677 € | 40 % | | |
| Au-delà de 1 805 677 € | 45 % | | |

| Transmissions entre ascendants et descendants | | Montant des abattements (par parent) | |
|---|---|---|---|
| Jusqu'à 8 072 € | 5 % | 100 000 €[2] par enfant et par parent. 31 865 € s'il s'agit d'une donation au profit des petits enfants. 5 310 € pour une donation en faveur d'un arrière-petit-enfant. | 100 000 € sur la part de chaque enfant (vivant ou représenté) et de chaque ascendant. |
| Entre 8 072 € et 12 109 € | 10 % | | 1 594 € (abattement par grand-parent dans le cadre d'une succession). |
| Entre 12 109 € et 15 932 € | 15 % | | |
| Entre 15 932 € et 552 324 € | 20 % | | |
| Entre 552 324 € et 902 838 € | 30 % | | |
| Entre 902 838 € et 1 805 677 € | 40 % | | |
| Au-delà de 1 805 677 € | 45 % | | |
| Transmissions entre frères et sœurs | | 15 932 € | |
| Jusqu'à 24 430 € | 35 % | | |
| Au-delà de 24 430 € | 45 % | | |
| Transmissions entre d'autres personnes | | | |
| Jusqu'au $4^{e}$ degré | 55 % | 7 967 € | |
| Au-delà ou en l'absence de lien de parenté | 60 % | 0 € | 1 594 € |

1. À noter : les droits de succession ont été supprimés entre les époux et les partenaires d'un PACS. D'autre part ces droits sont également supprimés entre frères et sœurs, célibataires, divorcés, veufs ou séparés de corps s'ils sont âgés de plus de 50 ans à la date d'ouverture de la succession ou atteint d'une infirmité ne leur permettant pas de tirer un revenu d'une activité et qu'ils aient vécu pendant au moins 5 ans avec le défunt.
2. Un enfant handicapé bénéficie d'un abattement de 159 325 €.

Ces droits sont ensuite également réduits de 610 € par enfant du donataire à partir du troisième enfant s'il s'agit d'une donation ou d'une succession en ligne directe ou entre conjoint, de 305 € dans le cadre des autres donations et successions par enfant du donataire au-delà du troisième.

# D. Exemples de calculs

## 1. Exemple d'une donation

Une personne de 67 ans souhaite donner l'usufruit d'un appartement à son fils unique âgé de 42 ans. L'appartement vaut 320 000 €. Les droits seront les suivants :

| | |
|---|---|
| Valeur de l'usufruit | 320 000 × 60 % = 192 000 € |
| Abattement 100 000 € | 100 000 € |
| Valeur de la donation soumise au barème de l'impôt | 192 000 – 100 000 = 92 000 € |

| | |
|---|---|
| Droit de donation | 5 % × 8 072 + (12 109 – 8 072) × 10 % + (15 932 – 12 109) × 15 % + (92 000 – 15 932) × 20 % = 403,6 + 403,7 + 573,45 + 15 213,6 = 16 594 € |
| Droit à payer | 16 594 € |

## 2. Exemple d'une succession

Soit un patrimoine de 350 000 € dont hérite un fils unique au décès de son père. L'actif net successoral en l'absence de dettes s'élève donc à 350 000 €. Le notaire retirera de cette valeur un montant forfaitaire de 1 500 € pour les frais d'obsèques.

Les droits de succession sont calculés de la façon suivante :

Étape 1 : on déduit du montant de l'actif successoral net le montant de l'abattement soit 100 000 €. On obtient alors : 350 000 – 1 500 – 100 000 = 248 500 €

Étape 2 : application du barème

5 % × 8 072 + (12 109 – 8 072) × 10 % + (15 932 – 12 109) × 15 % + (248 500 – 15 932) × 20 % = 403,6 + 403,7 + 573,45 + 46 513,6 = 47 894 €

**Remarque :** Les droits de succession et de donation sont réduits pour charge de famille pour les redevables qui ont au moins trois enfants (à charge ou non). Cette réduction est de 610 € par enfant à partir du troisième pour une succession ou une donation en ligne directe, 305 € à partir du troisième enfant pour les autres successions ou donations.

# III. Complément : régimes matrimoniaux et notion de bien propre.

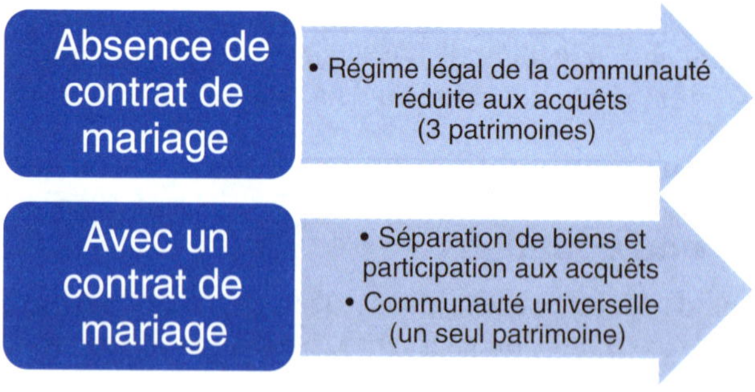


Les régimes matrimoniaux doivent être connus du banquier à l'occasion de la souscription d'un crédit, d'une succession. Qu'il s'agisse du régime légal ou d'un régime séparatiste, il est important de préciser ce qu'est un bien propre.

Un bien propre est un bien qui appartient exclusivement à l'un des époux. Parmi les biens propres, on retrouve les effets personnels, les biens acquis ou reçus avant le mariage, les biens acquis en réemploi du bien propre (par exemple acquisition d'un bien immobilier en réemploi du produit d'un contrat d'assurance-vie perçu par le bénéficiaire), les rentes perçues au titre d'une réparation. Les produits d'épargne détenus nominativement par chacun des époux mariés sans contrat de mariage sont réputés être des biens communs sauf disposition particulière de réemploi. On estime en effet qu'ils sont alimentés par les ressources de la communauté.

# Application

## Énoncé

Monsieur et Madame Chassin mariés sous le régime de la communauté légale ont une fille unique. Leur patrimoine commun est constitué des éléments suivants :

- une résidence principale estimée à 450 000 €,
- une résidence secondaire 150 000 €,
- un portefeuille de titres pour 25 000 €, 5 100 € de liquidités sur un compte joint et enfin un contrat d'assurance-vie souscrit par Monsieur Chassin alors âgé de 72 ans en 2002 au bénéfice de sa fille. La valeur de rachat du contrat est de 51 000 € (une prime unique de 40 000 € avait alors été versée). Monsieur Chassin est décédé en septembre 200N. Monsieur et Madame Chassin s'étaient fait donation au dernier vivant. Madame Chassin est âgée de 78 ans.

**1. Calculez l'actif net successoral.**

**2. Calculez les droits de succession que va devoir acquitter sa fille.**

## Solution

1. Dans un premier temps, il est nécessaire de reconstituer le patrimoine de la communauté

| Actif | | Passif |
|---|---|---|
| Résidence principale | 450 000 € (un abattement de 20 % est réalisé lorsque le conjoint survivant occupait la résidence principale au moment du décès.)<br>450 000 × 80 % = 360 000 | |
| Résidence secondaire | 150 000 | |
| Portefeuille titres | 25 000 | |
| Liquidités sur compte bancaire | 5 000 | |
| Total | 540 000 € | 0 |

| Actif | | | Passif |
|---|---|---|---|
| **Liquidation de la succession** | | | |
| **Actif de succession** | | **Passif de succession** | |
| Boni de succession | 270 000 € (540 000/2) | Frais funéraire (article 775 CGI) | 1 500 € |
| Forfait mobilier 5 % | 13 500 € | | |
| Actif net de succession = 282 000 € (270 000 + 13 500 – 1 500) | | | |

La part de chacun va dépendre du choix effectué par le conjoint survivant entre 100 % usufruit ; 1/4 pleine propriété et 3/4 usufruit ou 1/2 en pleine propriété (quotité disponible en pleine propriété). En effet, monsieur et Madame Chassin s'étaient fait donation au dernier vivant (*cf.* page 138) : Madame a choisi la moitié en pleine propriété. Pour mémoire, depuis 2007, le conjoint survivant est exonéré de droits de succession.

2. Leur fille devra s'acquitter des droits suivants.

   Détermination de la part taxable de la fille : il s'agit de la moitié de l'actif net successoral auquel on ajoute la fraction des primes du contrat d'assurance-vie excédant 30 500 € (il s'agit d'un contrat alimenté par une prime unique de 40 000 € versée après les 70 ans de l'assuré et soumis à l'article 757-B du Code général des impôts). Un abattement de 30 500 € est effectué sur les primes. Les sommes du contrat soumises aux droits de succession sont donc de 9 500 €.

$$282\,000/2 = 141\,000\text{ €}$$
$$+ (40\,000 - 30\,500 = 9\,500\text{ €}) = 150\,500\text{ €}$$

La fraction soumise au barème progressif est :

150 500 – 100 000 = 50 500 €

Application du barème :

$5\ \% \times 8\,072 + (12\,109 - 8\,072) \times 10\ \% + (15\,932 - 12\,109) \times 15\ \% + (50\,500 - 15\,932) \times 20\ \% = 403{,}6 + 403{,}7 + 573{,}45 + 6\,913{,}6 = 8\,294$ €.

# 26 Les produits de défiscalisation

## I Principes clés

Il existe trois techniques qui permettent d'atténuer l'imposition d'un contribuable :

- la déduction fiscale. Elle consiste à diminuer le montant des revenus soumis au barème de l'impôt en prenant en considération les dépenses engagées pour maintenir un revenu imposable (article 19 du CGI). Il peut s'agir également de rattacher au foyer fiscal un adulte handicapé, un enfant marié de moins de 25 ans, de déduire les versements effectués sur un PERP ou encore les sommes versées au titre d'une obligation alimentaire à un ascendant dans le besoin ;
- la réduction d'impôt. Elle réduit non pas le revenu mais l'impôt à acquitter : il s'agit par exemple des réductions accordées pour l'emploi d'un salarié à domicile ;
- le crédit d'impôt. Il est également déduit du montant de l'impôt mais si son montant est supérieur à l'impôt brut ; l'administration fiscale rembourse cette différence. Le crédit d'impôt peut alors jouer comme un impôt négatif.

## II Éléments et analyse

Il existe une multitude de dispositifs pour défiscaliser. Communément appelés des « niches fiscales », il s'agit d'investissements dans l'immobilier ou les entreprises et de mesures en faveur de la famille et de la résidence principale.

### A. Les principaux dispositifs de défiscalisation dans l'immobilier

#### 1. Les dispositifs qui ne sont plus commercialisés

| Dispositif | Date d'entrée en application |
|---|---|
| Robien Recentré logement neuf VEFA, logements réhabilités, logements ayant changé d'affectation (septembre 2006 au 31/12/2009) | **Dispositif fiscal** : Amortissement 6 % pendant 7 ans puis 4 % pendant 2 ans (soit au total 50 % du prix d'acquisition).<br>Déficit foncier maximum imputable : 10 700 €.<br>**Engagement de location** pendant au moins 9 ans. Montant du loyer plafonné. Le bien doit être conservé 3 ans après l'imputation du dernier déficit foncier sous peine de devoir subir des pénalités fiscales. |
| Borloo neuf (logement neuf VEFA, logements réhabilités, logements ayant changé d'affectation) Janvier 2006 au 31/12/2009 | **Dispositif fiscal** : Amortissement 6 % pendant 7 ans puis 4 % pendant 2 ans (possibilité d'amortir pendant 2 fois 3 ans à hauteur de 2.5 % du prix d'acquisition du bien soit au total 65 % sur 15 ans).<br>Déduction forfaitaire sur les revenus fonciers : 30 %<br>Déficit foncier maximum imputable : 10 700 €<br>**Engagement de location** pendant au moins 9 ans. Montant du loyer et ressources du locataire. |

| Dispositif | Date d'entrée en application |
|---|---|
| Borloo ancien (uniquement logement ancien avec ou sans travaux)<br>Octobre 2006 au 31/12/2009 | **Dispositif fiscal** : Déduction forfaire de 30 % sur les revenus fonciers pour un conventionnement intermédiaire, déduction portée à 45 % pour un conventionnement social ou très social<br>**Engagement de location :** 6 ans en l'absence de travaux, 9 ans si des travaux ont été subventionnés (entre 30 et 70 %) par l'agence nationale de l'habitat **(ANHA)** |
| Scellier classique : achat d'un logement neuf ou VEFA<br>(du 1er janvier 2009 au 31 décembre 2012) | Réduction d'impôt (de 25 % pour une acquisition en 2009 à 6 % en 2012 pour un logement non BBC). Réduction calculée dans la limite d'un plafond de 300 000 € par an et répartie sur 9 ans.<br>Engagement de location pendant 9 ans avec un plafond de loyer à ne pas dépasser. |
| Scellier intermédiaire (du 1er janvier 2009 au 31 décembre 2012) | – Réduction d'impôt dans les mêmes conditions que le Scellier classique, avec la possibilité de prolonger de 2 fois 3 ans la période de location. Au total un bien loué 15 ans permet une réduction de 21 %.<br>– Abattement de 30 % des loyers bruts en sus des frais et charges (intérêts d'emprunt)<br>– Plafond de loyer à ne pas dépasser.<br>– Plafond de ressources du locataire. |

## 2. Les dispositifs en vigueur dans l'immobilier

| | |
|---|---|
| Investissement Duflot | Réduction d'impôt de 18 % du prix d'acquisition dans la limite d'un plafond de 300 000 € par an. Le prix au m2 est également plafonné à 5 500 €. Le logement doit également respecter des normes énergétiques (BBC 2005, HPE, RT 2012).<br>Engagement de location de 9 ans<br>Prix du loyer plafonné (pour les baux signés en 2013)<br>16,52 € en zone A bis<br>12,27 € en zone A<br>9,88 € en zone B1<br>8,59 € en zone B2<br>Ces plafonds sont corrigés par le coefficient suivant : 0,7 + [19/surface du logement] avec un maximum de 1, 2.<br>Exemple : un appartement de 40 m$^2$ en zone B2 pourra être loué : 8,59 × 1,175 = 10,09 €m$^2$.<br>Plafond de ressources pour le locataire. L'avantage fiscal entre dans le plafonnement global de 10 000 €. |
| Loi Malraux | Réduction de 22 % à 30 % en contrepartie de dépenses de restauration déclarée d'utilité publique (à l'exception des secteurs sauvegardés) d'un immeuble destiné à la location dans la limite de 100 000 €/an.<br>Engagement de location pendant 9 ans. La réduction n'entre pas dans le mécanisme de plafonnement des niches fiscales. |
| Résidences de services Censi-Bouvard | Réduction d'impôt de 11 % dans la limite de 300 000 € en contrepartie de l'achat d'une résidence de tourisme, pour étudiants ou pour personnes âgées. |

| | |
|---|---|
| Investissement outre-mer | Réduction d'impôt de 18 % (répartie sur 10 ans) pour l'achat de sa résidence principale. Fait l'objet d'un plafonnement spécifique : 30 600 € ou 11 % du revenu puis plafonnement de 18 000 €.<br>Dispositif Duflot outre-mer : réduction d'impôt de 29 % répartie sur 9 ans, engagement de location pendant 9 ans. Investissement qui entre dans le champ du plafonnement global de 10 000 €. |

## B. Les autres dispositifs : les investissements dans les entreprises

| Dispositif | Fonctionnement |
|---|---|
| SOFICA | **Mécanisme** : investissement au capital d'une SOciété de Financement du Cinéma et de l'Audiovisuel.<br>**Dispositif fiscal** : Réduction d'impôt de 30 % (36 % pour certaines SOFICA) du montant de la souscription dans la limite de 25 % du revenu et 18 000 €. |
| Fond d'investissement de proximité (FIP) ou Fond commun de placement dans l'innovation (FCPI) | **Mécanisme** : investir dans des PME non cotées<br>**Dispositif fiscal** : réduction d'impôt de 18 % de la somme investie dans la limite de 12 000 € pour une personne seule et 24 000 € pour un couple. Plafonnement global de 10 000 €. |

## C. Les mesures en faveur de la famille et de la résidence principale

| Dispositif | Fonctionnement |
|---|---|
| Emploi d'une personne à domicile | En fonction de la situation du bénéficiaire, réduction ou crédit d'impôt de 50 % de la dépense engagée dans la limite d'un plafond de 12 000 € pour un couple + 1 500 € par enfant à charge |
| Scolarité des enfants | Réduction de 61 € pour un enfant au collège, 153 € pour un lycéen et 183 € pour un étudiant. |
| Garde des enfants de moins de 7 ans | Crédit d'impôt : 50 % des dépenses engagées dans la limite d'un plafond de 2 300 € par enfant à charge. |
| Investissement dans des équipements favorisant le développement durable | Investissement dans des équipements de chauffage, travaux d'économie d'énergie… Un crédit d'impôt compris entre 10 et 32 % est accordé dans la limite d'un plafond de dépense de 8 000 € pour une personne seule, 16 000 € pour un couple (majoration de 400 € par personne à charge). |

# III Compléments

Certaines lois de défiscalisation dans l'immobilier comportent des contraintes de plafonnement des loyers et/ou des ressources du locataire. Ces plafonds sont publiés par décret et font l'objet de revalorisation annuelle. On pourra consulter également le site du ministère du logement et de la ville pour une actualisation des barèmes (*www.logement.gouv.fr*).

# Application

## Énoncé

Monsieur et Madame Grondin souhaitent mieux connaître le dispositif Duflot. Ils viennent de recevoir par courriel une proposition pour acquérir un appartement d'une valeur de 190 000 €. Vous savez qu'ils paient 30 000 € d'impôt et que leur taux marginal d'imposition est de 41 %. Le bien est situé en zone B1. L'acquisition se fera en partie grâce à leur épargne et par un prêt bancaire de 120 000 € sur 10 ans au taux assurance comprise de 4 %. Les charges déductibles représentent 15 % du loyer annuel. Enfin, on suppose que le montant du loyer est révisé de 1 % par an.

Sachant que la surface est de 55 m², calculez le loyer mensuel maximum.

1. **Calculez la réduction d'impôt.**
2. **Complétez le tableau ci-dessous et concluez sur l'intérêt de cette opération (les calculs seront arrondis à l'unité).**

| Année | Loyer | Intérêts | Charges déductibles | Revenu foncier imposable | Réduction d'impôt | Gain fiscal |
|---|---|---|---|---|---|---|
| 1 | 6 816 | 4 619 | | | | |
| 2 | | 4 213 | | | | |
| 3 | | 3 791 | | | | |
| 4 | | 3 351 | | | | |
| 5 | | 2 894 | | | | |
| 6 | | 2 417 | | | | |
| 7 | | 1 922 | | | | |
| 8 | | 1 407 | | | | |
| 9 | | 915 | | | | |

## Solution

1. Le montant du loyer sera de 568 € par mois, soit un loyer annuel de 6 816 €.

$$55 \times 9{,}88 \times [0{,}7 + (19/55)] = 568\ €$$

On vérifie également que le prix du m² est inférieur à 5 500 € : 190 000/55 = 3 454 €

2. la réduction d'impôt :

$$190\,000 \times 18\ \% = 34\,200\ €\ \text{soit}\ 3\,800\ €\ \text{par an.}$$

| Année | Loyer | Intérêts | Charges déductibles | Revenu foncier imposable | Réduction d'impôt | Gain fiscal |
|---|---|---|---|---|---|---|
| 1 | 6 816 | 4 619 | 1 022 | 1 175[1] | 3 800 | 3 136[2] |
| 2 | 6 884 | 4 213 | 1 033 | 1 638 | 3 800 | 2 874 |
| 3 | 6 953 | 3 791 | 1 043 | 2 119 | 3 800 | 2 603 |
| 4 | 7 022 | 3 351 | 1 053 | 2 618 | 3 800 | 2 321 |
| 5 | 7 092 | 2 894 | 1 064 | 3 134 | 3 800 | 2 029 |
| 6 | 7 164 | 2 417 | 1 075 | 3 672 | 3 800 | 1 725 |
| 7 | 7 235 | 1 922 | 1 085 | 4 228 | 3 800 | 1 411 |
| 8 | 7 308 | 1 407 | 1 096 | 4 805 | 3 800 | 1 085 |
| 9 | 7 381 | 915 | 1 107 | 5 359 | 3 800 | 772 |
| Total | | | | | 34 200 | 18 621 |

1. Montant du loyer – les intérêts – les charges déductible.
2. Les revenus fonciers subissent un prélèvement fiscal (TMI = 41%) et les prélèvements sociaux soit un total de 56,5 %. L'impact fiscal est donc de 3 800 – (1 175 × 56,5 %) = 3 136 €.

L'impact fiscal net sur 9 ans fait apparaître une économie d'impôt de 18 621 €, soit environ une réduction de 2 069 € an.

# IV

# L’épargne bancaire et financière

# 27 Éléments de mathématiques financières

## I Principes

Les calculs financiers sont un outil permettant de renseigner efficacement un client. Le chargé de clientèle pourra, sans difficulté, indiquer à son client l'effort d'épargne nécessaire pour se constituer un capital, renseigner sur le calcul des intérêts, indiquer la durée de placement nécessaire pour obtenir les capitaux souhaités.

## II Méthode

### A. Intérêts simples et intérêts composés

On parle d'intérêt simple quand les intérêts sont calculés uniquement sur le capital initial. En d'autres termes les intérêts ne produisent pas eux-mêmes des intérêts contrairement aux intérêts composés.

| | Formule | Exemple |
|---|---|---|
| Intérêts simples | $I = C \times i \times n$ avec :<br>I somme des intérêts<br>C capital<br>i le taux d'intérêt<br>n la durée du placement | 1 000 € placés pendant un an à 3 %<br>$I = 1\,000 \times 0{,}03 \times 1 = 30$ €<br>Capital en fin de période 1 030 € |
| Intérêts composés | $C = Co\,(1 + i)^n$<br>$I = C - Co = Co\,[(1 + i)^n - 1]$<br>Co : capital d'origine | 1 000 € placés pendant 2 ans à 3 %<br>$C = 1\,000\,(1{,}03)^2 = 1\,060{,}9$<br>$I = 1\,000 \times 3\ \% + 1\,030 \times 3\ \% = 60{,}90$ € |

### B. Cas particuliers

Dans certains cas (Livret A, Livret Bleu…), le calcul des intérêts s'effectue par quinzaines.

Le principe de calcul implique que les sommes placées ne procurent des intérêts que si elles demeurent sur le compte au moins 15 jours consécutivement.

- **Pour les retraits**

Un retrait le 14 du mois sera comptabilisé en date de valeur le 01 du mois. Un retrait le 18 sera lui comptabilité en date de valeur du 16 du mois courant.

- **Pour les dépôts**

Un dépôt effectué le 13 du mois produira des intérêts à compter du 16 du même mois, un dépôt effectué le 20 produira des intérêts à compter du 01 du mois suivant.

### Exemple :

Un Livret A avec un solde initial de 1 200 € enregistre les opérations suivantes :

| Date | Retrait | Versement |
|---|---|---|
| 4 janvier | | 600 € |
| 18 janvier | 500 € | |
| 16 mars | | 700 € |
| 30 juillet | 200 € | |
| 15 septembre | | 800 € |
| 15 octobre | 400 € | |

On retiendra 2 changements de taux pendant l'année. Au 1^er^ février le taux passe de 1,75 % à 2 %, puis à 2,25 % au 1er août.

| Date opération | Date de valeur | taux en vigueur | Montant opération en € | Quinzaines | Solde en € | intérêts rétro-grades | Intérêts anticipés |
|---|---|---|---|---|---|---|---|
| 01-janv | 01-janv | 1,75 % | 1 200 | 24 | 1 200 | | 21 |
| 04-janv | 16-janv | 1,75 % | 600 | 23 | 1 800 | | 10,06 |
| 18-janv | 16-janv | 1,75 % | 500 | 23 | 1 300 | 8,39 | |
| PASSAGE AU TAUX DE 2 % LE 1er FÉVRIER | | | | | | | |
| 01-févr | 01-févr | 1,75 % | | 22 | 1 300 | 20,85 | |
| 01-févr | 01-févr | 2,00 % | | 22 | 1 300 | | 23,83 |
| 16-mars | 01-avr | 2,00 % | 700 | 18 | 2 000 | | 10,50 |
| 30-juil | 16-juil | 2,00 % | 200 | 11 | 1 800 | 1,83 | |
| PASSAGE AU TAUX DE 2,25 % LE 1er AOÛT | | | | | | | |
| 01-août | 01-août | 2,00 % | 1 800 | 10 | 1 800 | 15,00 | |
| 01-août | 01-août | 2,25 % | 1 800 | 10 | 1 800 | | 16,88 |
| 15-sept | 16-sept | 2,25 % | 800 | 7 | 2 600 | | 5,25 |
| 15-oct | 01-oct | 2,25 % | 400 | 6 | 2 200 | 2,25 | |
| Total au 31 décembre | | | | | 2 239,20 | 48,32 | 87,52 |

# C. Taux proportionnel et taux équivalent

Pour calculer des intérêts sur une période inférieure à un an, on doit transformer le taux annuel en un taux périodique (mensuel, trimestriel, semestriel).

On utilisera le taux proportionnel aux calculs en intérêts simples :

## 1. Taux proportionnel trimestriel (taux annuel de 4 %)

Taux annuel/4 = 1%

Un taux trimestriel de 1 % est équivalent en intérêt simple à un taux annuel de 4 %.

## 2. Taux équivalent (intérêts composés)

Taux périodique équivalent = $(1+ \text{taux annuel})^{1/\text{durée de la période}} - 1$

Deux taux sont équivalents lorsqu'ils produisent le même montant d'intérêt pour une même période mais avec une fréquence de capitalisation différente.

### Exemple

Un placement de 1 000 € au taux proportionnel annuel de 4 % avec capitalisation mensuelle :

$$1\,000\,(1 + 4\,\%\,\frac{1}{12})^{12} = 1\,040{,}74\ €$$

Le placement a généré 40,74 € d'intérêt sur une période d'un an. Avec une capitalisation annuelle, le taux équivalent est de 4,074 % (1 000 € placé pendant 1 an avec une capitalisation annuelle produisent le même montant d'intérêts).

Le taux actuariel est donc :

Taux actuariel $=[(1 + \textit{taux périodique})^n - 1] \times 100 = (1 + 4\,\%\,\frac{1}{12})^{12}$
$= 4{,}07415\ \%$

Taux proportionnel : 4 %/12 = 0.0033 333 333

Taux mensuel équivalent : $(1 + 4{,}07415\ \%)^{\frac{1}{12}} - 1 = 0.00333\,333$

| Action | Formule | Illustration Taux PEL |
|---|---|---|
| Passage du taux nominal périodique au taux actuariel | Taux actuariel = $(1 + \textit{taux nominal périodique})^n - 1]$ | $4{,}2\ \% = (1 + 4{,}12\ \%\ \frac{1}{12})^{12} - 1$ |
| Passage du taux actuariel au taux nominal annuel | Taux nominal annuel = $[[(1 + \textit{taux actuariel})^{1/12} - 1] \times 12] \times 100$ | $4{,}12\ \% = [[(1 + 4{,}12\ \%)^{\frac{1}{12}} - 1] \times 12] \times 100$ |

**Exemple :**

Pour un taux annuel de 5 %, on obtient un taux équivalent mensuel de :
$(1+5\ \%)^{1/12} - 1 = 0{,}004\,074\,124$ soit 0,4 074 %
Taux équivalent trimestriel = $(1+5\%)^{1/4} - 1 = 0{,}0\,122\,722$ soit 1,2 272 %

## D. Valeur acquise et valeur actuelle d'une suite d'annuité, taux proportionnel ; taux équivalent

| | Formule | Exemple |
|---|---|---|
| Valeur acquise d'une suite d'annuité (versement en début de période) | $C = a(1+i)\dfrac{(1+i)^n - 1}{i}$ | 1 000 € par an pendant 4 ans à 5 % donne un capital de 4 525,63 €<br>avec<br>a : placement périodique<br>C : capital au terme de la période de placement<br>i : le taux d'intérêt périodique correspondant |
| Valeur acquise d'une suite d'annuité (versement en fin de période) | $C = a\,\dfrac{(1+i)^n - 1}{i}$ | Le même exemple donne 4 310,12 € |
| Valeur actuelle d'un capital | $VA = C\,(1+i)^{-n}$ | Il faut placer aujourd'hui 7 306,90 € (VA) au taux de 4 % pour obtenir 10 000 € dans 8 ans. |
| Valeur actuelle d'une suite d'annuité | $VA = a\,\dfrac{1-(1+i)^{-n}}{i}$ | La valeur actuelle de 1 000 € placés pendant 5 ans au taux de 4 % donne 4 451,82 €. Ce calcul permet de choisir entre le versement d'un capital donné ou d'une rente pendant une période donnée. |

# Application

### Énoncé 1

Vous recevez un jeune client qui vous demande quel sera le montant des intérêts acquis en N par l'épargne de son livret et crédité sur son compte le 1er janvier N + 1. Le taux de rémunération est de 1,75 % le 1er janvier N, passe à 2 % le 1er février N et à 2,25 % le 1er août N. Le solde au 1er janvier N était de 1 400 €. Les opérations suivantes ont été enregistrées en N.

Versement le 3 janvier : 500 €
Retrait le 14 mars : 200 €
Versement le 29 juillet : 800 €
Retrait le 4 octobre : 300 €

1. **Calculez le montant des intérêts acquis en N.**
2. **Quel est le solde du compte au 1er janvier N + 1 ?**

## Solution 1

| Date opération | Date de valeur | taux en vigueur | Montant opération en € | Quinzaines | Solde en € | intérêts rétrogrades | Intérêts anticipés |
|---|---|---|---|---|---|---|---|
| 01-janv | 01-janv | 1,75 % | 1 400 | 24 | 1 400 | | 24,5 |
| 03-janv | 16-janv | 1,75 % | 500 | 23 | 1 900 | | 8,39 |
| Changement de taux au 1er février : 2 % | | | | | | | |
| 01-févr | 01-févr | 1,75 % | | 22 | 1 900 | 30,48 | |
| 01-févr | 01-févr | 2,00 % | | 22 | 1 900 | | 34,83 |
| 14-mars | 01-mars | 2,00 % | 200 | 18 | 1 700 | 3,00 | |
| Changement de taux au 1er août : 2,25 % | | | | | | | |
| 01-août | 01-août | 2,00 % | 1 700 | 10 | 1 700 | 14,17 | |
| 01-août | 01-août | 2,25 % | 1 700 | 10 | 1 700 | | 15,94 |
| 29-juil | 01-août | 2,25 % | 800 | 10 | 2 500 | | 7,50 |
| 04-oct | 01-oct | 2,25 % | 300 | 6 | 2 200 | 1,69 | |
| Total au 31 décembre | | | | | 2 243,51 | 47,65 | 91,16 |

Au 1er janvier N + 1, le solde s'élèvera à 2 243,51 €.

## Énoncé 2

Un grand nombre de vos clients sont soucieux de préparer leur retraite. Vous recevez un client âgé de 42 ans. Il vous demande :

1. **Quelle somme doit-il placer aujourd'hui (au taux de 4,2 %) pour avoir un capital de 50 000 € quand il atteindra l'âge de 60 ans ?**
2. **Ne disposant pas dans l'immédiat d'un capital suffisant ; il envisage d'effectuer des versements réguliers jusqu'à son départ à la retraite. Il décide de verser 5 000 € immédiatement et prévoit d'effectuer un versement une fois par an (en fin d'année). Quel est le montant du versement à effectuer pour obtenir le capital de 50 000 € souhaité sachant que la rémunération sera en moyenne sur la période de 4,2 % ?**

## Solution 2

1. $50\,000/(1{,}042)^{18} = 23\,842{,}46$ €
2. $5\,000\,(1{,}042)^{18} = 10\,485{,}46$
   Pour obtenir 50 000 € il faut encore 39 514,54 €.
   Pour obtenir ce capital, il doit verser tous les ans en fin d'année 1 512,72 €.
   $1\,512{,}72 = 39\,514{,}54/[(1{,}042^{18} - 1)/0{,}042)]$.
   Ainsi un versement initial de 5 000 € suivi de versements annuels de 1 512,72 € pendant 18 ans donneront un capital de 50 000 €.

## Énoncé 3

1. **Quelle est la valeur acquise par un capital de 5 000 € placé pendant 3 ans à intérêts composés au taux de 6 % ?**
2. **Quelle somme faut-il placer aujourd'hui à 4 % pour obtenir 10 000 € dans 8 ans ?**
3. **Quelle doit être la durée d'un placement de 6 000 € à 5 %, pour qu'il donne une valeur acquise de 9 773,36 € ?**

## Solution 3

1. $5\,955{,}08 = 5\,000\,(1 + 6\,\%)^3$
2. $10\,000/(1{,}04)^8 = 7\,306{,}9$ €
3. $9\,773{,}36 = 6\,000\,(1{,}05)^n$
   $n = \text{Log}\,(9\,773{,}36/6\,000)/\text{Log}\,(1{,}05) = 10$ ans.

# 28 L'épargne bancaire

## I Principes

L'épargne est constituée de la partie non consommée du revenu. En d'autres termes, il s'agit d'une consommation différée dans le temps. De nombreux motifs conduisent le client particulier à épargner.

En premier lieu, il peut désirer constituer une épargne de précaution dans laquelle il puisera pour financer une dépense imprévue et qui pourrait déstabiliser son budget. Cette épargne est une épargne à court terme que l'on retrouve principalement sous forme de livrets bancaires.

En second lieu, l'épargnant peut être motivé par la volonté de financer un projet (acquisition d'un logement, achat d'un voyage).

Enfin, l'épargnant pourra choisir des placements en vue d'en retirer un revenu complémentaire (épargne financière, immobilière).

Argumentation commerciale : « Monsieur le client, vous allez construire par étapes votre patrimoine. Vous devez commencer par vous doter d'une épargne de précaution. Pour faire face aux coups durs et aux coups de cœur, il est recommandé de placer l'équivalent de trois mois de revenus sur des livrets bancaires. Ensuite, vous devez songer à acheter un toit pour votre famille. Puis vous diversifiez vos placements dans un environnement où le risque prend de multiples formes. »

**La constitution progressive de l'épargne d'un particulier**

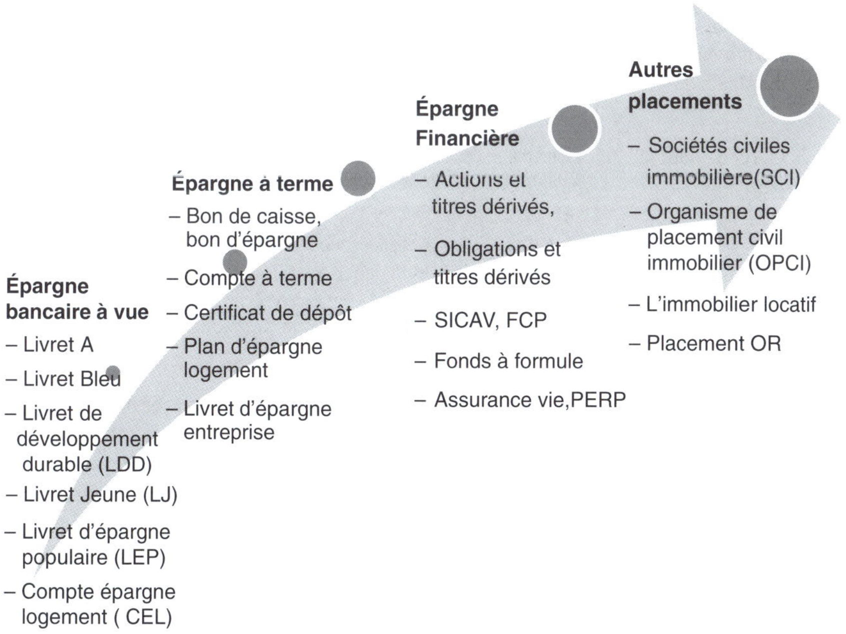

Au-delà de ces différentes motivations, le client devra également arbitrer en fonction des caractéristiques des placements choisis. Ces caractéristiques sont :

- la liquidité. Un actif est dit liquide lorsque l'épargne est mobilisable sans délai et sans coût.
- la rentabilité. C'est la rémunération qui est servie par le produit. Souvent cette rémunération est d'autant plus forte que le risque est élevé.
- le risque. Un actif est d'autant plus risqué que la probabilité de retrouver son investissement initial est faible.
- la fiscalité. Peu de produits sont aujourd'hui défiscalisés. La plupart supporte des prélèvements fiscaux et sociaux (fiche fiscalité).

# II Éléments et analyse

## A. Particularités des principaux produits d'épargne à vue

| | Caractéristiques particulières |
|---|---|
| **Livret A /Livret Bleu** | Conditions d'ouverture : 1 livret par personne physique ou morale avec un versement d'au moins 1,50 €<br>Plafond : 22 950 € + capitalisation des intérêts. Solde min. 1,50 €<br>Rémunération : 1,75 % depuis le 1er février 2013 |
| **Livret Jeune** | Conditions d'ouverture : un livret par personne physique âgée de 12 à 25 ans<br>Plafond : 1 600 €<br>Rémunération : au minimum celle du livret A (rémunération variable selon les réseaux ; elle doit être au moins égale à celle du Livret A) |
| **Livret de développement durable** | Conditions d'ouverture : un LDD par contribuable, 2 par foyer fiscal, versement à l'ouverture : 15 €<br>Plafond : 12 000 € + capitalisation des intérêts<br>Rémunération : 1,75 % |
| **Livret d'épargne populaire** | Conditions d'ouverture : Être domicilié fiscalement en France et payer moins de 769 € IRPP en 2013 (sur les revenus 2012). Un seul LEP par contribuable<br>Plafond : 7 700 € + capitalisation des intérêts<br>Rémunération : 2,25 % depuis le 1er février 2013 |
| **Compte sur livret (livret bancaire B)** | Conditions d'ouverture : un ou plusieurs par personne physique avec un minimum de 15 €<br>Pas de plafond<br>Rémunération : variable, dépend des taux du marché monétaire |

## B. Points communs aux principaux produits d'épargne à vue

- Capitalisation des intérêts : annuelle (à l'exception du compte sur livret pour lequel la capitalisation est effectuée par quinzaine) ;

- mode de calcul des intérêts : par quinzaine (voir fiche 27) ;
- fiscalité : aucune (excepté pour le compte sur livret qui supporte les prélèvements sociaux et fiscaux au taux en vigueur : 15,5 % prélèvements sociaux et IR) ;
- risque : faible (fonds garantis par la garantie légale des dépôts à hauteur de 100 000 € tous comptes confondus) ;
- liquidité : élevée ;
- durée du placement : court terme ;
- clôture : volonté du titulaire ou décès de ce dernier. Le solde des comptes est alors intégré dans l'actif successoral.

## C. La fixation des taux d'intérêt des produits d'épargne réglementée

Depuis le 1er août 2004, les taux d'intérêt des produits d'épargne réglementée sont déterminés non plus de façon discrétionnaire mais selon une règle objective. Le taux est calculé en faisant une moyenne des taux d'intérêt à court terme et de l'inflation, moyenne augmentée de 0,25 point. On obtient une indexation automatique des taux, ce qui n'était pas le cas jusqu'alors. La Banque de France garantit donc une rémunération de l'épargne plus élevée que l'inflation. La dernière modification des taux au 1er août 2009 a cependant donné lieu à un arbitrage de la part du gouvernement. En effet, la formule aurait abaissé le taux à un niveau proche de zéro. L'arbitrage en faveur d'une baisse plus modérée a été motivé par des « circonstances exceptionnelles » (période de récession économique marquée par une inflation faible en 2009 et un niveau des taux d'intérêt historiquement bas). De plus, un nouvel arrêté du 27 janvier 2009 apporte deux changements importants au règlement n° 86-13 du 14 mai 1986 modifié du Comité de la Réglementation Bancaire et Financière relatif à la rémunération des fonds reçus par les établissements de crédit :

- l'augmentation de la fréquence de révision des taux qui passe de 2 à 4 révisions annuelles (15 janvier, 15 avril, 15 juillet, 15 octobre, soit 1 fois par trimestre).
- la révision des taux sera limitée à 1,5% maximum.

À la demande des pouvoirs publics, les banques doivent rappeler aux personnes ayant ouvert un livret A en 2009 qu'une même personne ne peut être titulaire que d'un seul livret A ou livret bleu (sauf si un des livrets a été ouvert avant le 1/09/1979). A défaut, cette personne s'expose aux deux sanctions prévues par l'article 1739 A du code général des impôts : imposition des intérêts indûment exonérés, application d'une amende fiscale égale à 2% de l'encours du livret supplémentaire (sanction non appliquée si montant de l'amende inférieur à 50 €, ce qui correspond à un solde du livret A de 2 500 €).

# III COMPLÉMENT : L'or d'investissement

L'or « physique » est une valeur refuge en période de crise quand les niveaux de risque augmentent (crise financière, crainte sur l'économie, retour possible de l'inflation). Investir en or revêt plusieurs formes : l'achat d'or physique (pièces, lingots, certificats gagés sur des stocks d'or), l'acquisition d'actions ou fonds de placement de mines d'or. Les pièces d'or frappées après 1 800 et les lingots ou lingotins (jusqu'à 50 grammes) ont un cours légal. Un lingot est numéroté. Avant 1800, les pièces d'or sont considérées comme objet de collection.

## Les modalités d'achat

Depuis le 31 juillet 2011, les transactions sur l'or ne peuvent plus être payées en espèces auprès d'un commerce spécialisé ou d'un bureau de change. Un paiement par virement ou un chèque de banque est exigé. Dans le cadre de la lutte anti-blanchiment, à partir de 8 000 € de transactions cumulées, le vendeur doit consigner différents éléments figurant sur la pièce d'identité de l'acheteur. Les informations sont alors conservées pendant cinq années après la dernière opération réalisée. Si le vendeur est un marchand d'or, le seuil passe à 15 000 €. Depuis le 1er janvier 2011, le fisc peut consulter directement ce registre. Depuis janvier 2012, le marchand d'or a l'obligation de remettre chaque année avant le 31 janvier au fisc, une déclaration mentionnant l'identité, l'adresse des vendeurs et le cumul annuel des achats effectués auprès de chacun d'eux. Un registre de police doit également être tenu. Un placement en or peut s'assurer au-delà du plafond de garantie proposée par le banquier lors de la location d'un coffre-fort.

## La fiscalité et les frais

- Inexistence de TVA.
- Paiement d'une taxe anonyme de 8 % sur le prix de la transaction auprès de l'intermédiaire (courtier, banque...) ou impôt sur la plus-value avec une déclaration nominative.
- Présence de frais liés au courtage, aux scellés, à la livraison.
- Déclaration à l'ISF de la valeur vénale de l'or détenu au 1er janvier.
- Déclaration des dons manuels en or d'une personne dont le nouveau propriétaire est l'héritier ou le légataire.
- Non taxation des présents d'usage.

À la revente : taxation de 8 % sur le prix de vente (frais inclus) ou sous conditions taxation de 34,5 % de la plus-value nette (déterminée d'après le cours au jour du don) avec un abattement de 10 % par année de détention révolue à partir de la troisième année (exonération du gain après 12 ans). Une déclaration au nom du vendeur est déposée par l'intermédiaire au fisc avec le chèque du vendeur.

# Application

## Énoncé

Monsieur Bardoin, client de la Caisse d'Épargne est titulaire d'un livret A. Pour l'année N, on retiendra les taux suivants : en janvier 1,75 %, 2 % entre février et août puis 2,25 % à partir du 1er août.

1. **Votre client vous interroge sur la façon dont sont calculés les intérêts des sommes placées sur son livret.**

**2. Il vous demande en tenant compte des opérations qui suivent de lui indiquer :**

- **le nouveau solde de son livret au 31/12/N (le solde au premier janvier était de 2 300 €) ;**
- **le montant des intérêts acquis en N.**

Les opérations effectuées en N sont les suivantes :

Retrait de 500 € le 18 mars

Versement d'une prime exceptionnelle de 1 000 € le 4 mai

Virement vers le compte à vue de 400 € le 2 août

## Solution

1. Les intérêts sont calculés par quinzaine et capitalisés en fin d'année. En d'autres termes, tout versement effectué entre le 1er et le 15 du mois ne portera intérêt qu'à compter du 16 du même mois. À l'inverse un retrait entre le 1er et le 15 du mois sera inscrit en date de valeur le 1er du mois ce qui entraîne un manque à gagner d'une quinzaine. Dans ces conditions, il est préférable d'effectuer un retrait le 16 du mois plutôt que le 14 et symétriquement, il est préférable d'effectuer un versement le 15 du mois plutôt que le 02 du même mois.

2.

| Date opération | Date de valeur | taux en vigueur | Montant opération en € | Quinzaines | Solde en € | intérêts rétrogrades | Intérêts anticipés |
|---|---|---|---|---|---|---|---|
| 01-janv | 01-janv | 1,75 % | 2 300 | 24 | 2 300 | | 40,25 |
| Passage au taux de 2 % le 1er février | | | | | | | |
| 01-févr | 01-févr | 1,75 % | | 22 | 2 300 | 36,90 | |
| 01-févr | 01-févr | 2,00 % | | 22 | 2 300 | | 42,17 |
| 18-mars | 01-mars | 2,00 % | 500 | 20 | 1 800 | 8,33 | |
| 04-mai | 16-mai | 2,00 % | 1 000 | 15 | 2 800 | 12,50 | |
| Passage au taux de 2,25 % le 1er août | | | | | | | |
| 01-août | 01-août | 2,00 % | 2 800 | 10 | 2 800 | 23,33 | |
| 01-août | 01-août | 2,25 % | 2 800 | 10 | 2 800 | | 26,25 |
| 02-août | 16-août | 2,25 % | 400 | 9 | 2 400 | | 3,38 |
| Total au 31 décembre | | | | | 2 430,98 | 81,06 | 112,04 |

Le solde du compte au 31 décembre N est de 2 430,98 €.

# 29 Les produits d'épargne à terme

## I Principes

Les produits d'épargne à terme vont souvent offrir une plus forte rémunération mais au prix d'une moindre liquidité. D'autre part, les revenus tirés de ces produits vont supporter une fiscalité comprenant un prélèvement fiscal et un prélèvement social.

## II Éléments et analyse

### A. Les principaux produits à terme

Le compte à terme (CAT) constitue une solution intéressante pour placer une importante somme d'argent sur plusieurs mois sans prendre de risque. Certes, ces produits ne sont pas sans contrainte...Mais ce produit peut servir aux personnes physiques ou morales de refuge en attendant des jours meilleurs sur d'autres placements...Le client accepte de bloquer son épargne pendant une durée précise et à un taux fixé dès la souscription du CAT. Le versement ne supporte ni frais d'ouverture et de clôture, ni frais de gestion contrairement à l'assurance-vie. Tout versement ultérieur est impossible sur le CAT...Il faut ouvrir un nouveau CAT pour déposer une autre somme. Ce placement est sans risque sauf en cas de défaillance de la banque. Le taux de rémunération est libre donc négociable. Il varie en fonction de la durée du placement et de la somme placée. Le taux de rendement est fonction de l'évolution de l'EONIA et de l'EURIBOR 3 mois. Les intérêts sont calculés au jour le jour. Le contrat stipule à l'ouverture le montant placé, la durée du placement, le taux de rémunération, les pénalités en cas d'anticipation d'échéance, les conditions dans lesquelles le compte pourra être renouvelé à l'échéance (pour éviter la décollecte !).

La plupart des banques offre le choix entre deux catégories de CAT : CAT classique à taux fixe, CAT à taux progressif (la rémunération progresse au fil du temps).

**Les arguments commerciaux pour vendre le CAT :** simplicité, visibilité, accessibilité, sécurité.

| | **Compte à terme** | **Bon de caisse/ bon d'épargne** |
|---|---|---|
| Ouverture | Personne physique ou morale. | Personne physique ou morale.<br>Placement de 1 mois à 5 ans anonyme ou nominatif : le bon est une reconnaissance de dette d'une banque à l'égard de son client. |
| Plafond de versement | Aucun. | Aucun.<br>Les montants de souscription sont préétablis : 1 000 €<br>2 000 €<br>10 000 €. |
| Rémunération et mode de calcul des intérêts | Libre (en général inférieur de 1 ou 2 points au taux du marché monétaire). | Les taux sont libres [intérêts précomptés (déduits du nominal à la souscription), ou post comptés (versés à l'échéance)].<br>Le calcul des intérêts est identique au CAT. |
| Capitalisation des intérêts | Les intérêts sont décomptés au jour le jour (formule des intérêts simples) :<br>$I = C \times t \times (n/365)$<br>avec C capital, t taux en %, n la durée de placement en jours. | Les intérêts sont décomptés au jour le jour. |
| Fiscalité des revenus | IR + PS | IR + PS<br>Si bon anonyme : PFL 60 % + 15,5 % PS + 2 % sur le capital chaque 1er janvier entre la souscription et le remboursement. |
| | **Compte à terme** | **Bon de caisse/ bon d'épargne** |
| Durée du placement | 1 mois minimum | 1 mois à 5 ans |
| Risque | Faible | Faible |
| Liquidité | Moyenne | Moyenne |
| Clôture | Durée < 1 mois : pas de rémunération<br>Durée > 1 mois et retrait anticipé : taux fixé à la souscription moins pénalités. Pour éviter cet écueil, il est possible d'opter pour des comptes à taux progressif qui fonctionnent par période : à la fin de chaque période, une sortie sans pénalité est possible. | À l'échéance, remboursement du bon |

Depuis le 1er juin 2013, l'autorité de contrôle prudentiel et de résolution a adopté un texte qui invite les banques à plus de vigilance lors de la commercialisation des comptes à terme. Cette recommandation les invite à plus de transparence en communicant sans ambiguïté sur la nature du produit, à en expliquer le fonctionnement en fournissant à l'épargnant un document de synthèse et enfin à lui fournir une information périodique actualisée.

## B. Les autres produits : les certificats de dépôt

Ils existent depuis 1985. Ce sont des titres de créance négociables émis par des banques et qui peuvent être achetés par des personnes physiques ou morales. Le montant minimum est de 150 000 € pour une durée comprise entre 1 jour et 1 an.

La rémunération est libre (fixe ou variable) en général proche des conditions de taux du marché monétaire.

Le titre peut être cédé sur le marché mais il existe un risque de taux. Le prix de revente sera plus faible si les taux ont augmenté ce qui entraîne une moins value sur la cession ; à l'inverse si les taux ont baissé, le prix de revente augmentera entraînant une plus-value.

# III Compléments : les bons de caisse

- Bon au porteur : il n'y a pas de bénéficiaire désigné, le porteur est présumé propriétaire du bon : on a alors un bon anonyme pour lequel une fiscalité particulière s'applique. En effet, le bénéficiaire devra s'acquitter de 60 % de prélèvement forfaitaire et de 15,5 % de prélèvement sociaux ; soit au total 75,5 % (sur les intérêts). Un prélèvement spécial de 2 % à chaque passage du 1$^{er}$ janvier s'opère sur le montant nominal du bon de caisse anonyme. Ce produit a longtemps été utilisé pour le blanchiment de capitaux d'où la mise en place d'une fiscalité dissuasive.
- Bon à ordre : le bon est émis avec le nom d'un bénéficiaire, le bon peut être transmis par endos. Au moment du remboursement la banque devra vérifier l'identité du dernier endossataire.
- Bon nominatif : à la différence des bons au porteur, ces bons désignent un bénéficiaire sans la mention « à ordre ». Ces bons se transmettent selon les règles de la cession de créance en droit civil (signification au débiteur par voie d'huissier).

# Application

### Énoncé 1

Monsieur Gérard Manvussad vient d'hériter d'un capital de 15 000 € qu'il souhaite placer sur un compte à terme à taux progressif. Vous lui avez proposé une formule sur 5 ans. La première année la rémunération est de 2 %, 2,8 % la deuxième année, 4,2 % la troisième année, 4,6 % la quatrième année et enfin 5,5 % la dernière année. Les prélèvements sociaux (15,5 %) sont retirés à la source avant la capitalisation trimestrielle des intérêts.

1. **Complétez le tableau suivant et indiquez le montant de l'épargne nette de prélèvements sociaux acquise au terme des 5 années.**
2. **Sachant que votre client est imposé au taux marginal d'imposition à 14 %, calculez le montant qui sera prélevé chaque année au titre de l'impôt sur le revenu.**

| Trimestre | Capital | Taux annuel | Intérêts bruts | Intérêts nets de prélèvements sociaux |
|---|---|---|---|---|
| 1 | 15 000 | 2,00 % | | |
| 2 | | 2,00 % | | |
| 3 | | 2,00 % | | |
| 4 | | 2,00 % | | |
| 5 | | 2,80 % | | |
| 6 | | 2,80 % | | |
| 7 | | 2,80 % | | |
| 8 | | 2,80 % | | |
| 9 | | 4,20 % | | |
| 10 | | 4,20 % | | |
| 11 | | 4,20 % | | |
| 12 | | 4,20 % | | |
| 13 | | 4,60 % | | |
| 14 | | 4,60 % | | |
| 15 | | 4,60 % | | |
| 16 | | 4,60 % | | |
| 17 | | 5,50 % | | |
| 18 | | 5,50 % | | |
| 19 | | 5,50 % | | |
| 20 | | 5,50 % | | |
| Total | | | | |

## Solution 1

1.

| Trimestre | Capital | Taux annuel | Intérêts bruts | Intérêts nets de prélèvements sociaux |
|---|---|---|---|---|
| 1 | 15 000,00 | 2,00 % | 75,00 | 63,38 |
| 2 | 15 063,38 | 2,00 % | 75,32 | 63,64 |
| 3 | 15 127,02 | 2,00 % | 75,64 | 63,91 |
| 4 | 15 190,93 | 2,00 % | 75,95 | 64,18 |
| 5 | 15 255,11 | 2,80 % | 106,79 | 90,23 |
| 6 | 15 345,35 | 2,80 % | 107,42 | 90,77 |
| 7 | 15 436,11 | 2,80 % | 108,05 | 91,30 |
| 8 | 15 527,42 | 2,80 % | 108,69 | 91,84 |
| 9 | 15 619,26 | 4,20 % | 164,00 | 138,58 |
| 10 | 15 757,84 | 4,20 % | 165,46 | 139,81 |
| 11 | 15 897,66 | 4,20 % | 166,93 | 141,05 |
| 12 | 16 038,71 | 4,20 % | 168,41 | 142,30 |
| 13 | 16 181,01 | 4,60 % | 186,08 | 157,24 |

| Trimestre | Capital | Taux annuel | Intérêts bruts | Intérêts nets de prélèvements sociaux |
|---|---|---|---|---|
| 14 | 16 338,25 | 4,60 % | 187,89 | 158,77 |
| 15 | 16 497,02 | 4,60 % | 189,72 | 160,31 |
| 16 | 16 657,33 | 4,60 % | 191,56 | 161,87 |
| 17 | 16 819,19 | 5,50 % | 231,26 | 195,42 |
| 18 | 17 014,61 | 5,50 % | 233,95 | 197,69 |
| 19 | 17 212,30 | 5,50 % | 236,67 | 199,99 |
| 20 | 17 412,29 | 5,50 % | 239,42 | 202,31 |
| Total | 17 614,60 | | 3 094,20 | 2 614,60 |

1. On supposera que notre client remplit les conditions de revenu pour profiter de la dispense d'avance et qu'il a en conséquence déposé auprès de sa banque une demande de dispense du prélèvement fortaire de 24 %. En l'absence de cette dispense, le montant des intrêts bruts serait plus faible.

2.

| Année | Intérêt avant impôt | Montant de l'impôt |
|---|---|---|
| 1 | 301,91 | 42,27 |
| 2 | 430,95 | 60,33 |
| 3 | 664,79 | 93,07 |
| 4 | 755,25 | 105,73 |
| 5 | 941,30 | 131,78 |
| Total | 3 094,20 | 433,19 |

Au total, les intérêts ont supporté 479,60 € de prélèvements sociaux (3 094,2 – 2 614,6) et 433,19 € d'impôt sur le revenu.

## Énoncé 2

Madame Sophie Pringault possède des bons de caisse anonymes depuis le 1/02/N–3. Le montant nominal de ces bons de caisse est de 18 000 €. Au bout de trois années de placement à un taux brut de 4 %, cette cliente veut récupérer son placement.

**Quel sera le montant net versé à la cliente le 1/02/N ?**

## Solution 2

calcul des intérêts : 18 000 × $(1{,}04)^3$ = 20 247,55 €

calcul des prélèvements sociaux sur les intérêts : 2 247,55 × 0,155 = 348,37 €

calcul du P.F.L. et du prélèvement spécial :

(2 247,55 × 60 %) + (18 000 × 2 % × 3 passages de 1er janvier) = 2 428,53 €

versement net : 20 247,55 – 2 428,53 – 348,37 = 17 470,65 €

# 30 L'épargne logement

## I Principes

L'épargne logement s'articule autour de deux produits : le plan épargne logement et le compte épargne logement.

Le plan d'épargne logement est un produit d'épargne contractuel qui donne la possibilité dans un premier temps de se constituer une épargne pour dans un deuxième temps bénéficier d'un prêt permettant le financement de la résidence principale. Le taux du prêt (4,2 % pour les PEL ouverts depuis le 1er août 2003) est déterminé à l'ouverture du plan et le montant de ce dernier (au maximum 92 000 €) est conditionné par le niveau des intérêts acquis pendant la phase d'épargne. Le compte épargne logement complète le dispositif. À la différence du PEL, les retraits sont possibles pendant la phase d'épargne qui par ailleurs peut être plus courte (18 mois au minimum sont nécessaires pour obtenir un prêt).

Créé en 1969, le PEL a séduit plusieurs générations de français souhaitant accéder à la propriété. Mais depuis quelques années, ce produit plaisait moins aux Français : le taux d'emprunt proposé (4,20 %) n'évoluait plus depuis 2003. Les emprunteurs avaient intérêt à se tourner vers une banque pour contracter un prêt immobilier classique avec des taux moindres que celui proposé par le PEL (rappel : taux fixe pour un crédit immobilier au troisième trimestre 2010 : 3,35 %). Une réforme s'imposait donc pour rendre de nouveau attractif le PEL.

## II Méthode

### A. Le plan d'épargne logement ouvert avant le 1er mars 2011

#### 1. Caractéristiques de la phase épargne

| | |
|---|---|
| Ouverture | Un seul PEL par personne physique. Pas d'âge minimum.<br>Doit être ouvert dans la même banque si son titulaire dispose déjà d'un compte épargne logement dans cette banque.<br>Minimum à l'ouverture : 225 €. |
| Fonctionnement du PEL | Montant maximum des versements : 61 200 € hors capitalisation des intérêts.<br>Pas de retrait possible sous peine de voir le PEL résilié.<br>Obligation de verser au moins 540 € par an (soit 45 € par mois). Des versements exceptionnels sont toujours possibles, il est également envisageable d'augmenter le montant des versements réguliers (dans la limite des plafonds décrits ci dessus).<br>Durée : au minimum 4 ans pour profiter pleinement des avantages de ce placement.<br>• Si le PEL est résilié avant la fin de la seconde année : perte des droits à prêts, de la prime d'état et les intérêts bancaires sont recalculés au taux du CEL. |

| | |
|---|---|
| Fonctionnement du PEL (*suite*) | • Si la résiliation intervient au cours de la troisième année : perte des droits à prêts, de la prime d'état.<br>• Si la résiliation intervient dans le courant de la quatrième année, la prime d'État est divisée par deux.<br>Au-delà de 4 ans et si le PEL (ouvert après le 12 décembre 2002) n'est pas suivi d'un prêt, la rémunération correspond au taux sans prime.<br>Possibilité de transformer le PEL en CEL pour obtenir un prêt avant l'échéance prévue par le PEL.<br>Transfert possible d'un PEL entre deux banques en accord avec les 2 établissements. Ce transfert conserve l'antériorité du produit. |
| Rémunération | Taux de 2,5 % depuis le 1er août 2003 auquel s'ajoute une prime de 1 % (2/5 des intérêts acquis avec un maximum de 1 525 €). Pour les plans ouverts entre le 7 février 1994 et le 1er août 2003, la prime représente 2/7 des intérêts globaux (intérêts calculés avec le taux avec prime, notion supprimée depuis le 1er août 2003).<br>La prime d'épargne est majorée de 10 % des intérêts pris en compte pour le calcul du prêt, par personne à charge et dans la limite de 153 €. Les intérêts sont décomptés une fois par an et capitalisés par quinzaine, ou au jour le jour (à la différence des livrets réglementés, la loi laisse libre les établissements bancaires du mode de calcul des intérêts). Le taux de rémunération dépend de la date d'ouverture du PEL. |
| Fiscalité | Depuis le 1er janvier 2006 les prélèvements sociaux sont perçus à l'occasion de chaque capitalisation des intérêts au-delà du dixième anniversaire et non plus à la clôture du plan comme auparavant.<br>Depuis la loi de finances 2006, les intérêts des PEL de plus de 12 ans (intérêts perçus à partir du 1er janvier 2006) subissent un prélèvement fiscal (IRPP). |
| Droit à prêts | Ils sont calculés en fonction des intérêts acquis tant par le placement initial que par les versements réguliers ou exceptionnels effectués tout au long de la phase d'épargne. On utilisera des tables de calculs rapides, ou la formule suivante :<br>$$DAP = \frac{I_a \cdot 2{,}5}{\dfrac{n \cdot t}{1-(1+t)^{-n}} - 1}$$<br>avec $I_a$ : intérêts acquis<br>t : taux d'intérêt équivalent mensuel de la phase épargne<br>n : la durée du prêt.<br>Les droits à prêts sont calculés de telle sorte que le produit des intérêts acquis par un coefficient 2,5 soit égal au montant des intérêts à payer par l'emprunteur. |

**Exemple :**

Le 02/01/N un PEL est ouvert avec un versement initial de 1 000 €. Par la suite des versements mensuels de 100 € sont effectués à la fin de chaque période pendant 4 ans. Le taux en vigueur est de 2,5 %.

| Étape | Détail du calcul | Résultat |
|---|---|---|
| Valeur acquise du versement initial de 1 000 € | $1\,000\,(1{,}025)^4$ | 1 103,81 € |
| Valeur acquise par la suite des versements périodiques | $100\,[(1{,}002\,059\,836^{48} - 1)/0{,}002\,059\,836]$ | 5 039,86 € |
| Montant des versements | $1\,000 + (48 \times 100)$ | 5 800 € |
| Montant des intérêts acquis | $5\,039{,}86 + 1\,103{,}81 - 5\,800$ | 343,67 € |
| Prime d'État | $2/5 \times 343{,}67$ | 137,47 € |
| Prélèvements sociaux sur les intérêts et la prime[1] | $(343{,}67 + 137{,}47) \times 15{,}5\,\%$ | 74,58 € |
| Épargne disponible nette de prélèvements sociaux | $5\,800 + 343{,}67 + 137{,}47 - 74{,}58$ | 6 206,83 € |
| Calculs des droits à prêt (prêt sur une période de 10 ans) | $19{,}275\,124 \times 343{,}67$ ou la formule $DAP = \dfrac{I_a \cdot 2{,}5}{\dfrac{n \cdot t}{1-(1+t)^{-n}} - 1}$ N = 120 t = 0,002 059 836 $I_a$ = 343,67 € | 6 624,28 € |

1. Pour un PEL ouvert avant le 1er mars 2011

Le tableau suivant permet de calculer rapidement, tant le montant du prêt que le coût de la mensualité associée à ce prêt.

| Génération PEL | Après le 1er août 2003 | | Du 1er juillet 2000 au 31 juillet 2003 | |
|---|---|---|---|---|
| Taux avec prime d'État | 3,50 % | | 4,50 % | |
| Taux (sans prime) | 2,50 % | | 3,27 % | |
| Taux équivalent mensuel | 0,2059836 % | | 0,2684992 % | |
| Taux du prêt | 4,2 % | | 4,97 % | |
| Taux équivalent mensuel | 0,343 % | | 0,405 % | |
| Période de remboursement (en mois) | Montant du prêt pour 1 € d'intérêt acquis | Mensualité pour un prêt de 1 000 € | Montant du prêt pour 1 € d'intérêt acquis | Mensualité pour un prêt de 1 000 € |
| 24 | 96,33524 | 43,478912 | 73,7303 | 43,8088 |
| 36 | 64,82673 | 29,577955 | 49,5548 | 29,9082 |
| 48 | 48,75261 | 22,633355 | 37,2225 | 22,9660 |
| 60 | 39,00406 | 18,471292 | 29,7440 | 18,8073 |
| 72 | 32,46161 | 15,700492 | 24,7256 | 16,0402 |

| Période de remboursement (en mois) | Montant du prêt pour 1 € d'intérêt acquis | Mensualité pour un prêt de 1 000 € | Montant du prêt pour 1 € d'intérêt acquis | Mensualité pour un prêt de 1 000 € |
|---|---|---|---|---|
| 84 | 27,76737 | 13,724692 | 21,1253 | 14,0683 |
| 96 | 24,23542 | 12,245762 | 18,4169 | 12,5935 |
| 108 | 21,48187 | 11,098071 | 16,3058 | 11,4500 |
| 120 | 19,27512 | 10,182241 | 14,6142 | 10,5384 |
| 132 | 17,46718 | 9,435031 | 13,2287 | 9,7954 |
| 144 | 15,95901 | 8,814279 | 12,0731 | 9,1790 |
| 156 | 14,68188 | 8,290794 | 11,0949 | 8,6598 |
| 168 | 13,58658 | 7,843728 | 10,2561 | 8,2170 |
| 180 | 12,63693 | 7,457790 | 9,5291 | 7,8353 |

## 2. Caractéristiques de la phase crédit

| | |
|---|---|
| Objet du crédit | Financement de la résidence principale (construction, acquisition, extension ou certaines dépenses de réparation et d'amélioration de l'habitation principale de l'emprunteur).<br>La construction ou l'acquisition à l'état neuf de résidences autres que principales.<br>La réparation ou l'amélioration d'habitations existantes autres que résidence principale.<br>Un prêt peut être obtenu pour un achat dans l'ancien à condition qu'il s'agisse de la résidence principale de l'acquéreur. |
| Durée | Entre 2 et 15 ans. |
| Montant du prêt | En fonction des droits à prêts (voir ci-dessus) avec un maximum de 92 000 € (y compris prêt CEL). |
| Taux du prêt | 4,2 % depuis le 1er août 2003. |
| Cession des droits à prêts | Les bénéficiaires des droits à prêts doivent être issus de la même famille (jusqu'au 3e degré de parenté) et titulaire de droits acquis sur un PEL.<br>Cas 1 : le cédant et le bénéficiaire de la cession doivent tous deux détenir un PEL depuis 3 ans au moins.<br>Cas 2 : celui qui cède est titulaire d'un CEL depuis 12 mois alors le bénéficiaire doit remplir les conditions suivantes :<br>• détenir un PEL de trois ans au moins ou un CEL depuis au moins 18 mois.<br>Cas 3 : celui qui cède est titulaire d'un CEL depuis 18 mois alors le bénéficiaire doit remplir les conditions suivantes :<br>• détenir un PEL de trois ans au moins ou un CEL depuis au moins 12 mois. |

## B. Le plan d'épargne logement souscrit après le 1er mars 2011 : les nouvelles règles en vigueur

Le produit a été modifié le 1er mars 2011. Le taux de rémunération du nouveau PEL sera désormais actualisé chaque année au mois de janvier en fonction des taux de référence des marchés (voir complément de cette fiche). Le calcul du taux n'est pas directement lié à l'inflation. Quand un plan est souscrit, son taux reste inchangé sur toute sa durée de vie. Le plan peut être ouvert pour 4 à 10 ans. Comme l'ancien PEL, le titulaire n'est pas obligé de le fermer après 10 ans d'existence. Néanmoins, de nouveaux versements ne peuvent plus être effectués. Les droits à prêt et la prime d'état n'augmenteront alors plus. Cinq années après le terme du PEL, ce dernier sera transformé automatiquement en livret ordinaire. Ainsi la durée de détention du nouveau PEL est de 15 ans au maximum. Le taux de rémunération au 1er février 2013 est de 2,5 % (hors prime d'état). Il ne peut pas aller en dessous d'un seuil plancher à 2,5 %. Si un prêt est réalisé, la rémunération du PEL passe de 2,5 % à 3,5 % avec la prime d'état (prime de 1 525 euros si acquisition ou construction d'un logement répondant aux normes de développement durable, sinon prime de 1 000 euros au plus pour un logement ordinaire). Le plafond s'élève à 61 200 €. Le montant maximum versé à l'ouverture est de 55 800 euros. Des versements de 45 € par mois ou 540 €/an sont toujours obligatoires. Ce produit ne connaît toujours pas de frais d'entrée et de gestion.

Côté fiscalité, les prélèvements sociaux sont désormais prélevés chaque année sur les intérêts. Auparavant, ils étaient pris soit à la clôture du PEL, soit chaque année après le 10e anniversaire du plan. L'impôt sur le revenu intervient à partir du 12e anniversaire du plan.

Dorénavant, le prêt devra porter sur une opération liée à la résidence principale. Le prêt est de 5 000 € au minimum. Le taux d'emprunt s'élève à 4,2 % (peu importe la durée du prêt) dans la limite de 92 000 €.

Comme l'ancien PEL, si le titulaire clôture son plan :

- avant 2 ans, la rémunération versée est identique à celle d'un CEL
- entre 2 et 3 ans, le taux reste inchangé mais absence de droit à prêt et de prime
- entre 3 et 4 ans : prêt possible et versement de la moitié de la prime.

Les atouts du PEL : simplicité d'ouverture et de gestion, absence de frais d'entrée, de gestion et de sortie, accessibilité large (ouverture possible à un enfant), cession des droits à prêt, conservation du PEL si le titulaire part vivre à l'étranger.

# C. Le compte épargne logement

## 1. Caractéristiques de la phase épargne

| | |
|---|---|
| Ouvertur<br>e | 1 seul CEL par personne physique. Pas d'âge minimum.<br>Doit être ouvert dans la même banque si son titulaire dispose déjà d'un plan épargne logement dans cette banque.<br>Compte individuel avec un minimum de 300 €, somme en dessous de laquelle le compte sera fermé. |
| Utilisatio<br>n<br>du CEL | Montant minimum : 300 €<br>Montant maximum : 15 300 €<br>Retraits et versements libres : montant minimum d'un versement : 75 €<br>Durée de détention : 18 mois au minimum pour profiter des droits à prêt si les autres conditions sont satisfaites (durée réduite à 12 mois lors de la cession de droits entre vifs si le donataire est lui-même titulaire d'un CEL depuis au moins 18 mois ; ou lors de l'utilisation par son titulaire d'un prêt PEL) |
| Taux<br>d'intérêt | 1,25 % depuis le $1^{er}$ février 2013 (taux susceptible de changer tous les trois mois). Le taux du CEL est égal aux 2/3 du taux du livret A arrondi au 1/4 de point supérieur.<br>Calcul des intérêts à la quinzaine<br>Capitalisation annuelle après prélèvements sociaux sur les intérêts<br>Prime d'État (équivalente à la moitié des intérêts acquis) versée dans la limite de 1 144 € uniquement en cas de réalisation d'un prêt. . |
| Fiscalité | Prélèvements sociaux sur les intérêts versés chaque année. |
| Droit<br>à prêt | Les droits à prêt sont calculés comme pour les PEL en remplaçant au numérateur de la formule des DAP le coefficient 2,5 par 1,5. Le taux retenu sera une moyenne des taux de rémunération en vigueur pendant la phase d'épargne.<br>Le titulaire d'un CEL pourra obtenir un prêt épargne logement s'il a acquis au minimum :<br>• 37,50 € d'intérêts pour des travaux de rénovation,<br>• 22,50 € d'intérêts pour des investissements dans des équipements d'économie d'énergie,<br>• 75 € d'intérêts dans les autres cas.<br>Ces droits à prêts peuvent être cédés aux enfants, parents, frères, conjoint dès lors que ces bénéficiaires sont aussi titulaires d'un CEL ou d'un PEL. |

## 2. Les caractéristiques de la phase crédit

Le prêt CEL sera consenti pour l'achat d'un logement neuf ou ancien. Dans le cas d'un logement ancien, il doit constituer la résidence principale de l'acquéreur. La durée du prêt est comprise entre 2 et 15 ans, est plafonné à 23 000 € (l'ensemble des prêts épargne logement ne peut dépasser 92 000 €). Ce prêt sera consenti à un taux qui correspond au taux moyen de la phase épargne augmenté de 1,5 point.

# III Complément

Enfin, l'opportunité d'emprunter grâce à l'épargne logement s'apprécie au regard du niveau moyen des taux d'intérêt pratiqués par les réseaux bancaires à l'occasion d'un achat immobilier. En période de baisse des taux, les prêts PEL perdent de leur intérêt. En période de forte augmentation, les prêts PEL permettent d'emprunter à moindre coût.

Les simulations peuvent différer d'une enseigne à une autre dans la mesure où la réglementation n'impose pas un mode de calcul des intérêts. Certaines banques proposent un calcul par quinzaine quand d'autres rémunèrent les versements au jour le jour. Les barèmes de calcul rapide (voir tableau ci-dessous) doivent également intégrer le fait que les prélèvements sociaux sont dorénavant perçus tous les ans pour les PEL ouverts après le 1er mars 2011.

Le taux de rémunération sera au minimum de 2,5 % et révisé tous les ans par la Banque de France suivant la règle de calcul suivante :

Taux PEL = 70 % du taux swap à 5 ans + 30 % (taux swap à 10 ans minoré du taux swap à 2 ans)

**Remarque :** le taux de rémunération ainsi déterminé est définitif durant toute la durée de détention du produit.

| **Intérêts acquis par** | **Méthode quinzaine (PEL ouvert entre 2003 et 2011) 2,5 %** | | **Méthode au jour le jour (PEL ouvert entre 2003 et 2011) 2,5 %** | |
|---|---|---|---|---|
| | Plan de 4 ans | | Plan de 4 ans | |
| | 47 versements | 48 versements | 47 versements | 48 versements |
| Un versement initial de 1 € | 0,103813 | | | |
| Un versement mensuel de 1 € | 2,40116 | 2,504971 | 2,40329154 | 2,50710443 |
| | Méthode quinzaine (PEL ouvert après le 1er mars 2011) 2,5 % | | Méthode au jour le jour (PEL ouvert après le 1er mars 2011) 2,5 % | |
| Un versement initial de 1 € | 0,10333708 | | | |
| Un versement mensuel de 1 € | 2,39480817 | 2,498114526 | 2,39693154 | 2,50026862 |

# Application

## Énoncé

Monsieur et Madame Barbe, locataires d'une HLM envisagent l'acquisition d'un pavillon pour une valeur de 125 000 €. Vos clients ont deux enfants à charge et détiennent un PEL ouvert en septembre N (avant le 1er mars 2011) et non renouvelé à l'échéance des 4 ans. Ils avaient versé à l'ouverture 1 500 € et avaient alimenté leur plan par des versements mensuels de 250 €. Vos clients vous informent également qu'ils bénéficient des droits à prêt CEL d'un membre de leur famille. Le CEL ouvert en janvier N+3 (Taux moyen 1,75 %) a généré 90 € d'intérêt acquis.

| PEL ouvert après août 2003 et avant le 1er mars 2011 | Intérêts acquis (hors prime d'État) et avant prélèvements sociaux pour une durée de 4 ans |
|---|---|
| Versement initial de 1 € | 0,10 381 |
| Versement mensuel de 1 € | 2,40116 |

**1. Calculez l'épargne nette de prélèvements sociaux.**

**2. Indiquez le montant maximum théorique (durée de 2 ans) et le montant minimum (durée 15 ans) que la banque pourra accorder à ces clients grâce au PEL uniquement.**

**3. Quel sera le montant des prêts épargne logement si vos clients veulent rembourser sur une période de 6 ans. Vous indiquerez également le montant des mensualités correspondantes.**

## Solution

1.

| | |
|---|---|
| Intérêts acquis par le versement initial | 155,71 = 0,10 381 * 1 500 (utilisation barème) |
| Intérêts acquis par les versements périodiques | 600,29 € = 2,40116*250 |
| Intérêts acquis | 600,29 + 155,71 = 756 € |
| Calcul de la prime : | 756*(2/5) = 302,40 € |
| Majoration de la prime (10 % des intérêts acquis dans la limite d'un plafond de 153 € par personne à charge) | 10 %* 756 = 75,6 €<br>75,6* 2 = 151,2 € |
| Prime + majoration < 1 525 € | 302,4 + 151,2 = 453,6 € |
| Intérêts totaux | 756 + 453,6 = 1209,6 € |
| Prélèvements sociaux | 1 209,6*15,5 % = 187,49 € |
| Épargne disponible après PS | 1 500 + 47*250 + 1 209,6 – 187,49 = 14 272,11 € |

2.

| Droits à prêt permis par le PEL | | | Mensualité hors assurance |
|---|---|---|---|
| Durée | Coefficient | Prêt | |
| 2 ans | 96,335242 | 72 829,44 | 3 166,54 € |
| 15 ans | 12,636930 | 9 553,52 | 71,25 € |

3. Sur une durée de 6 ans, nos clients pourront cumuler les droits à prêts du PEL et ceux du CEL qui leur ont été cédés par la famille.

| Durée | Droits à prêt PEL | Droits à Prêt CEL | Total |
|---|---|---|---|
| 6 ans | 24 540,97 € (32,461 605 × 756) | 2 514 € (application formule droits à prêt)[1] | 27 054,97 € |
| Mensualités | 385,31 € (24,54097 × 15,700492) | 38,43 € | 423,73 € |

1. Avec : $I_a$ = 90 €, coefficient multiplicateur = 1,5, n = 72, t = $(1{,}0175)^{1/12} - 1$.

On utilisera la formule de calcul des droits à prêt ou le barème de calcul rapide.

# 31 L'assurance vie

## I Principes

L'assurance-vie est un contrat d'épargne. L'alimentation du contrat peut se faire par le versement d'une prime unique, par des versements périodiques ou encore des versements libres. L'assurance-vie est le plus souvent utilisée pour se constituer un capital (avec ou sans objectif précis : retraite, étude des enfants), obtenir des revenus en procédant à des rachats, bénéficier d'un complément de revenu différé en optant pour une sortie en rente, et enfin l'assurance-vie reste un outil intéressant de transmission du capital.

L'assurance-vie représente aujourd'hui 57 % des 2 600 milliards d'euros d'épargne financière des ménages français soit un peu moins de 1 400 milliards d'euros. Dans un contexte marqué par la crise des dettes souveraines, nombreux sont les ménages qui s'interrogent sur le risque de ce placement. Depuis septembre 2011, les assureurs ont enregistré 6,5 Mds de décollecte (source : FFSA/GEMA). Les rendements des fonds en euros sont pour la plupart orientés à la baisse et l'année 2012 reste pleine d'incertitude de ce point de vue ; les fonds en euros étant majoritairement composés d'obligations.

## II Méthode

### A. La souscription du contrat

| Intervenant | Rôle |
|---|---|
| Assureur | Personne morale dont le rôle est de garantir un risque en échange d'une prime et de verser les prestations prévues au contrat en cas de réalisation du risque |
| Souscripteur | Partie qui s'engage à payer les primes après avoir signé le contrat et désigner une personne bénéficiaire. |
| Assuré | Personne sur laquelle repose le risque vie ou décès |
| Bénéficiaire | Personne physique ou morale qui recevra les capitaux prévus au contrat en cas de réalisation du risque. |

La souscription d'un contrat d'assurance décès est interdite pour les mineurs de moins de 12 ans et les incapables majeurs sous tutelle. Dans les autres cas, la souscription d'un contrat d'assurance décès est conditionnée par le recueil du consentement de l'assuré.

Le souscripteur doit se voir remettre une notice d'information reprenant les conditions particulières du contrat (identité des parties, montant des frais perçus, la durée du contrat) ainsi que la possibilité de prendre connaissance des conditions générales. Le souscripteur dispose d'un délai de renonciation de 30 jours à compter du premier versement.

## 1. La clause bénéficiaire

Il est fortement conseillé de compléter cette clause avec le plus grand soin. Plusieurs bénéficiaires peuvent être désignés sur un même contrat : dès lors une clé de répartition précise doit être indiquée comme par exemple « à parts égales ». Il est également recommandé de désigner des bénéficiaires de second rang qui viendraient alors en représentation d'un bénéficiaire de premier rang pré- décédé (personne décédée avant le dénouement du contrat). Le nombre de rangs n'est pas limité.

| Clause bénéficiaire | Bénéficiaire de premier rang désigné | Bénéficiaire de rang 2 | À qui profite le contrat ? |
|---|---|---|---|
| Enfants nés ou à naître de l'assuré à parts égales | Enfant 1 | Aucun : la clause bénéficiaire ne prévoit pas de représentation | 100 % capital à l'enfant 1 |
| | Enfant 2 (si prédécédé) | Aucun : la clause bénéficiaire ne prévoit pas de représentation | |
| Enfants nés ou à naître, vivants ou représentés de l'assuré à parts égales | Enfant 1 | 2 enfants | 50 % capital enfant 1 |
| | Enfant 2 (prédécédé) | 3 enfants | 50 % du capital à répartir entre les 3 enfants de rang 2 qui viennent en représentation de l'enfant 2 pré-décédé. 16,67 % chacun. |

La qualité du bénéficiaire s'apprécie au moment de la survenance du risque. Si la clause bénéficiaire est rédigée « à mon épouse » et que le souscripteur a divorcé, la clause désignera comme bénéficiaire l'épouse au moment du décès, en l'occurrence la seconde femme du souscripteur. Afin de conserver le bénéfice du contrat à sa première femme, la clause aurait dû être rédigée nominativement et non en utilisant la qualité du bénéficiaire.

Il est possible de modifier la clause bénéficiaire en informant l'assureur par écrit de son intention. Ces changements sont toujours possibles et sans limitation tant que le ou les bénéficiaires n'ont pas accepté le contrat. Avant la loi du 18 décembre 2007, ces changements n'étaient rendus possibles qu'avec l'accord du bénéficiaire ayant accepté le bénéfice du contrat. La loi du 18 décembre 2007 implique qu'une personne désignée bénéficiaire d'un contrat d'assurance-vie ne pourra plus l'accepter sans l'accord du souscripteur. Cet accord sera formalisé par la signature conjointe d'un avenant au contrat. Cette loi oblige également les assureurs à tout mettre en œuvre pour retrouver les bénéficiaires d'un contrat.

Il est également préférable, en cas de pluralité de bénéficiaires, de libeller « à parts égales » plutôt que d'indiquer un pourcentage. En effet, si l'un des bénéficiaires de premier rang vient à pré- décéder, sa part exprimée en % bascule dans l'actif successoral au dénouement du contrat (c'est-à-dire au décès de l'assuré). Les autres bénéficiaires ne peuvent prétendre qu'au pourcentage défini initialement dans la clause bénéficiaire.

## 2. Les supports et les profils de gestion

### *Les contrats mono support*

Les contrats mono support sont soit des contrats en euros (les sommes sont alors investies en fonds obligataires) soit des contrats en unité de compte investis en parts d'OPCVM. Ces investissements en mono support témoignent d'une volonté de ne pas prendre de risque (le capital est garanti) : ils relèvent donc d'un profil de gestion prudent. Les contrats mono support en euros offrent deux avantages. En premier lieu, les gains acquis d'une année le sont définitivement quelle que soit ensuite l'orientation des marchés financiers : c'est l'effet de cliquet. L'inconvénient est de devoir s'acquitter des prélèvements sociaux tous les ans. En second lieu, ces placements prévoient contractuellement un taux minimum de rémunération des sommes investies.

### *Les contrats multisupports*

L'épargne est investie sur plusieurs supports. Une partie se retrouve dans des fonds en euros pour sécuriser le placement ; une autre partie est investie en unité de compte c'est-à-dire des parts d'OPCVM eux-mêmes caractérisés par une orientation dominante (action, obligation, OPCVM d'OPCVM...) pour dynamiser le placement. Ainsi, une assurance-vie en unité de compte à dominante action appartient à un profil de gestion dynamique. Un contrat orienté à la fois sur des placements action et obligation est dit « équilibre ». Les multisupports permettent d'orienter les versements vers les supports choisis par le client. Il peut également procéder à des arbitrages c'est-à-dire demander à son assureur de réorienter tout ou partie de son encours vers d'autres supports que ceux sur lesquels ils sont alors placés. Ces contrats offrent donc plus de liberté en permettant à l'investisseur de sécuriser certaines plus-values non définitivement acquises ou de profiter des fluctuations des marchés financiers. Ces arbitrages ont un coût. Dans le cadre de l'amendement dit Fourgous, il est possible de transformer des contrats d'assurance-vie en euros en contrats en unités de compte à hauteur de 20 % minimum en conservant l'antériorité fiscale du contrat.

Pour une gestion active d'un patrimoine financier, il peut être important de passer d'un placement sécurité à un fonds boursier pour profiter d'une opportunité d'achat ou au contraire de mettre ses économies à l'abri sur le fonds en euros en cas de turbulences. Certains contrats permettent de faire ces opérations dès le lendemain de la demande. D'autres requièrent plusieurs jours voire une semaine. Ces délais peuvent pénaliser les épargnants en cas de fluctuations rapides des marchés.

Plusieurs modes de gestion peuvent être proposés au client :

- la gestion libre pour les clients autonomes voulant rester "maître à bord" (nécessité d'un suivi régulier et ajustements si nécessaires) ;
- la gestion automatisée ou gestion pilotée proposant plusieurs options sous la forme d'arbitrages automatiques ;
- la gestion conseillée à mi-chemin entre la gestion libre et la gestion sous mandat ;
- la gestion profilée s'appuyant sur la détermination du profil de l'épargnant, sa sensibilité aux risques, ses connaissances financières (gestion réalisée par un professionnel) ;
- La gestion sous mandat donnant pouvoir à un mandataire de gérer pour le client un portefeuille de valeurs mobilières.

**Remarque :** quelle que soit la nature du contrat choisi, le souscripteur devra s'acquitter de droits d'entrée à la souscription (un pourcentage sur les capitaux versés). Par ailleurs, l'assureur percevra tous les ans des frais de gestion. Ces derniers viendront diminuer la revalorisation annuelle des parts ou des unités de compte détenues.

## 3. Classification des assurances vie

| Nature assurance | Type de contrat | Caractéristiques |
|---|---|---|
| Assurance en cas de décès | Assurance temporaire décès | L'assureur prend l'engagement de verser aux bénéficiaires un capital en cas de décès de l'assuré avant le terme ou l'âge fixé au contrat. Si aucun sinistre n'intervient avant la fin du contrat, les capitaux sont perdus. C'est une assurance à fonds perdus. |
| | Assurance-vie entière | Il s'agit du même type de contrat que la temporaire décès à la différence que l'assureur versera un capital aux bénéficiaires désignés au contrat au moment du décès de l'assuré. Ce type de contrat s'utilise pour régler des problématiques de transmission de patrimoine. |

| Nature assurance | Type de contrat | Caractéristiques |
|---|---|---|
| Assurance en cas de vie | Capital différé | Un capital est versé à l'assuré au terme du contrat s'il est encore en vie. Si l'assuré décède avant ce terme, il perd la prime sauf si le contrat intègre une contre-assurance, c'est-à-dire la possibilité de verser le capital à un bénéficiaire désigné à la souscription ou en cours de contrat. Il s'agit ici du contrat d'assurance-vie classique avec sortie en capital. Ce type de contrat permet de transmettre un capital en évitant de supporter les droits de succession (même si cet avantage n'est plus significatif pour le conjoint depuis le vote de la loi TEPA d'août 2007), de constituer un patrimoine en effectuant des versements libres ou périodiques, de faire fructifier un capital dans le cas du versement d'une prime unique. |
| | Rente viagère immédiate | Après le paiement d'une prime unique à l'assureur, ce dernier s'engage à verser une rente à vie à l'assuré, souscripteur du contrat. Afin de se prémunir d'un décès prématuré, le souscripteur peut prévoir la réversibilité de la rente au profit du conjoint. |
| Assurance mixte | | Ces contrats intègrent une garantie en cas de vie (capital différé) et une garantie en cas de décès (temporaire décès) |

## 4. Les frais liés à l'assurance vie

La gestion de ce produit dans des conditions optimales de rentabilité et de sécurité nécessite le recours à des experts. Cela entraîne des frais :

- frais d'entrée = frais sur versement (sur le versement initial et sur chaque versement) ;
- frais de gestion sur les encours (en général taux plus élevé sur les contrats en unités de compte qu'en fonds euros) ;
- frais d'arbitrage (en cas de changement de support d'épargne).

Le capital minimum à placer (montant d'entrée) varie d'un contrat à l'autre. Le respect d'un solde minimum après rachat partiel peut être noté dans le contrat.

# B. Fiscalité de l'assurance vie

La fiscalité de l'assurance-vie s'est durcie ces dernières années.

- Les intérêts des contrats mono support en euros font l'objet de prélèvements sociaux au taux en vigueur tous les ans au moment du versement des intérêts.
- Jusqu'alors prélevés qu'au dénouement d'un contrat multi support ou à l'occasion d'un retrait partiel, les prélèvements sociaux sur les intérêts de la partie euro de ces contrats sont perçus annuellement à l'inscription en compte depuis le 1er juillet 2011.
- Enfin, depuis le 1er janvier 2010, les sommes des contrats versées au bénéficiaire en cas de décès sont soumises aux prélèvements sociaux en vigueur au moment du décès.

# 1. La fiscalité en cas de vie

## *Fiscalité des retraits*

Contrairement à une idée reçue, les sommes versées sur un contrat d'assurance-vie ne sont pas bloquées pendant 8 ans. Cette durée est en effet une durée conseillée pour profiter au mieux d'une fiscalité avantageuse après 8 ans. Il est en revanche tout à fait possible d'envisager des retraits partiels ou totaux avant 8 ans. Dans ce cas, la fiscalité sur les gains réalisés est plus importante.

## *Retrait total*

Pour tous les versements effectués depuis le 1er janvier 1998.

| Âge du contrat | Prélèvements sociaux | Imposition des plus-values |
|---|---|---|
| Moins de 4 ans | 15,5 % prélevés sur les intérêts (les contrats en euros font l'objet d'un prélèvement annuel à chaque capitalisation des intérêts) | IR ou sur option PFL 35 % |
| Entre 4 et 8 ans | | IR ou sur option PFL 15 % |
| Plus de 8 ans | | IR ou sur option PFL 7,5 % après un abattement de 4 600 € pour un célibataire ou 9 200 € pour un couple |

La base d'imposition est la différence entre le montant versé par l'assureur lors du retrait et la somme des primes versées par le souscripteur pendant la durée du contrat.
Ce régime vaut pour l'ensemble des contrats ouverts après le 26 septembre 1997.
Vont être exonérés :

- les contrats souscrits avant 1983,
- les contrats DSK et NSK d'une durée supérieure à 8 ans.

## *Retrait partiel*

La fiscalité est identique à celle des retraits totaux. Il est cependant nécessaire de calculer pour tout retrait partiel la part de capital et la part de revenus.

$$\text{Plus-value} = \text{Rachat partiel} - \frac{\text{Rachat partiel} \times \text{Total des sommes versées}}{\text{Valeur de rachat du contrat}}$$

Dans le cas d'une succession de rachat partiel, la prime résiduelle est la différence entre la prime initiale et les parts de prime des précédents rachats partiels.

$$\text{Plus-value} = \text{Rachat partiel} - \frac{\text{Rachat partiel} \times \text{Prime restante}}{\text{Valeur de rachat du contrat}}$$

**Exemple :**

Soit un contrat souscrit en septembre 2001 avec le versement d'une prime unique de 30 000 €. En octobre 2005, un premier retrait partiel est effectué pour 5 000 € (à cette date la valeur de rachat du contrat est de 36 000 €). Un second retrait 5 000 € est effectué en février 2007. À cette date la valeur de rachat est de 32 400 €. Au terme du contrat en 2011, l'assureur versera 33 000 €.

| | Rachat partiel | Décomposition du rachat | | Plus-value imposable | Valeur de rachat du contrat | Prélèvement fiscal |
|---|---|---|---|---|---|---|
| | | Prime | Plus-value | | | |
| Octobre N + 4 | 5000 | 4166,67 | 833,33 | 833,33 | 36000 | 125 = 833,33*15 %[1] |
| Février N + 6 | 5000 | 3986,62 | 1013,38 | 1013,38 | 32400 | 1013,38*15 % = 152 € |
| Février N + 10 | 33000 | 21846,71[2] | 11153,3 | 11153,3 | 33000 | (11 153,3 – 4 600)*7,5% = 491,5 € |

1. On suppose que le souscripteur du contrat est célibataire et imposé dans la tranche marginale à 30 %. Le premier retrait partiel étant effectué entre 4 et 8 ans, la plus-value sera imposée au taux du PFL de 15 %.
2. Il s'agit de la différence entre la prime initiale (30000 €) et les retraits partiels effectués (soit au total 8153,29 €) = 21846,71 €.
Il conviendra également de tenir compte des prélèvements sociaux en vigueur au moment du retrait.

### Les avances

L'avance est un crédit que consent l'assureur au client sur la base de l'épargne disponible au moment de la demande (valeur de rachat). L'avance permet au client de ne pas interrompre le contrat ni le processus de capitalisation de l'épargne. En contrepartie, il doit payer des intérêts.

Les avantages de l'avance :

- l'avance laisse les fonds placés sur le contrat intact et ne subit aucune fiscalité
- le coût peut être attractif par rapport au taux des crédits sur le marché ;
- le client paie un intérêt sur le montant de l'avance demandée mais ce montant continue à se valoriser ;
- le client peut choisir le rythme et la périodicité de ses remboursements.

## 2. La fiscalité en cas de décès

La fiscalité en cas de décès est différente selon que le contrat a été souscrit avant ou après le 20 /11/1991, que les versements ont eu lieu avant ou après le 13/10/1998 et selon l'âge de l'assuré (plus ou moins 70 ans) au moment du versement. Les prestations versées en cas de décès sont soumises aux prélèvements sociaux depuis le 1er janvier 2010.

**Exemple :**

L'impact du renforcement de la fiscalité en cas de décès pour un capital transmis (à un enfant) de 1,5 million d'euros net de prélèvements sociaux.

Avant le 31 juillet, un capital provenant d'une assurance vie transmis à un enfant profitait d'un abattement de 152 500 €. Le solde était ensuite taxé à hauteur de 20 %.

Dans notre cas, l'impôt aurait été : (1 500 0000 – 152 500) × 20 % = 269 500 €.

Depuis le 31 juillet 2011, la fiscalité sur les gros contrats d'assurance vie s'est alourdie. Le contrat supporte désormais 291 733 € de prélèvements soit une augmentation de 22 233,10 €.

Fraction du contrat taxée à 20 % 1 055 338 – 152 500 = 902 838 €

902 838 × 20 % = 180 567,60 €

Fraction du contrat taxée à 25 % 1 500 000 – 1 055 338 = 444 662 €

444 662 × 25 % = 111 165,50 €

Soit un total de 291 733,10 €

<table>
<tr><th></th><th colspan="2">Contrat souscrit avant 20/11/1991</th><th colspan="2">Contrat souscrit après le 20 /11/1991</th></tr>
<tr><th></th><th>Avant 70 ans</th><th>Après 70 ans</th><th>Avant 70 ans</th><th>Après 70 ans</th></tr>
<tr><td>Primes versées avant le 13/10/1998</td><td colspan="3">Exonération</td><td rowspan="2">Base imposable : la fraction des primes au-delà de 30 500 € et versées après 70 ans. (art CGI 757B). Cet abattement unique de 30 500 € vaut pour l'ensemble des contrats et doit être réparti entre les bénéficiaires. Au-delà de 30 500 €, application des droits de succession.<br>Les intérêts sont exonérés de prélèvements sauf cas particulier rappelé dans l'instruction fiscale du 23 janvier 2002.</td></tr>
<tr><td>Prime versées après le 13/10/1998</td><td colspan="3">Art. 990I du CGI : (avant les 70 ans de l'assuré quelle que soit la date de souscription et après les 70 ans pour les contrats souscrits après le 20/11/1991)<br><br>Exonération jusqu'au seuil de 152 500 €.<br>Ce plafond comprend les primes versées ainsi que les intérêts réalisés. Chaque bénéficiaire désigné au contrat dispose de ce plafond d'exonération de droits à payer. (Article 990I1du CGI). Au delà imposition de 20 % des sommes reçues (à l'exception du conjoint survivant et de chaque frère et sœur de plus de 50 ans, invalide et ayant vécu pendant 5 ans au moins avec le défunt.) Désormais, pour les décès intervenus à partir du 31 juillet 2011, le taux de 20 % continue de s'appliquer, mais uniquement de 152 501 euros à 1 055 338 euros. Au-delà, il est relevé de 20 à 25 %.</td></tr>
</table>

**Remarque :** afin de minimiser l'impact fiscal de l'article 757B du CGI, il est préférable de souscrire plusieurs contrats plutôt qu'un. Un assuré disposant de 60 000 € d'épargne et souhaitant effectuer des retraits programmés (5 000 €/an) aura intérêt à souscrire deux contrats de 30 000 €. Dans 6 ans, le premier contrat sera épuisé. Si le souscripteur décède alors les bénéficiaires désignés au second contrat bénéficient de l'abattement de 30 500 €. Dans le cas où un seul contrat de 60 000 € aurait été souscrit, l'abattement aurait été déduit de l'ensemble des primes soit 60 000 €. Dans ce cas les bénéficiaires auraient été imposés sur 29 500 € déduction faite de l'abattement successoral (qui n'est que de 1 594 € entre tante ou oncle et neveu).

**À noter**

« Dans l'hypothèse où les capitaux versés par l'assureur sont inférieurs aux primes versées après le soixante-dixième anniversaire de l'assuré, la doctrine actuelle prévoit que l'assiette des droits est limitée aux capitaux versés aux bénéficiaires.

Cet aménagement relatif aux règles d'assiette s'applique non seulement en raison de rachats partiels et d'avances non remboursées au décès de l'assuré mais aussi dans le cas d'une baisse de la valeur des unités de compte de référence s'agissant de contrats d'assurance dont la garantie est exprimée en unités de compte.

Dans ces situations, il est rappelé que l'abattement de 30 500 € s'applique, dans les conditions de droit commun, au montant des capitaux versés » Source BOI N° 16 du 23 janvier 2002.

## Exemples

### Exemple 1 :

Soit un contrat ouvert le 01/01/2000 par Monsieur Fraux. 400 000 € ont été versés avant ses 70 ans. À son décès, le contrat atteint 620 000 € et les bénéficiaires sont le conjoint et le fils unique.

| Bénéficiaire | Conjoint | Enfant |
|---|---|---|
| Valeur du capital transmis | 620 000*50 % = 310 000 € | 310 000 € |
| Abattement assurance-vie | 152 500 | 152 500 |
| Montant imposable | 157 500 | 157 500 |
| Prélèvement 20 % | Exonération (loi TEPA 21 août 2007) | 31 500 |
| Montant net d'impôt | 310 000 | 278 500 |

### Exemple 2 :

Deux petits-fils se partagent 80 000 € (50 000 € de prime et 30 000 € d'intérêt) d'un contrat d'assurance vie souscrit par leur grand-père à l'âge de 72 ans. La clause bénéficiaire indiquait un partage du capital à parts égales.

Calcul pour un petit-fils de la partie de prime imposable.

(50 000/2) – (30 500/2) = 9 750 € (les deux bénéficiaires se partagent à parts égales l'abattement de 30 500 €).

Abattement successoral = 1 594 €

Base imposable : 9 750 – 1 594 = 8 156 €

Droits de succession 403,6 + (8 156 – 8 072) × 10 % = 412 € (application du barème : voir fiche 25)

Chaque bénéficiaire devra s'acquitter de 412 € de droits de succession. En effet, l'imposition ne porte que sur la fraction de prime excédant la part d'abattement de chacun.

La réponse ministérielle Bacquet du 29 juin 2010 modifie la doctrine de l'administration fiscale qui admettait jusqu'alors que le contrat du conjoint survivant puisse être qualifié de bien propre.

Depuis le 29 juin 2010, les contrats d'assurance vie détenus par des couples mariés sous le régime de la communauté sont réputés être alimentés par l'argent de la communauté. En conséquence, au décès de l'un ou l'autre des époux, le contrat du conjoint survivant entre pour la moitié de sa valeur dans l'actif successoral (application de l'article 1401 du Code civil). Le conjoint survivant bénéficiaire du contrat n'a pas de droit de succession à acquitter en application de la loi TEPA de 2007. Il n'en va pas de même des enfants qui pourraient le cas échéant avoir été désignés bénéficiaire de tout ou partie du contrat.

## 3. Fiscalité des sorties en rente

Le capital peut être transformé en rente certaine (la durée de versement de la rente est connue) ou en rente viagère. Dans le premier cas la rente est exonérée d'impôt, dans le second l'imposition va dépendre de l'âge du crédirentier au versement de la première rente viagère.

| Âge du crédirentier | Fraction imposable au titre de L'IRPP |
|---|---|
| Moins de 50 ans | 70 % |
| De 50 à 59 ans | 50 % |
| De 60 à 69 ans | 40 % |
| 70 ans et plus. | 30 % |

# III Complément : La lutte contre le blanchiment des capitaux et le financement du terrorisme en assurance vie

Dans le cadre de cette lutte, les assureurs ont l'obligation de collecter des informations afin de détecter les opérations qui pourraient blanchir des capitaux ou financer le terrorisme.

L'AMF et la MIF imposent au banquier-assureur dans le cadre de la souscription d'un contrat d'assurance vie deux types d'obligation :

- une obligation de conseil qui lui impose de s'informer de la situation financière de son client afin de comprendre ses besoins et de le conseiller ;
- des obligations relatives à la lutte contre le blanchiment qui oblige l'assureur à connaître le client afin de vérifier si les opérations qu'il réalise sont cohérentes avec le montant de ses revenus et de son patrimoine.

Par conséquent, il est demandé systématiquement à la souscription du contrat :

- la présentation d'une pièce d'identité en cours de validité et pour une souscription au nom d'un enfant mineur celle de chacun des représentants légaux ;
- la profession ;
- les revenus ou la tranche de revenus du foyer ;
- le patrimoine ou la tranche de patrimoine du foyer ;
- l'adresse.

Le questionnaire MIF permet de dégager le profil d'investisseur.

La législation oblige l'assureur en cas d'opérations particulières ou d'un montant inhabituellement élevé à demander des informations supplémentaires et le cas échéant des justificatifs (par exemple sur l'origine des fonds ou sur l'objectif de l'opération souhaitée).

L'assureur est tenu de mettre à jour les informations concernant le client (lors d'un entretien en face à face, lors d'opérations sur le contrat d'assurance-vie, dans le cadre d'une campagne générale de mise à jour des informations clientèle).

Cette collecte d'informations permet à l'assureur de mieux connaître son client, de mieux comprendre ses motivations et d'apprécier les conditions dans lesquelles l'opération est réalisée.

Le refus de fournir les informations ou justificatifs demandés va créer une suspicion sur la réalité des informations communiquées et les motivations réelles. L'opération demandée peut alors devenir impossible.

# Application

## Énoncé 1

Un contrat d'assurance vie en euros est souscrit le 15 janvier 200 N par Monsieur Bonneau. Un versement de 15 000 € constitue alors la prime unique. Il est imposé au titre de l'IR au TMI de 41 %.

1. **Quelle sera la valeur de rachat du contrat au bout de 8 ans si la rémunération moyenne sur la période est de 4,2 % ? (les prélèvements sociaux sont de 15,5 %).**
2. **Quel conseil pouvez vous donner à ce client qui souhaite que le contrat soit équitablement réparti entre ses deux filles Marion et Juliette ?**
3. **Monsieur Bonneau effectue le 16 janvier 200 N+3 un retrait partiel de 5 000 €. Calculez la somme que la banque va lui verser.**

## Solution 1

1. S'agissant d'un contrat en euros, les prélèvements sociaux sont perçus à chaque capitalisation des intérêts. Le taux de rémunération réelle est donc 4,2 % (1 – 15,5 %) = 3,549 %

   Ainsi, dans 8 ans la valeur de rachat sera : 15 000 $(1{,}03549)^8$ = 19 827,07 €
2. Il est préférable de rédiger la clause bénéficiaire en désignant nominativement les bénéficiaires de premier rang (indiquer la date de naissance et l'adresse) et en prévoyant des bénéficiaires de second rang.

   « Bénéficiaire : Marion et Juliette à parts égales à défaut leurs héritiers »
3. Au 16 janvier 200 N+3 la valeur de rachat est de 16 654,4 € (15 000 × $(1{,}03549)^3$)

   Il faut alors calculer la plus value sur le rachat partiel.

   PV = 5 000 – ((5 000 × 15 000)/ 16 654,4)) = 496,8 €

Le contrat a moins de 4 ans : la plus value sur le rachat partiel est imposée à 35 % (PFL < TMI = 41 %)

PV nette = PV × 65 % = 322,84 €

Au total Monsieur Bonneau va récupérer 4 822,33 € (5 000 - 35 % × 507,63)

## Énoncé 2

Monsieur Valouse, âgé de 72 ans lors de la souscription d'un contrat d'assurance-vie en euros a versé 40 000 € en août 2004. Il a alors rédigé la clause bénéficiaire de la façon suivante.

« Bénéficiaire : ma fille Angélique pour 50 %, mon fils René pour 50 % ».

Angélique est mariée et a deux enfants Julie et Romain ; René est également marié et a un fils Hugo et une fille Frédérique.

1. **René est décédé avant son père. Quelle somme va percevoir Angélique au décès de Monsieur Valouse alors que la valeur de rachat nette de prélèvements sociaux est de 54 500 €.**
2. **Comment aurait dû être rédigée la clause bénéficiaire pour que Hugo et Frédérique perçoivent une part du contrat au décès de leur grand-père. Quelle aurait été cette part ?**

## Solution 2

1. Angélique percevra 54 500 €/2 = 27 250 €. Compte tenu de l'abattement de 30 500 € (qui s'applique sur les primes versées) Angélique recevra 27 250 €. La moitié du contrat est basculé dans l'actif successoral.
2. Il eût été préférable de rédiger la clause bénéficiaire de la façon suivante :

   « Bénéficiaire : ma fille Angélique et mon fils René à parts égales à défaut leurs enfants nés ou à naître. »

   Les enfants de René peuvent alors venir en représentation de leur père pré-décédé. Ils se partagent alors la moitié du contrat :

| | Bénéficiaire | Angélique | Hugo[1] | Frédérique |
|---|---|---|---|---|
| Détail du calcul | | | | |
| Prime | 40 000 | 20 000 | 10 000 | 10 000 |
| Abattement | 30 500[2] | 15 250 | 7 625 | 7 625 |
| Base imposable | 9 500 | 4 750 | 2 375 | 2 375 |
| Abattement successoral | | 100 000[3] | 1 594 | 1 594 |
| Impôt à payer | | 0 | (2 375 – 1 594) × 5 % = 39,05 € | 39,05 € |
| Montant récupéré après paiement des droits | | 27 250 € | 13 625 € – 39,05<br>13 585, 95 € | 13 585, 95 € |

1. Les enfants de René (Hugo et Frédérique) viennent en représentation de leur père.
2. L'abattement est réparti proportionnellement à la part de chacun.
3. Pour une succession ouverte après le 31 juillet 2011 et sous l'hypothèse que l'abattement successoral n'ait pas été consommé par ailleurs.

## Énoncé 3

Monsieur Lefevre a 65 ans, un enfant unique. Son espérance de vie statistique est de 17 ans. Il dispose de 200 000 euros à investir. Hypothèse de valorisation : 5 %. À son décès, le contrat de Monsieur Lefevre est valorisé à 458 404 €.

**1. Calculez le capital net transmis à son fils.**

Monsieur Lefevre a 75 ans, un enfant unique. Son espérance de vie statistique est de 10 ans. Il dispose de 200 000 euros à investir. À son décès, le contrat de Monsieur Lefevre est valorisé à 325 779 €.

**2. Calculez le capital net transmis à son fils.**

## Solution 3

1/Prélèvements sociaux :

(458 404 – 200 000) × 15,5 % = 40 052

Montant net de PS = 418 352 €

Droits de succession :

(418 352 – 152 500) × 20 % = 53 170 €

Capitaux nets transmis : 365 182 €

2/Prélèvements sociaux :

(325 779 – 200 000) ×15,5 % = 19 495 €

Montant net de PS = 306 284 €

Droits de succession :

Base soumise au barème progressif : 200 000 – 30 500 – 100 000 = 69 500 €

Application du barème : 8 072 × 5 % + (12 109 – 8 072) × 10 % + (15 932 – 12 109) × 15 % + (69 500 – 15 932) × 20 % = 403, 6 + 403, 7 + 573,45 + 10 713,6 = 12 094,35 €

Capitaux nets transmis : 294 189 €.

# 32 La vente de l'assurance vie

## I Principes clés

L'assurance-vie est commercialisée en France par plusieurs acteurs (banque, assureur, courtier sur internet, services financiers de la grande distribution...). Certains d'entre eux ne proposent à leur clientèle qu'un produit d'assurance-vie. D'autres au contraire ont développé la gamme en adaptant le produit à l'âge du souscripteur ou assuré. Ce placement a su s'adapter à toutes les situations de client. Un assuré peut avoir plusieurs contrats d'assurance-vie dans des réseaux différents.

Comme les versements sur le contrat peuvent être libres, uniques, périodiques, on comprend mieux l'engouement des français pour ce placement. Ce produit reste le placement chouchou en France.

Le contrat d'assurance-vie multisupports rencontre un vif succès. Sa gestion pilotée est prisée. L'assuré choisit simplement l'orientation de gestion correspondant le mieux à son profil d'investisseur, de la plus prudente à la plus dynamique.

Les réseaux bancaires ont développé le mécanisme de rééquilibrage. Des arbitrages systématiques sont faits en fin de trimestre afin de maintenir la répartition initiale entre les supports financiers choisis à l'origine. Ce produit clé en main permet au client d'être libéré des soucis de gestion.

Cependant, la vente de contrats multisupports inadaptés au profil des assurés est à proscrire. Les réseaux bancaires doivent donc :

- assurer une information pertinente sur les produits financiers ;
- mieux cibler leur commercialisation dans les réseaux ;
- fournir au client un conseil adapté ;
- préserver l'objectivité et l'impartialité du conseil ;
- mieux responsabiliser tous les acteurs de la commercialisation ;
- améliorer le service après-vente.

Aussi des efforts de formation de la force de vente sont engagés.

Les banques ont compris qu'elles devaient développer les outils d'aide au conseil (logiciel de diagnostic, logiciel de préconisation).

Les conseillers soumettent donc à leurs clients des questionnaires types avec des préconisations d'épargne associées à leurs réponses. L'obligation de conseil impose au banquier d'examiner la situation patrimoniale et familiale de l'assuré.

## II Démarche

### A. Les enjeux de la vente de l'assurance-vie pour la banque

- Favoriser la collecte à travers les versements.

- Équiper les clients en nouvelle offre lorsqu'une nouvelle assurance-vie est lancée dans le réseau.
- Fidéliser les clients par ce produit.
- Accompagner les bénéficiaires sur des produits d'épargne du réseau pour éviter une décollecte.
- Contribuer au produit net bancaire de la banque (rétrocession d'une partie des frais de gestion à l'agence).
- Connaître le profil d'épargnant du client.
- Repérer les besoins et projets du client pour pouvoir mieux y répondre.

## B. Le contact de la clientèle à rencontrer pour proposer le produit

### 1. Le ciblage de la clientèle

Contrairement à certaines idées reçues, « ce produit n'est pas un produit pour les vieux ! ». Aussi lorsque le conseiller sélectionne les clients de son portefeuille susceptibles d'être intéressés par l'assurance vie, il doit avoir le réflexe de viser également des clients jeunes. L'âge ne doit donc pas être le critère de sélection principal du ciblage. La détention d'un contrat peut également être prise en considération. En effet, un client détenteur d'un contrat de plus de huit années est susceptible d'être intéressé par la concurrence.

Des opportunités de vente permettent au conseiller de rebondir sur la présentation de l'assurance-vie (voir plus loin « les opportunités de vente »).

### 2. La prise de rendez-vous par téléphone

Quelques exemples d'accroches pour prendre rendez-vous avec un client du portefeuille :

« Bonjour Monsieur « le client », vous êtes client de notre agence. »

« Je souhaite vous rencontrer pour vous parler de notre offre sur l'assurance vie. »

Ou « L'étude de votre dossier m'amène à vous contacter aujourd'hui pour vous présenter des solutions d'épargne dynamiques. »

« Je vous propose un entretien d'une durée de 40 minutes le… ou…»

« Je vous remercie de votre accueil et vous souhaite une bonne journée. »

### 3. Les opportunités de vente à saisir pour proposer l'assurance-vie et les accroches à formuler

À tous les âges, les opportunités de placement existent.

Dès la naissance, on peut souscrire une assurance-vie pour l'enfant. C'est un placement qui offre une rémunération attractive. C'est également un produit sécurisant car l'enfant ne touchera pas au capital placé.

Les parents peuvent vouloir souscrire une assurance-vie pour préparer les études des enfants, un projet à moyen ou long terme, leur retraite, se protéger en cas de coup dur.

À l'heure de la retraite, c'est l'occasion pour le client de remettre à plat ses choix d'épargne.

Aussi dès qu'une question sur la transmission de capital, le moyen de valoriser un capital à moyen ou long terme, le financement des études des enfants est posée, le conseiller rebondit sur l'assurance-vie. Les bilans épargne avec le client sont aussi le moment idéal pour vendre ce produit.

Les opportunités de vente sont donc multiples. Le client n'a pas besoin d'une grande capacité d'épargne. Il suffit de faire des versements de 30 € par mois dans certains réseaux.

Les accroches à formuler peuvent être les suivantes :

« Avez-vous une idée du montant de la retraite que vous allez toucher ? Vous pouvez choisir votre contrat assurance-vie en fonction de la date prévue de départ à la retraite pour disposer le moment venu de revenus complémentaires. »

Ou « L'assurance-vie permet de valoriser votre épargne en toute tranquillité. Nos experts optimisent la gestion de ce contrat. Et lors du moment venu, vous disposez d'un capital valorisé pour réaliser votre projet. »

Votre client va rembourser prochainement sa dernière mensualité d'un crédit immobilier ou personnel : « Pour continuer à pouvoir financer un projet ou préparer votre retraite, vous pouvez verser le montant de la mensualité du prêt sur un contrat assurance vie. » Une marge de négociation sur les frais est possible. Aussi une offre temporaire sur ces frais peut être un bon accélérateur de vente.

**Zoom sur la vente d'un contrat assurance vie intergénérationnel à un grand-parent**

Arguments à avancer : « Donner un coup de pouce financier à votre petit enfant pour qu'il démarre dans la vie… », « vous pouvez décider de garder la main sur la gestion du contrat ; toute demande de retrait anticipé nécessitera alors votre accord préalable… », « ce contrat d'assurance vie permet d'encadrer le don du grand-parent investi au sein d'une formule clé en main (modèle de pacte adjoint, imprimé fiscal, bulletin de souscription inclus) », « une clause d'inaliénabilité peut être intégrée au contrat. Elle encadre la mise à disposition des fonds du contrat. Le petit enfant ne peut pas percevoir les fonds avant un certain âge déterminé dans le contrat ».

Documents nécessaires à la souscription : pièce d'identité du grand-parent et celle des représentants légaux de l'enfant, livret de famille des parents de l'enfant, justificatifs de domicile, questionnaire MIF, autorisation des représentants légaux si mineur de moins de douze ans, consentement du mineur de plus de 12 ans.

## C. L'entretien en face à face avec le client

### 1. La recherche de son profil d'épargnant

| Âges du client | Objectif du client |
|---|---|
| Moins de 45 ans | Recherche de performance, gestion dynamique avec une prise de risque acceptée. |
| De 46 à 55 ans | Recherche d'une capitalisation des performances passées avec une prise de risque plus réduite. |
| Plus de 55 ans | Recherche d'une consolidation des performances passées sans prise de risque pour assurer les revenus de demain. |

Le conseiller a l'obligation en agence de proximité de soumettre au client un questionnaire. Ce dernier permet de cerner le degré de connaissance du client sur les marchés financiers, le niveau de risque accepté. Ce questionnaire doit être perçu par le conseiller comme un outil d'aide à la vente. En effet, le produit proposé doit répondre au profil du client qui se dégage à travers les réponses de celui-ci. Aussi il sera aisé de sélectionner les arguments de vente qui auront un impact sur le client.

Le montage des produits d'assurance vie de la gamme du réseau tient compte des profils d'investissement souhaités par les clients.

Exemple de produit-réponse au profil d'investissement repéré

| Cible clientèle | Jeunes actifs/grand public sans connaissance sur l'assurance-vie | | |
|---|---|---|---|
| | Sécurité | Prudence | dynamisme |
| Profil d'investissement | 100 % du capital investi sur un fonds en euros | 75 % investis sur un fonds en euros et 25 % sur des sicav | 50 % investis sur un fonds en euros et 50 % sur des supports en unités de compte |

## 2. La rédaction de la clause bénéficiaire

Le conseiller doit exposer le principe de la clause bénéficiaire à son client. Si ce dernier tient à ne pas citer de bénéficiaire, il faut réécrire les termes de la clause type concernée en clause libre. La désignation de bénéficiaire est un élément fondamental d'un contrat d'assurance-vie. Le souscripteur doit réfléchir aux points suivants : à qui sera versé le capital après mon décès ? Si l'un des bénéficiaires désigné meurt avant moi, de quelle manière je souhaite que le capital soit versé ? »

Le conseil devient ici un devoir pour le conseiller.

## 3. Le rappel de discrétion au client

Le souscripteur doit prendre conscience qu'il doit rester très discret sur la désignation des bénéficiaires afin d'éviter les conséquences gênantes que peut entraîner la volonté du bénéficiaire d'accepter le bénéfice du contrat d'assurance vie. L'acceptation par le bénéficiaire ne concerne qu'une petite minorité des contrats mais a des conséquences importantes.

Pour certaines situations, il peut être souhaitable d'orienter le client vers la désignation testamentaire du notaire. Dans la clause bénéficiaire, le client note que le nom des personnes concernées est déposé chez le notaire maître X. La confidentialité de sa volonté est ainsi garantie. Le client pourra donc à tout moment modifier le nom du bénéficiaire et effectuer librement des opérations sur son contrat. Dorénavant, le bénéficiaire ne peut accepter le bénéfice du contrat qu'avec l'accord du souscripteur.

## 4. L'argumentation commerciale

Elle doit bien entendu se faire en fonction de la principale motivation du client.

| Principale motivation du client | Argument(s) à avancer |
|---|---|
| Se constituer une épargne en cas de coup dur. | « Vous pouvez mettre en place des versements programmés pour disposer à tout moment de votre épargne en cas de coup dur. Vous choisissez votre profil d'épargnant. » |
| Épargner pour réaliser ses projets de vie (étude des enfants, apport personnel pour l'achat d'une résidence principale…). | « Des versements réguliers modulables sont possibles. » |
| Préparer sa retraite. | « Les versements sont garantis à l'approche de la retraite. Les plus-values et le capital sont sécurisés au fil des années. » |
| Maintenir un niveau de vie durant la retraite. | « À la retraite, vous avez un large choix de sorties pour profiter pleinement de celle-ci. » |
| Assurer la transmission d'un patrimoine. | « La transmission du patrimoine est assurée dans les meilleures conditions. » |
| Protéger le conjoint pacsé | « Contrairement au mariage qui protège le conjoint (en cas de décès, héritage du défunt et pension de réversion sous conditions), le PACS n'assure qu'une protection minimale au partenaire. Aussi l'assurance vie permet de protéger le partenaire. » |

L'argumentation repose sur les mots clés suivants : une grande sécurité – une grande souplesse – des versements libres – la disponibilité des fonds (hors impacts fiscaux) – une rentabilité – une fiscalité privilégiée – après 8 ans de détention, une transmission du patrimoine – l'insaisissabilité – le choix des bénéfiaires – l'absence de plafond – la multi-détention possible – un placement hors actif successoral.

**Comment présenter le contrat multisupports ?**

« Vous composez votre épargne selon vos souhaits en alliant sécurité et performance. Vous voulez bénéficier de rendements supérieurs que le taux des contrats avec fonds en euros sur la durée. Une partie de votre épargne peut être investie sur des supports plus dynamiques. Vous profitez ainsi des performances des marchés financiers sur le moyen terme. »

**Comment présenter les frais (frais d'entrée, frais de chargement, frais d'arbitrage, frais de gestion) ?**

« Rappeler les nombreux avantages de l'assurance-vie (garantie, souplesse et adaptation dans le choix des supports, service apporté tout au long du contrat, fiscalité avantageuse…). Monsieur le client, comme de nombreux produits bancaires, l'assurance vie nécessite un suivi par nos experts et cela occasionne des frais. Ces frais permettent de gérer l'épargne du contrat dans des conditions optimales de rentabilité et de sécurité. Compte tenu du taux de rendement de notre contrat d'assurance vie, les droits d'entrée par exemple sont amortis dans un délai de x mois. »

## 5. La réfutation des objections

**Pourquoi attendre 8 ans pour retirer le capital ?**

« Votre épargne est disponible en totalité ou à tout moment. Cependant, pour optimiser les performances de votre placement et profiter au mieux de ses avantages fiscaux, il est conseillé une durée de détention minimale de huit ans. »

**Je préfère des livrets d'épargne classique**

« Ces contrats sont la base d'une épargne bien construite et disponible en cas de besoin. Cependant, leur rendement est en perte de vitesse. Aujourd'hui, seule la prise de risque permet d'espérer une rentabilité attractive. Vos placements sont à diversifier. Vous devez construire un patrimoine en conciliant deux impératifs : accepter une faible rentabilité pour l'épargne de précaution donc disponible et accepter une part de risque en diversifiant votre épargne vers les marchés financiers au sein d'un environnement à fiscalité allégée comme l'assurance-vie. »

**Je ne comprends rien à la bourse**

« Vous accédez aux marchés financiers de manière simple grâce à l'assurance-vie. Des experts sélectionnent pour vous des fonds en actions. »

# Application

### Enoncé

Vous êtes conseiller financier en agence de proximité. Une campagne assurance vie est en cours. Des objectifs de collecte et d'ouverture de contrats vous sont donnés. Vous recevez aujourd'hui des clients contactés dans le cadre de cette campagne.

**Traitez les attitudes de fuite et les objections de vos clients.**

« Il faut que j'en parle à mon conjoint avant de signer. »

« Vais-je être informé de l'évolution de mon contrat avant la fin des huit ans ? »

« À quoi correspondent les frais de gestion dont vous me parlez ? »

« J'ai travaillé et donc cotisé toute ma vie. Je n'ai pas besoin de produit pour préparer ma retraite. »

« J'ai entendu dire que les bons de capitalisation étaient plus avantageux que l'assurance vie sur le plan fiscal. »

« Mon argent est bloqué plusieurs années. »

« Je n'ai pas les moyens d'épargner. »

« L'assurance vie, c'est un produit pour les vieux. »

« Votre taux n'est pas élevé. L'assurance vie, cela ne rapporte pas ! »

# Solution

| Objection ou fuite du client | Réfutation de l'objection |
|---|---|
| « Il faut que j'en parle avant à mon conjoint. » | « Vous êtes convaincu(e) du bien fondé de ce contrat que je vous propose aujourd'hui. Cela paraît normal que vous réfléchissiez avant de vous engager. Je sais que vous êtes occupé. Afin de vous faire gagner du temps et de vous éviter un deuxième entretien à l'agence, je vous propose de signer votre contrat dès maintenant et de profiter de votre délai de réflexion de 30 jours. Si vous décidez avec votre conjoint de bénéficier des avantages que nous avons vus ensemble, vous ne modifiez rien. Sinon, dans le cas échéant, nous nous reverrons pour modifier ou annuler votre contrat. » |
| « Vais-je être informé de l'évolution de mon contrat avant la fin des huit ans ? » | « Vous recevrez tous les ans un relevé de situation qui vous présentera avec transparence les opérations et résultats enregistrés sur la période écoulée. La valeur de rachat du contrat apparaîtra alors. » |
| « À quoi correspondent les frais de gestion dont vous me parlez ? » | « Les frais de gestion sont prélevés périodiquement par l'assureur sur l'épargne disponible de votre contrat.<br>Ils correspondent à la rémunération de l'assureur au titre de la gestion financière et administrative de votre contrat.<br>Ces frais sont précisés dans les conditions générales valant note d'information de votre contrat. » |
| « J'ai travaillé et donc cotisé toute ma vie. Je n'ai pas besoin de produit pour préparer ma retraite. » | « Vous savez que la durée de cotisation pour garantir le financement des retraites s'allonge progressivement.<br>Or les différents régimes de retraite s'harmonisent. Vous subirez une importante baisse de revenus à la retraite.<br>Il faut donc songer aux possibilités d'épargne par capitalisation pour construire votre retraite. » |
| « J'ai entendu dire que les bons de capitalisation étaient plus avantageux que l'assurance vie sur le plan fiscal. » | « Cela est vrai pour une personne assujettie à l'ISF.<br>En effet, pour le calcul de l'ISF, c'est la valeur nominale du bon de capitalisation (et non les intérêts capitalisés sur ce placement) qui est prise en compte alors que pour l'assurance-vie, c'est la valeur de rachat du contrat qui rentre en compte. » |

| Objection ou fuite du client | Réfutation de l'objection |
|---|---|
| « Mon argent est bloqué plusieurs années. » | « À tout moment, vous pouvez effectuer des retraits et disposer rapidement de vos capitaux. » |
| « Je n'ai pas les moyens d'épargner. » | « Justement, vous devez prendre date dès maintenant<br>sur un contrat pour bénéficier d'un cadre fiscal avantageux au bout de huit ans. » |
| « L'assurance vie, c'est un produit pour les vieux. » | « L'assurance-vie est avant tout un contrat d'épargne qui répond et s'adapte aux besoins et projets d'une clientèle de tous les âges. Notre réseau commercialise de nombreux contrats d'assurance-vie auprès de la clientèle jeune. » |
| « Votre taux n'est pas élevé. Cela ne rapporte pas l'assurance vie. » | « Le rendement moyen de ce produit positionne l'assurance-vie parmi les produits d'épargne les plus attractifs. » |

# 33 Le plan d'épargne retraite populaire (PERP)

## I Principes

Né de la réforme Fillon (2003) sur les retraites, le PERP a pour vocation la constitution d'un complément de revenu lors du départ à la retraite. Le système actuel qui repose sur la répartition (les actifs d'aujourd'hui paient pour les retraités d'aujourd'hui) est mis à mal par la rupture de l'équilibre démographique sur lequel il repose, par le ralentissement de la croissance économique et par certaines évolutions sociales.

## II Méthode

### A. Les différents types de contrats

| Type de contrats | Commentaires |
|---|---|
| Contrat de rente viagère différée | Chaque versement donne lieu au calcul de la partie de rente que le souscripteur recevra. Ce calcul est effectué grâce aux tables d'espérance de vie en vigueur le jour du versement. (voir complément rente viagère) |
| Contrats multisupports | Les fonds sont investis soit sur des supports en euros (fonds placés en obligation), soit sur un support en unités de compte (action/euros). Quel que soit le profil de gestion, il existe un dispositif qui permet de sécuriser l'épargne acquise au fur et à mesure que l'échéance de la retraite approche. En d'autres termes, plus la date de liquidation des droits approche, plus la part de l'épargne garantie doit être élevée. Ainsi, la part de l'épargne garantie représentera 40 % des fonds investis si l'on se situe entre 10 et 20 ans de la liquidation, 65 % entre 5 et 10 ans, 80 % entre 2 et 5 ans et 90 % pour une liquidation dans les 2 ans. |
| PERP à points | Chaque euro de cotisation est converti en point, qui lui-même est converti en rente. La valeur du point est garantie et revalorisée en fonction de la performance du contrat. |

### B. Le PERP : un produit encadré

L'assureur en charge du PERP va devoir rendre des comptes sur sa gestion aux différentes parties prenantes, à savoir :

| Entités | Missions |
|---|---|
| GERP (Groupement d'épargne retraite populaire) | Chaque adhérent au PERP est membre de cette association à but non lucratif. C'est en fait cette association qui souscrit le PERP pour le compte de ses adhérents auprès d'un assureur ou d'un institut de prévoyance. |
| Comité de surveillance | Ce comité a pour mission de veiller au respect des intérêts des adhérents. Il est composé pour moitié de membres indépendants de l'assureur. Il rend compte de son activité en publiant un rapport annuel sur la gestion observée. |

# C. Caractéristiques du PERP

| | | |
|---|---|---|
| Ouverture | | Un ou plusieurs PERP peuvent être souscrits par une même personne. (voir plus haut les différents types de contrats) |
| Versements | | Libres ou programmés. Les versements effectués sur un PERP sont déductibles dans certaines limites du revenu imposable (voir point fiscalité et PERP) |
| Transfert du PERP | | Transférable d'un établissement à un autre sans frais après 10 ans. Avant 10 ans les frais de transfert ne peuvent excéder 5 % du montant transféré. |
| Sortie | Anticipée en capital | L'assuré arrive en fin de droit d'allocation chômage après un licenciement<br>Décès du conjoint ou partenaire pacsé<br>Liquidation judiciaire pour une activité non salariée<br>Invalidité au sens de l'article L. 341-4 du Code de la Sécurité sociale<br>Surendettement de l'adhérent. |
| | Liquidation des droits à la retraite | Sortie en rente obligatoire. Cependant 3 cas de sortie en capital sont prévus.<br><br>L'article 35 de la loi 2006-872 du 13 juillet 2006 (dite Engagement National pour le Logement) permet à un retraité une sortie en capital pour financer la résidence principale. Dans ce cas, le capital obtenu est imposable au titre de l'impôt sur le revenu (possibilité de profiter du mécanisme du quotient de 15 pour les PERP de plus de 6 000 € ; mécanisme permettant d'atténuer l'effet de la progressivité de l' IR).<br>La réforme des retraites de 2010 permet une sortie en capital à hauteur de 20 % de la valeur de rachat du contrat.<br>Sortie en capital également possible lorsque le montant de la rente est inférieur à 40 €/mois. |
| Fiscalité de la rente | | La rente sera calculée en appliquant un taux de conversion sur le capital obtenu. La rente est ensuite soumise au paiement de l'impôt sur le revenu après abattement forfaitaire de 10 %. Elle subit également 7,1 % de prélèvements sociaux (6,6 % au titre de la CSG et 0,5 % au titre de la CRDS). |
| Décès du souscripteur | | Si le décès intervient pendant la phase d'épargne, le capital sera transmis aux bénéficiaires désignés au contrat lors de la souscription.<br>Si le décès intervient pendant la période de bénéfice de la rente, le souscripteur peut prévoir une rente réversible (50 % ; 100 %). Ainsi, au décès du titulaire de la rente, celle-ci continue d'être versée au bénéficiaire de la réversion. Si la rente annuelle est de 1 500 € et que j'opte pour une réversion de 60 % alors la rente versée devient 900 € (1 500 x 60 %). |

# D. Fiscalité et PERP

## 1. Calcul du plafond global de déductibilité (PGD)

PGD = 10% PASS[1] n–1 si les revenus professionnels de n–1 après abattement forfaitaire de 10 % (ou frais professionnels) sont inférieurs à ce PASS.

PGD = 10% des revenus nets professionnels (après abattement forfaitaire de 10 % ou frais réels) dans la limite de 8 fois le PASS n–1.

## 2. L'utilisation du plafond

Ce plafond est global ce qui signifie que son montant doit être réparti entre tous les dispositifs retraite existants (plan d'épargne retraite collectif, contrats retraite Article 83 du CGI, contrat Madelin, PERP). La partie disponible et non utilisée de ce plafond est reportable 3 ans.

| Année | Plafond annuel sécurité sociale (PASS) | PGD maximum année N : 10 % des revenus nets professionnels dans la limite de 8 fois le PASS N–1 | PGD minimum = 10 % PASS N–1 si les revenus nets professionnels sont inférieurs à ce PASS N–1 |
|---|---|---|---|
| 2013 | 37 032 € | 29 097 € | 3 637 € |
| 2012 | 36 372 € | 28 282 € | 3 535 € |
| 2011 | 35 352 € | 27 696 € | 3 462 € |
| 2010 | 34 620 € | 27 446 € | 3 431 € |
| 2009 | 34 308 € | 26 620 € | 3 328 € |
| 2008 | 33 276 € | 25 747 € | 3 218 € |
| 2007 | 32 184 € | 24 854 € | 3 107 € |

### Exemple :

Cas d'un couple marié sans enfant

| | Monsieur | Madame | Total |
|---|---|---|---|
| Revenus professionnels | 45 000 € | 21 00 0,00 € | 66 000 € |
| Déduction forfaitaire | 4 500 € | 2 100 € | |
| Revenus nets | 40 500 | 18 900 | 59 400 € |
| Plafond de déductibilité | 4 050 € | 3 637 [1] | |

1. les 10 % des revenus professionnels étant inférieurs au Plafond annuel de la Sécurité Sociale (PASS), le Plafond global est égal à 10 % du PASS soit (10 % × 36 372 = 3 637 €).

Pourront être déduites des revenus N (déclaration faite en N +1) les cotisations dans la limite d'un plafond qui comprendra le plafond disponible N ainsi que le disponible non utilisé de N–1, N–2, N–3. En effet, il est possible de reporter pendant 3 ans les plafonds non utilisés.

1. PASS : Plafond Annuel de la Sécurité Sociale.

L'impact fiscal sera calculé en multipliant le taux marginal d'imposition (TMI) par le montant des cotisations versées sur le PERP.

> **Remarque :** la loi de finances 2007 a modifié l'article 163 quatervicies a du code général des impôts en indiquant que les membres d'un couple ou les partenaires d'un PACS soumis à l'imposition commune pouvaient à partir de la déclaration 2008 des revenus 2007 déduire une somme correspondante au cumul des deux plafonds de déductibilité. Dans notre exemple Monsieur pourrait verser 7 687 € sur un seul PERP (4 050 + 3 637 €) et déduire cette somme du revenu imposable du couple. En d'autres termes, la faculté de reporter le plafond déductible non utilisable peut se transmettre à un autre membre du foyer fiscal.

Si notre couple est imposé au taux de 30 % et que le plafond global de déductibilité disponible est entièrement affecté au PERP (pas de bénéfice d'autres dispositifs collectifs par ailleurs), le gain fiscal sera alors de 2306 € (7687 € × 30 %).
Le gain fiscal est d'autant plus important que le taux d'imposition est élevé.

## 3. Illustration

| Année | | 2009 | 2010 | 2011 | 2012 | 2013 |
|---|---|---|---|---|---|---|
| Revenus annuels Monsieur | | **44 000** | **44 500** | **46 000** | **47 000** | **48 000** |
| Revenus annuels Madame | | **33 500** | **33 700** | **34 000** | **35 000** | **36 000** |
| Calcul du plafond année courante (10 % des revenus nets professionnels année N–1) | Monsieur | 3 690 € | 3 870 € | 4 005 € | 46 000 × 90 % ×10 % = 4 140 € | 47 000 × 90% ×10 % = 4 230 € |
| | Madame | 3 328 € | 3 431 € | 3 462 € | 3 535 € | 3 637 € |
| Plafond global de déductibilité (plafond calculé année courante + plafond non utilisé des 3 années précédentes) | Monsieur | | 14 670 € | 3 780 +3 690 +3 870 +4 005 = 15 345 | 15 705 € | 16 245 € |
| | Madame | | 13 084 | 13 439 | (3 328 + 3 431 + 3 462) + 3 535 = 13 756 € | 14 065 € |

## 4. Illustration de l'intérêt fiscal du PERP

| | | |
|---|---|---|
| Hypothèse : 150 € par mois versés pendant 18 ans (jusqu'à l'âge de 60 ans) Rendement 5 %/an | Fiscalité<br>Hypothèse 1 : TMI = 41 %<br>Hypothèse 2 : TMI = 14 % | Effort réel |
| Capital acquis : 51 999,52 € | Gain fiscal H1 : (150 × 12) × 41 % = 738 €<br>Gain fiscal H2 : (150 × 12) × 14 % = 252 € | 150 – (738/12) = 88,5 €<br>150 – (252/12) = 129 € |
| Rente calculée sur la base d'un taux technique de 0 %* : 51 999,52 × 3,206 % = 1 667,1 € soit 138,92 €/mois | Imposition de la rente<br>H1 : TMI 14 % 1 667,1 × 0,9 × 14 % = 210,05 €<br>H2 :TMI 5,5 % 1 667,1 × 0,9 × 5,5 % = 82,52 € | Rente nette après impôt<br>H1 : 1 667,1 – 210,05 = 1 457,05 soit 121,42 € par mois<br>H2 : 1 667,1 – 82,52 = 1 584,58 soit 132,05 € par mois |

* Rente calculée pour une femme née en 1965 et prenant sa retraite à 60 ans.

L'intérêt fiscal du PERP est d'autant plus fort que le taux marginal d'imposition est élevé.

## 5. Une des raisons de l'échec commercial du PERP : la présence du PERCO dans les entreprises

Le plan d'épargne pour la retraite collectif (PERCO) n'est pas un produit proposé par le conseiller financier à son client particulier. Or, lorsque le conseiller propose des produits retraite ; le client particulier peut mettre en avant qu'il prépare déjà sa retraite par le biais de son employeur avec un PERCO. Le PERCO permet à son titulaire d'épargner dans un cadre fiscal attractif car ses gains sont exonérés d'impôt sur le revenu mais pas de prélèvements sociaux. L'épargne est accessible au moment du départ officiel à la retraite sous forme de rente (seule une fraction de la rente, variable selon l'âge du rentier, est taxée) ou, si l'accord collectif le prévoit, sous forme de capital. Il peut être mis en place à l'initiative de l'entreprise ou par accord collectif. Ce système d'épargne collective est ouvert à tous les salariés (également aux chefs d'entreprises ou dirigeants). Le PERCO peut recevoir les versements issus de l'épargne personnelle, de l'intéressement, de la participation aux résultats de l'entreprise ou d'un compte épargne-temps. L'employeur peut effectuer un versement initial dans le plan, si le règlement du plan le prévoit, même en l'absence de contribution du salarié. L'atout principal de ce produit est que l'entreprise a la possibilité de prévoir un versement complémentaire (abondement) jusqu'à 300 % du versement volontaire (dans la limite de 5 925,12 € en 2013, soit 16 % du PASS). Cette somme s'ajoute en 2013 aux 2 962,56 € (soit 8 % du PASS) que l'entreprise peut verser sur le PPE (plan épargne d'entreprise). Les sommes versées sur le PERCO du salarié sont détenues jusqu'à son départ à la retraite. Ce placement "tunnel" prévoit des possibilités de déblocage anticipé : en cas de décès du bénéficiaire, de son conjoint ou de la personne qui lui est liée par un pacte civil de solidarité (PACS), d'acquisition de la résidence principale, de surendettement du participant au plan, d'invalidité reconnue du bénéficiaire, des ses enfants, de son conjoint ou de la personne qui lui est liée par un PACS, d'expiration des droits à l'assurance chômage du titulaire du plan. Le PERCO constitue un bon complément à l'assurance-vie et au PEA si la performance des fonds proposés est au rendez-vous et si l'entreprise abonde les versements de son salarié. Il est sans risque avec un fond de trésorerie monétaire.

# III Complément : la rente viagère

## A. Le calcul de la rente

La rente est calculée en appliquant un taux de conversion au capital acquis. Ce taux dépend de l'âge du crédit rentier au moment du versement de la première rente, de la probabilité de survie du crédit rentier et d'un taux d'intérêt technique qui permet d'anticiper sur la revalorisation de la rente.

La probabilité de survie est calculée en rapportant le nombre de survivants entre deux âges. Depuis le 1er janvier 2007, on utilise de nouvelles tables de mortalité en remplacement de la table TPRV 93 utilisée jusqu'alors par les assureurs. Les nouvelles tables (TGF 05 et TGH 05) ont été homologuées par le ministère de l'économie et des finances dans un arrêté du 1er août 2006 publié au *Journal officiel* le 26 août 2006 et modifient entre autre l'article A.335-1 du code des assurances.

À titre d'exemple, le tableau suivant donne pour différents âges du crédit-rentier et différents taux techniques la valeur des coefficients de conversion.

| | Coefficient de conversion en % (Table de conversion pour une femme née en 1965) | | | | | | | | | | |
|---|---|---|---|---|---|---|---|---|---|---|---|
| Âge | 55 | 56 | 57 | 58 | 59 | 60 | 61 | 62 | 63 | 64 | 65 |
| Taux technique | | | | | | | | | | | |
| 0% | 2,796 | 2,870 | 2,947 | 3,029 | 3,115 | 3,206 | 3,303 | 3,405 | 3,515 | 3,631 | 3,754 |
| 1% | 3,351 | 3,464 | 3,577 | 3,696 | 3,821 | 3,954 | 4,095 | 4,247 | 4,409 | 4,581 | 4,764 |
| 2% | 3,954 | 4,120 | 4,279 | 4,447 | 4,624 | 4,813 | 5,014 | 5,232 | 5,465 | 5,714 | 5,979 |
| 3% | 4,599 | 4,834 | 5,052 | 5,283 | 5,527 | 5,788 | 6,066 | 6,371 | 6,699 | 7,050 | 7,425 |

| Capital acquis | Montant de la rente annuelle perçue à 60 ans pour un homme né en 1987 | Montant de la rente perçue à 60 ans pour une femme née en 1965 |
|---|---|---|
| | Pour un taux technique de 0 % | |
| 10 000 € | 2,915 %*10 000 = 291,50 €<br>soit 24,30 €/mois | 3,206 % × 10 000 = 320,60 €<br>soit 26,71 €/mois |
| 50 000 € | 1 457,5 € soit 121,46 €/mois | 1 603 € ou 133,58 €/mois |
| 150 000 € | 4 372,5 € soit 364,37 €/mois | 4 809 € soit 400,75 €/mois |

À titre de comparaison, le taux de conversion calculé à partir de l'ancienne table TPRV 93 donnait un coefficient de 3,42 % (pour un taux technique de 0 % et une rente versée à 60 ans).

## B. Rente viagère et fiscalité

Les arrérages sont soumis aux prélèvements sociaux pour la partie imposée à l'impôt sur le revenu. En effet, seule une partie de la rente est soumise au calcul de l'impôt. La fraction de rente imposable diminue avec l'âge du crédit rentier.

| Fraction de la rente imposable | Âge du crédit-rentier au moment de la date du premier versement de la rente |
|---|---|
| 70 % | Moins de 50 ans |
| 50 % | 50 à 59 ans inclus |
| 40 % | 60 à 69 ans inclus |
| 30 % | 70 ans et plus |

**Remarque :** les rentes viagères tirées d'un PEA de plus de 8 ans ne sont pas soumises à l'impôt sur le revenu.

# Application

### Énoncé 1

**Quels sont les points forts et les points faibles du PERP ?**

### Solution 1

| Points forts | Points faibles |
|---|---|
| Gain fiscal important pour les contribuables fortement imposés (l'effort réel d'épargne est d'autant plus faible que le TMI est élevé). Les cotisations sont déductibles des revenus dans la limite de 10 % du revenu imposable et d'un plafond de 8 fois le PASS. | Pas de sortie anticipée possible sauf cas prévus par la loi. Capital bloqué. |
| Sécurité : les fonds versés sur un PERP font l'objet d'une comptabilité séparée chez l'assureur gestionnaire du produit. Sécurisation des placements au fur et à mesure que l'on se rapproche de l 'échéance (départ à la retraite) | Capital bloqué jusqu'au départ à la retraite |
| La loi n'impose aucun versement minimum par an. Le titulaire peut alimenter ou pas son plan. | Sortie en rente obligatoire |
| Plan transférable dans un autre établissement sans frais 10 ans après l'ouverture | Rente fiscalisée au même titre que la pension de retraite. Rente soumise aux prélèvements sociaux (7,1 %) |
| Possibilité de désigner un bénéficiaire pour profiter d'une rente de réversion | Pas d'avance possible (contrairement à l'assurance-vie) |

## Énoncé 2

Monsieur Paul, célibataire, âgé de 43 ans vous demande d'estimer l'économie d'impôt qu'il réalisera en N sachant qu'il a versé en N–1 3 000 € sur son PERP. Monsieur Paul est imposé au taux marginal de 41 %.

## Solution 2

Gain fiscal = $3\,000 \times 41\ \% = 1\,230$ €.

# 34 Comment augmenter la collecte d'épargne du réseau ?

## I Principes clés

**La collecte** est la pratique financière consistant à recueillir des dépôts de capitaux auprès du public. Elle alimente les ressources d'une banque (son passif).

Les agences du réseau sont objectivées sur le montant de la collecte à réaliser.

Outre la collecte à réaliser, le réseau se doit d'éviter la décollecte (fuite des capitaux vers la concurrence). Ainsi l'ensemble des collaborateurs (réseau d'agences + agences en ligne) est sensibilisé à la collecte et décollecte.

Le chargé d'accueil (agence de proximité), le téléassistant (agence en ligne) est souvent le premier à pouvoir éviter la décollecte des fonds du réseau vers un réseau concurrent (exemple : le client appelle pour connaître les modalités de transfert ou de clôture de compte). Le conseiller qui a dans son portefeuille le client en question essaiera alors de « récupérer la relation commerciale » à travers une mise au point de la relation actuelle.

Augmenter la collecte du réseau passe nécessairement par la souscription de nouveaux contrats, la mise en place d'abonnement et/ou l'augmentation de versements sur les produits d'épargne.

## II Démarche

### A. L'organisation du conseiller

En amont de l'entretien, le conseiller se pose deux questions fondamentales :

- comment vais-je m'organiser pour faire venir ou recevoir mon client ?
- comment vais-je réussir à vendre ?

Les outils d'aide à la vente sont nécessaires pour inciter le client à passer à l'action et conclure la vente. Ils permettent au conseiller de réagir rapidement aux demandes du client.

| Réponses à ses interrogations | Outils à utiliser |
|---|---|
| **Comment vais-je m'organiser pour faire venir ou recevoir mon client ?** | |
| Je planifie le ciblage. | Agenda (se bloquer des plages horaires) |
| Je repère dans mon portefeuille les clients ciblés par mon action en cours. | Logiciel de gestion de portefeuille clients (étude des indicateurs de profil : produits détenus dans notre établissement, âge, PCS…) |
| Je consulte les derniers comptes-rendus des entretiens avec ces clients. | Logiciel de gestion de clientèle (fiches entretiens en agence, contacts avec la plateforme) |
| Je planifie les appels. | Agenda (dans de nombreux réseaux, des plages horaires bloquées sont dédiées au phoning) |
| **Comment vais-je réussir à vendre ?** | |
| Je vais accrocher mon client au téléphone ou à l'agence. | Plan de phoning.<br>Phrases d'accroche à l'agence. |
| Je m'entraîne à la méthode de vente de mon réseau. | Sketch de vente à multiplier avec mon moniteur des ventes ou mon directeur d'agence.<br>Questionnement varié (cf. fiche 11) |
| Je mène des entretiens participatifs avec mon client. | Micro-ordinateur tourné vers le client (rubriques à traiter lors de l'entretien visibles par le client – saisie des réponses par le conseiller face au client). |
| J'interroge mon client pour mieux le découvrir. | Plan de découverte (cf. l'ouverture de compte en face à face).<br>Recherche de ses motivations d'achat principales : Outil SONCAS (sécurité, orgueil, nouveauté, confort, argent, sympathie) ou SABONE (sécurité, affectivité, bien être, orgueil, nouveauté, économie). |
| **J'étudie à travers son budget sa capacité d'épargne mensuelle pour optimiser son potentiel d'épargne.** | **Calcul de la capacité d'épargne disponible**<br>**= flux bancaires créditeurs – flux bancaires débiteurs**<br>**= rentrées (revenus, rentrée exceptionnelle : prime, héritage) – sorties (charges : dépenses courantes, impôts, remboursement crédits, loisirs, étude des enfants…)**<br>**Cette capacité d'épargne disponible va être affectée à la réalisation des besoins et des projets du client** |
| J'argumente en fonction de la situation de mon client. | Caractéristique - Avantage client - Preuve<br>ou Bénéfice client - Avantage produit - Caractéristique produit<br>ou Situation - Conséquence - Solution<br>(cf. fiche 11). |
| J'évalue mon entretien vente après le départ de mon client. | Fiche d'auto-évaluation |

## B. La mise en œuvre d'actions commerciales

Dans le milieu bancaire, les actions commerciales sont souvent décidées par le siège (service marketing…). Cependant, lors d'un retard de la production bancaire (exemple : retard sur la collecte de l'agence), l'équipe commerciale de l'agence est amenée à mettre en œuvre rapidement des opérations commerciales pour atteindre ses objectifs. Les actions commerciales ont pour but d'améliorer les résultats des portefeuilles. Elles favorisent l'équipement des clients en produits et services.

| Qui décide de la mise en œuvre d'opérations commerciales ? | Contextes possibles |
|---|---|
| Siège<br>(service marketing,<br>direction commerciale…) | Lancement d'un nouveau produit<br>Modification fiscale, nouvelle mesure juridique…<br>→ Opportunité commerciale à saisir pour informer et équiper la clientèle |
| Directeur d'agence<br>ou de groupe | Ratios d'activité, de rentabilité de l'agence à améliorer (1) (2)<br>Objectif à atteindre<br>Retard sur objectif au point de passage<br>Décalage significatif des résultats par rapport au groupe d'agences<br>**Augmentation de la collecte**<br>Anticipation de décollecte |
| Conseiller | Atteinte des objectifs<br>Retard sur objectifs |

(1) Comment améliorer les ratios de rentabilité ? augmenter le taux d'équipement en produit des clients, proposer des produits à forte marge et générateurs de commissions, vendre des services commissionnés, stimuler l'équipe commerciale (rémunération challenge, formation…)…

(2) La réussite d'une action commerciale organisée au niveau de l'agence réside surtout dans la compétence collective des collaborateurs et non uniquement dans l'addition des compétences individuelles. Le système de rémunération mis en application dans plusieurs réseaux (prime par agence) œuvre dans ce sens.

## C. Le recours à l'agence en ligne ou plateforme téléphonique

Afin que le chargé de clientèle gagne en productivité commerciale, les appels téléphoniques sortants lors des campagnes commerciales sont de plus en plus confiés à des téléassistants basés sur une plateforme téléphonique ou agence en ligne. Dans le cadre des campagnes commerciales, les listings des clients ou prospects à contacter sont soit donnés par le service marketing du siège, soit par l'agence. Le service marketing a de plus en plus recours aux plateformes dans la mesure où les campagnes de marketing direct trouvent leur aboutissement sur ces dernières (numéro vert…).

### 1. Les intérêts pour la banque de ce recours

- Optimiser la gestion de la relation client. En effet, un chargé de clientèle recevant des clients dans son bureau, traitant des dossiers en cours… ne peut pas contacter autant de clients qu'un téléassistant dont c'est la mission principale.

- Créer du trafic clientèle en agence (adresser au conseiller des clients grâce à la prise de rendez-vous).
- Professionnaliser la relation téléphonique banque-client. Le téléassistant est formé et entraîné régulièrement aux méthodes de phoning. Il acquiert au fil du temps plus de réflexes opérationnels au téléphone que le conseiller basé en agence qui peut être tenté alors de prolonger la discussion avec son client. Le téléassistant ne laisse pas déborder le client.
- Contribuer à atteindre les objectifs de collecte par le traitement des événements liés aux clients et aux comptes (voir ci-dessous) et éviter la décollecte.
- Gagner des parts de marché (les plateformes peuvent appeler de nombreux prospects en une journée).
- Augmenter la productivité de l'activité phoning de la banque (voir ratios p. 184).
- Étendre l'amplitude horaire des contacts avec la clientèle (contacts avec les clients encore possibles en dehors des horaires d'ouverture de l'agence).
- Toucher les clients difficiles à joindre (clients indisponibles durant les horaires d'ouverture de l'agence, clients ne passant jamais à l'agence, clients n'ouvrant jamais les mailings envoyés par la banque…).
- Venir en appui du réseau pour réussir les campagnes commerciales.

**Remarque :** une incompréhension entre les collaborateurs basés en agence et les collaborateurs basés en plateforme peut exister. Les conseillers en agence pensent souvent que la prise de RDV par la plateforme est « forcée » (le client oublie son RDV ou arrive à l'agence sans savoir pourquoi il vient). Incompréhension provenant souvent d'un manque d'empathie… d'où la nécessité de faire des stages ou un passage sur la plateforme quand on se destine au métier de conseiller en agence !

## 2. Le métier de téléassistant

Le rôle des plateformes diffère selon les réseaux. Initialement, le téléopérateur avait une mission de preneur d'ordres alors qu'aujourd'hui sa mission migre vers celle de conseiller. La fonction de téléopérateur revêt des appellations différentes : télé conseiller, téléassistant…

Le métier de téléopérateur a longtemps été décrié – souvent par méconnaissance. Aujourd'hui, il est considéré dans le domaine bancaire comme un métier à part entière qui peut servir de tremplin vers un poste de conseiller financier en agence. En effet, durant cette expérience, le téléassistant acquiert des réflexes commerciaux et apprend à saisir rapidement au cours d'une conversation avec le client les opportunités commerciales. L'écoute, la réactivité et la maîtrise des techniques de l'entretien de vente sont les qualités que développe au quotidien le téléassistant – qualités essentielles au poste de conseiller financier en agence.

# D. La gestion des appels

## 1. Les appels sortants

Les principaux motifs d'appel lors d'une opération phoning :

- événement lié aux comptes du client (incident de paiement, mouvement créditeur ou débiteur important, décollecte, arrivée de l'échéance d'un contrat…) ;
- événement lié au client (atteinte d'un âge qui est une condition d'éligibilité à un produit (livret jeune à 12 ans…), déménagement, projet, succession…) ;
- événement lié à l'environnement bancaire (retard de l'agence sur objectifs, information du client sur un changement fiscal…) ;
- campagne commerciale en cours (volume important d'un produit à vendre dans une période donnée = « *opération one shot* »).

**Afin de gérer les risques de décollecte,** le conseiller a intérêt à traiter ces événements régulièrement (incidents de paiement : tous les jours – mouvements débiteurs ou créditeurs importants : toutes les semaines – événement lié au client : tous les mois).

Le thème des campagnes commerciales est récurrent. À chaque période de l'année correspond un temps fort en phoning. L'équipement des jeunes en livret jeune (à partir de 12 ans) et en package (à 12, 16, 18 et 26 ans) constitue un fil rouge annuel pour les conseillers chargés d'appeler les clients.

Lors des campagnes commerciales, le conseiller a souvent tendance à appeler les mêmes clients. Or, tous les clients du portefeuille doivent avoir le même taux de contact annuel.

## 2. Les appels entrants

### *Les attentes du client lorsqu'il appelle sa banque*

- La rapidité de sa prise en charge.
- La rapidité de la réponse à sa demande.
- L'efficacité de la réponse qui doit être précise, claire et exacte.
- La personnalisation de l'appel.
- L'amabilité de son interlocuteur.
- Le professionnalisme du conseiller au téléphone.

### *Les missions du téléassistant lors d'un appel entrant*

| Missions du téléassistant (ou du chargé d'accueil de l'agence) | Tâches réalisées |
|---|---|
| Véhiculer les valeurs et l'image de marque de la banque | Accueillir de manière professionnelle le client<br>Traiter efficacement la demande du client |
| Renseigner la clientèle et les prospects | Authentifier le client (moyens de vérifier l'identité du client : n° de compte, code d'accès aux services à distance, date de naissance, dernières opérations effectuées sur le compte)<br>Répondre aux demandes courantes (horaires, informations générales sur les offres de la banque…) |

| Missions du téléassistant (ou du chargé d'accueil de l'agence) | Tâches réalisées |
|---|---|
| Renseigner la clientèle et les prospects *(suite)* | Effectuer des consultations sur les comptes du client (montant du solde…)<br>Prendre un rendez-vous avec le conseiller financier du client (remarque : la durée du rdv varie selon le motif. Compter en moyenne 1 heure par rendez-vous sauf pour un prêt habitat ou un premier entretien : 1 h 30). |
| Filtrer les appels de la clientèle | Orienter le client (= transfert d'appel) vers son conseiller après s'être assuré de ne pas pouvoir satisfaire la demande ou envoyer un mail au conseiller financier concerné lui demandant de rappeler directement le client en question entre deux entretiens |
| Conseiller la clientèle | Effectuer les opérations courantes bancaires (commande de chéquier, virement interne…)<br>Réaliser les transactions financières simples<br>Renseigner les dossiers clients<br>Saisir les opportunités commerciales pour vendre des produits (exemple : un client appelle pour commander des devises pour un voyage à l'étranger. Réflexe : proposition d'une carte internationale)<br>Saisir lors de la conversation les opportunités commerciales pour proposer un rdv avec le conseiller (exemple : le client appelle pour demander un taux de crédit immobilier. Réflexe : proposer un rdv en agence pour une simulation de crédit immobilier en fonction du projet) |
| Transformer un prospect en client de l'établissement | Proposer un rdv en agence pour le prospect qui demande une information |

## *Le traitement d'un appel entrant*

1re étape : **saluer**.

2e étape : **se présenter**.

3e étape : **identifier** son interlocuteur.

4e étape : **qualifier** l'appel (qui ? quoi ? quand ? combien ? comment ? pourquoi ?).

5e étape : **reformuler** la demande du client.

6e étape : **traiter** la demande en suivant les procédures de l'entreprise.

7e étape : **proposer** des solutions adaptées au besoin du client.

8e étape : **faire du rebond commercial** (proposer un rendez-vous en agence, augmenter le montant d'un virement programmé vers un compte d'épargne, vendre un produit…).

9e étape : **si besoin transférer** l'appel vers le conseiller du client (s'assurer de la présence du conseiller en agence, transmettre au conseiller l'objet de l'appel avant le transfert, proposer au client en cas d'indisponibilité du conseiller un rappel ultérieur de ce dernier, contacter alors par mail le conseiller pour lui demander d'appeler le client).

10e étape : **rappeler** au client les accords passés aujourd'hui (date du rendez-vous, montant du virement…).

11e étape : **prendre congé**.

12e étape : **compléter** la fiche entretien client.

13e étape : **envoyer** une confirmation du rdv avec la liste des documents à amener en agence.

> **Remarque :** certains réseaux ou plateformes font souscrire à distance les clients. Le client ne sera alors pas vu physiquement (développement de la relation multicanal).
>
> La loi sur la vente à distance et le démarchage à domicile s'applique. Lui sont envoyés après son accord donné à distance : la fiche d'information du produit (= fiche technique), les conditions générales du contrat, les conditions particulières avec les clauses d'acceptation, le bordereau de rétractation). Le délai de rétractation du client est de 14 jours pour un contrat de service et contrat financier, 30 jours pour un contrat d'assurance-vie et délais spécifiques pour crédit consommation et immobilier, délai à partir du retour à la banque du courrier signé par celui-ci.

## E. Des astuces pour un bon phoning

- Prendre conscience qu'au téléphone, tout se voit, tout s'entend ! (impression de déranger ? démotivation ? bonne humeur)
- Maintenir l'écoute de l'interlocuteur par le rythme de la voix, les intonations et des phrases courtes et percutantes
- Adopter une approche qualitative de l'appel et non quantitative des appels (ne pas appeler trop souvent la même personne)
- Prononcer le nom de son interlocuteur au début et à la fin de l'entretien
- Écouter le client pour l'aider à s'exprimer
- Mener l'entretien et non le subir
- Traiter les appels pendant une plage de deux heures. Cette durée permet d'obtenir une bonne intonation, élocution, facilité à réfuter les objections.
- Analyser les causes de l'échec de l'opération phoning : Nombre d'appels traités insuffisants ? Il faut alors optimiser la cadence et passer moins de temps avec l'interlocuteur. Contenu du discours non accrocheur ? Il faut alors se recentrer, s'entraîner, retrouver un état d'esprit positif.

# Application

### Énoncé

Votre agence est située près d'une université dans une ville de province. Son portefeuille comprend de nombreux étudiants. Or, lorsque ces derniers terminent leurs études, ils quittent la ville. Ils laissent leur compte inactif ou clôturent à distance leur compte. La fin de l'année scolaire approchant…

Votre directeur d'agence vous demande d'organiser la mise en place d'une action phoning pour éviter une décollecte.

# Solution

## La mise en place d'une action phoning

**1re étape : définir l'objectif** : conserver dans le portefeuille de l'agence les jeunes qui quittent la ville après leurs études supérieures et identifier la cible à contacter.

**2e étape : rédiger un mode opérationnel** (= processus à suivre dans le détail pour suivre la démarche envisagée par les décideurs de l'action).

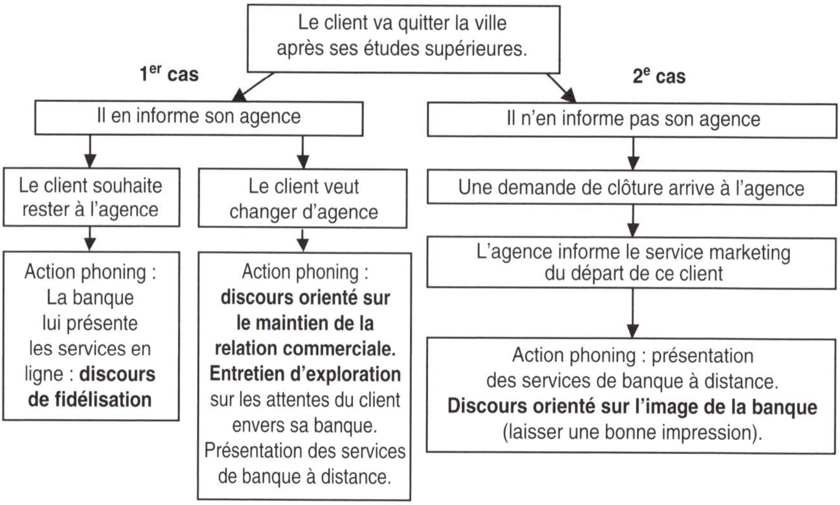


**3e étape** : approfondir la **connaissance de la cible visée** et **rédiger un scénario téléphonique** (= script téléphonique) pour personnaliser l'appel.

Le respect du scénario permet d'être efficace au téléphone (le conseiller ne cherche pas ses mots ; il oriente et dirige l'entretien).

**4e étape** : appeler une dizaine de clients appartenant à la cible pour roder l'organisation, **tester le scénario**.

**5e étape** : apporter les modifications nécessaires (rajout d'objections…).

**6e étape** : **appeler les clients du listing**.

**7e étape** : noter dans l'agenda les rdv, les noms des clients à rappeler et saisir la fiche client.

**8e étape** : reporter les résultats des appels dans un tableau d'activité.

**Exemple de tableau d'activité**

| Nom prénom du client | N° de compte | Date et heure de l'appel | Appel abouti ou non | Réponse de l'intéressé | Rdv pris – date et horaires – | Client à rappeler à date et heure | Envoi courrier | Observations |
|---|---|---|---|---|---|---|---|---|
| | | | | | | | | |

**9e étape :** rappeler les clients qui n'étaient pas disponibles.
**10e étape :** évaluer les résultats de l'action phoning.

**Remarque :** Si les résultats n'arrivent pas, il est nécessaire de faire du training avec un moniteur des ventes.

**Exemple d'indicateurs pouvant servir à cette évaluation :**

Taux de validité du fichier (nombre de bons numéros de téléphone/ nombre de numéros à composer).
Nombre d'appels argumentés (= appels décrochés et conversation avec la personne ciblée).
Nombre d'appels concrétisés ou aboutis (atteinte de l'objectif : RDV accepté…).
Taux d'acceptation de RDV (nombre d'appels concrétisés/nombre d'appels argumentés).
Taux d'appels décrochés (nombre d'appels décrochés/nombre de numéros composés).
Taux de non réponse (nombre d'appels non décrochés/nombre d'appels).
Taux de multivente (nombre de produits, contrats vendus (banque à distance…)/client).
Taux de transformation prospect en client (nombre de nouveaux clients/ nombre de contacts prospect utilisés).
Nombre de retours de bordereau de rétractation du contrat après envoi des documents au client (vente forcée ?).

# V

# Les crédits

# 35 Les crédits de trésorerie et les crédits à la consommation

## I Principes

Lorsqu'un ménage éprouve des difficultés financières passagères, souhaite acquérir un bien et qu'il n'a pas ou ne souhaite pas utiliser une épargne préalable, il pourra recourir au crédit de trésorerie ou au crédit à la consommation.

## II Méthode

### A. Les crédits de trésorerie

| | Caractéristiques |
|---|---|
| Facilité de caisse | Autorisation ponctuelle de faire fonctionner le compte en solde débiteur. Montant et durée négociée avec la banque. Souplesse d'utilisation (demande écrite ou verbale). Taux d'intérêt élevé. Un solde débiteur prolongé doit conduire à la mise en place d'un découvert. |
| Découvert | Il peut être autorisé ou non. S'il est autorisé, ses modalités d'utilisation (montant, durée…) ont été précisées dans la convention de compte ou dans le cadre d'un avenant à la convention. Toute modification (montant) doit faire l'objet d'un avenant. Dans la pratique, il peut atteindre 50 % des revenus.<br>Il peut être non autorisé. Soit le client n'a aucune autorisation, soit le client est en dépassement par rapport à ce que prévoit son contrat avec la banque. |

Les crédits de trésorerie ne doivent pas être supérieurs à 3 mois. Dans le cas contraire, le découvert doit faire l'objet d'une offre préalable conformément aux dispositions prévues par la loi réglementation en vigueur.

### B. Les crédits à la consommation

| | Définition | Caractéristiques |
|---|---|---|
| Crédit personnel | Prêt non affecté. Les sommes peuvent être utilisées librement par l'emprunteur. Le prêt n'est donc pas lié à un bien en particulier. | Durée : 3 mois à 60 mois ; montant : pas de plafond ; remboursement par mensualité constante. |
| Crédit affecté | Prêt dédié à l'achat d'un bien en particulier | Mêmes caractéristiques que le crédit personnel. La différence tient dans le fait que le contrat de prêt est lié à l'achat d'un bien (véhicule par exemple). Le contrat de prêt est annulé et inversement si le contrat d'achat du bien est remis en cause. |

| | **Définition** | **Caractéristiques** |
|---|---|---|
| Crédit renouvelable | Réserve d'un montant variable (montant qui dépend de la qualité du dossier) dans laquelle le client va pouvoir puiser selon ses besoins | Utilisation souple (réserve souvent adossée à une carte de crédit : le paiement d'un achat avec ladite carte déclenche l'utilisation de la réserve).<br>La réserve se reconstitue au fur et à mesure des remboursements de l'utilisateur. |
| Location avec option d'achat (LOA) | Le client loue un véhicule (ou autre bien) auprès de la société de crédit qui en est propriétaire.<br>Les obligations du locataire :<br>• assumer les frais de mise en circulation (taxe carte d'immatriculation),<br>• assurer le bien,<br>• l'entretenir. | Une offre préalable doit permettre :<br>1/ d'identifier les parties au contrat, la valeur du bien, la durée et le montant de la location (possibilité d'un premier loyer majoré et de loyers plus faibles ensuite),<br>2/ de connaître la valeur résiduelle en cas d'achat en fin ou en cours de contrat. |

## C. Zoom sur le crédit renouvelable

Depuis le 1er mai 2011, les crédits renouvelables sont plus strictement encadrés. En effet, à partir de 1 000 € d'achat, le consommateur recourant au crédit devra se voir proposer soit un crédit renouvelable, soit un crédit amortissable. La solvabilité de l'emprunteur devra également être vérifiée pendant toute la durée du crédit et non plus uniquement à la souscription du contrat de prêt. Enfin, le législateur a prévu que chaque échéance comporte un montant minimal de capital.

| **Dispositions de la loi** | **Commentaires** |
|---|---|
| Limitation de la durée de remboursement | Jusqu'au vote de la loi, il n'y avait aucune limite de durée pour rembourser un crédit renouvelable. Dorénavant les limites fixées par le nouveau texte sont les suivantes :<br>3 ans pour un crédit ≤3 000 €<br>5 ans pour un crédit > 3 000 € |
| Montant minimal du capital qui doit être remboursé | Le remboursement minimal du capital emprunté à chaque échéance prévu à l'article L. 311-16 correspond à la formule suivante :<br>$R = \alpha \times K$<br>Dans cette formule :<br>R désigne le montant du remboursement minimal du capital ;<br>K désigne le montant de capital restant dû après la dernière utilisation de l'ouverture de crédit ;<br>$\alpha$ désigne le pourcentage de remboursement minimal, qui est calculé de la manière suivante :<br>$\alpha = \dfrac{1 - \dfrac{1}{(1+R)^{\frac{1}{12}}}}{(1+R)^{\frac{1}{12}}\left[1 - \left(\dfrac{1}{(1+R)^{\frac{1}{12}}}\right)^{T}\right]} - \left((1+R)^{\frac{1}{12}}\right) - 1$ |

| | |
|---|---|
| Montant minimal du capital qui doit être remboursé (*suite*) | Pour les crédits renouvelables pour lesquels le contrat de crédit prévoit des échéances constantes, le pourcentage de remboursement minimal est calculé selon la formule suivante.<br>Dans cette formule :<br>R désigne le taux annuel effectif global, auquel s'ajoute, dans le cas où le contrat de crédit est assorti d'une assurance facultative ayant pour objet la garantie du remboursement du crédit, à laquelle a souscrit l'emprunteur, le taux correspondant au coût annuel de cette assurance rapporté au capital restant dû ;<br>T désigne la durée de remboursement total du crédit, fixée dans les conditions suivantes :<br>*a)* Pas plus de 36 mois pour les crédits renouvelables dont le montant total est inférieur ou égal à 3 000 euros ;<br>*b)* Pas plus de 60 mois pour les crédits renouvelables dont le montant total est supérieur à 3 000 euros ;<br>Pour les crédits renouvelables pour lesquels le contrat de crédit prévoit des échéances variables selon des rythmes de remboursement différents prévus par le contrat de crédit, le pourcentage de remboursement minimal<br>est de :<br>*a)* 1 % pour les crédits renouvelables dont le montant total est inférieur ou égal à 3 000 euros ;<br>*b)* 0,5 % pour les crédits renouvelables dont le montant total est supérieur à 3 000 euros.<br>Source : JO 23 mars 2011<br>Enfin, un décret du 26 avril précise les modalités applicables aux crédits renouvelables souscrits avant le 1er mai 2011. Les dispositions concernant le calcul du montant minimal de remboursement du capital s'appliquent depuis le 1er août 2011. Le prêteur a l'obligation d'envoyer à son client une lettre 3 mois avant la date anniversaire du contrat l'informant des nouvelles modalités de remboursement. Si ces remboursements excédent de plus de 10 % (ou 20 €) le montant de l'échéance en cours, l'accord de l'emprunteur est obligatoire. A défaut d'obtenir cet accord, le contrat est résilié.<br>Enfin, le décret prévoit une période allant jusqu'au 1er mai 2014 pour appliquer ces nouvelles règles à condition " que les mensualités correspondantes n'excèdent pas celles résultant de l'application de ces règles pour un même montant de capital restant dû, et sans préjudice de la faculté pour l'emprunteur de procéder à des remboursements anticipés" (source : décret 26 avril 2011). |

# III Complément : le cadre juridique des crédits à la consommation

La loi Lagarde du 1er juillet 2010 a profondément modifié le cadre juridique des crédits à la consommation. Le cadre juridique des crédits à la consommation repose principalement sur deux lois : la loi Scrivener 1 du 10 janvier 1978 et la loi Lagarde du 1er juillet 2010. Les textes sont repris dans les articles du code de la consommation et ont pour objectif de protéger l'emprunteur et ses éventuelles cautions. Le champ d'application de ces textes concerne les prêts de plus de 3 mois compris entre 200 € et 75 000 € (prêt personnel, renouvelable, découvert en compte), la location avec option d'achat et le regroupement de crédit à la consommation (dans ce cadre le montant peut dépasser 75 000 €).

| Nature de l'information | Contenu |
|---|---|
| Publicité (mentions obligatoires) | Taux débiteur fixe ou variable, montant du crédit, TAEG, durée, coût total du crédit, une mention : "un crédit vous engage et doit être remboursé. Vérifiez vos capacités de remboursement avant de vous engager." |
| Informations précontractuelles | Remise d'une fiche d'information (la fiche est différente selon que le crédit est accordé ou non sur un lieu de vente ou à distance– article L. 311-6) |
| Explications fournies à l'emprunteur et étude de la solvabilité | L'emprunteur renseigne les éléments permettant d'apprécier sa solvabilité (revenus et charges). Le vendeur du crédit aura préalablement informé son client des caractéristiques du financement. D'ailleurs, le décret N° 2011-1871 du 13 décembre 2011 vient préciser les exigences minimales auxquelles doit répondre la formation mentionnée à l'article L.311-8 du code de la consommation. Le vendeur devra avoir :<br>• les connaissances nécessaires à la distribution de crédits à la consommation (le taux débiteur ; le taux annuel effectif global ; le coût total du crédit ; la durée du crédit ; le montant total dû par l'emprunteur ; le montant total du crédit ; le montant, le nombre et le contenu des échéances ; pour les locations avec option d'achat, le montant des loyers et le prix d'achat en cas d'exercice de l'option);<br>• la connaissance, pour les différentes formes de crédit à la consommation que la personne en formation est susceptible de commercialiser, des droits et obligations de l'emprunteur et du conjoint non co-emprunteur, en particulier :<br>• les connaissances et diligences à accomplir ainsi que les explications à fournir pour assurer une bonne information de l'emprunteur ;<br>• les connaissances et les démarches nécessaires à la prévention du surendettement.<br>Cette formation est obligatoire depuis le 1er juillet 2012 |
| Formation du contrat | « L'offre de contrat de crédit est établie par écrit ou sur un autre support durable. » Article L. 311-11 du Code de la consommation.<br>Le contenu de l'offre doit être conforme à l'article R. 311-5 du Code de la consommation : on doit y retrouver les coordonnées de l'emprunteur et des cautions éventuelles, les caractéristiques du crédit, le bordereau de rétractation…<br>« L'emprunteur peut se rétracter sans motifs dans un délai de quatorze jours calendaires révolus à compter du jour de l'acceptation de l'offre de contrat de crédit comprenant les informations prévues à l'article L. 311-18. Afin de permettre l'exercice de ce droit de rétractation, un formulaire détachable est joint à son exemplaire du contrat de crédit. » Article L. 311-12.<br>L'offre de crédit est valable 15 jours à compter de sa date d'émission. |

# Application

## Énoncé 1

Vous recevez ce jour M. et M^me^ Merlin dont le fils souhaite acquérir un véhicule. Ils vous demandent de bien vouloir élaborer une solution de financement pour l'achat d'un véhicule de 7 500 €.

Vous êtes chargé de présenter le tableau d'amortissement du prêt remboursable sur 24 mois au taux fixe hors assurance de 5,2 % (le coût de l'assurance décès invalidité est de 0,2 % du capital emprunté).

## Solution 1

| Période | Capital début de période | Mensualité hors assurance | Intérêt | Assurance | Amortissement | Reste dû |
|---|---|---|---|---|---|---|
| 1 | 7 500 | 329,71[1] | 32,50 | 1,25[2] | 297,21[3] | 7 202,79 |
| 2 | 7 202,79 | 329,71 | 31,21 | 1,25 | 298,50 | 6 904,30 |
| 3 | 6 904,30 | 329,71 | 29,92 | 1,25 | 299,79 | 6 604,51 |
| 4 | 6 604,51 | 329,71 | 28,62 | 1,25 | 301,09 | 6 303,42 |
| 5 | 6 303,42 | 329,71 | 27,31 | 1,25 | 302,39 | 6 001,03 |
| 6 | 6 001,03 | 329,71 | 26,00 | 1,25 | 303,70 | 5 697,32 |
| 7 | 5 697,32 | 329,71 | 24,69 | 1,25 | 305,02 | 5 392,30 |
| 8 | 5 392,30 | 329,71 | 23,37 | 1,25 | 306,34 | 5 085,96 |
| 9 | 5 085,96 | 329,71 | 22,04 | 1,25 | 307,67 | 4 778,30 |
| 10 | 4 778,30 | 329,71 | 20,71 | 1,25 | 309,00 | 4 469,29 |
| 11 | 4 469,29 | 329,71 | 19,37 | 1,25 | 310,34 | 4 158,95 |
| 12 | 4 158,95 | 329,71 | 18,02 | 1,25 | 311,69 | 3 847,27 |
| 13 | 3 847,27 | 329,71 | 16,67 | 1,25 | 313,04 | 3 534,23 |
| 14 | 3 534,23 | 329,71 | 15,32 | 1,25 | 314,39 | 3 219,84 |
| 15 | 3 219,84 | 329,71 | 13,95 | 1,25 | 315,75 | 2 904,08 |
| 16 | 2 904,08 | 329,71 | 12,58 | 1,25 | 317,12 | 2 586,96 |
| 17 | 2 586,96 | 329,71 | 11,21 | 1,25 | 318,50 | 2 268,46 |
| 18 | 2 268,46 | 329,71 | 9,83 | 1,25 | 319,88 | 1 948,59 |
| 19 | 1 948,59 | 329,71 | 8,44 | 1,25 | 321,26 | 1 627,32 |
| 20 | 1 627,32 | 329,71 | 7,05 | 1,25 | 322,66 | 1 304,67 |
| 21 | 1 304,67 | 329,71 | 5,65 | 1,25 | 324,05 | 980,61 |
| 22 | 980,61 | 329,71 | 4,25 | 1,25 | 325,46 | 655,15 |
| 23 | 655,15 | 329,71 | 2,84 | 1,25 | 326,87 | 328,29 |
| 24 | 328,29 | 329,71 | 1,42 | 1,25 | 328,29 | 0,00 |

1. $329{,}71 = (7\,500 \times 5{,}2\,\%/12)/[1-(1+5{,}2\,\%/12)^{-24}]$.
2. $(7\,500 \times 0{,}002)/12 = 1{,}25$.
3. $297{,}21 = 329{,}71 - 32{,}5$.

## Énoncé 2

Votre client vous sollicite également pour les études de leur fils qui va intégrer à la prochaine rentrée une école de commerce. La durée des études est de 3 ans ; chaque année coûte 7 000 €. Une solution a particulièrement retenu leur attention et ils vous demandent de simuler le coût de cette dernière sur la durée totale du crédit.

Caractéristiques du prêt :
21 000 € débloqués en 3 tranches annuelles.
Durée : 7 ans dont 3 ans de différé partiel.
Taux hors assurance 3,2 %.
Assurance 0,2 % capital emprunté.

1. **Calculez le montant des mensualités les trois premières années.**
2. **Calculez le montant pendant les quatre dernières années.**
3. **Calculez le coût total de ce crédit.**

## Solution 2

| Année | Montant débloqué | Mensualité hors assurance | Intérêt/mois | Assurance/mois | Coût total/mois |
|---|---|---|---|---|---|
| 1 | 7 000 | 18,67 € | 18,67 € | 1,17 € | 19,84 € |
| 2 | 14 000 | 37,33 € | 37,33 € | 2,33 € | 39,66 € |
| 3 | 21 000 | 56 € | 56 € | 3,50 € | 59,50 € |
| 4 à 7 | 21 000 | 466,68 € | | 3,50 € | 470,18 € |
| Coût total | | | | | 2 996,24 € |

Au total, le crédit coûte 2 996,24 € dont 1 428 € pour la période de différé.

# 36 La vente de crédits à court terme

## I Principes clés

Le produit crédit à court terme proposé au client est celui qui correspond à son besoin. Or, comme le crédit n'est pas affecté, le client n'a pas à s'exprimer sur son achat futur. Le conseiller ne doit pas perdre une occasion de faire un prêt personnel même de faible montant.

L'approche commerciale vise à équiper le maximum de clients, le plus en amont du besoin pour éviter de les voir souscrire un crédit à court terme dans des établissements autres que bancaires.

La présentation au client de ce type de crédit s'exprime par une échéance et non par un taux de crédit.

Si les clients de l'agence détiennent un prêt personnel à la concurrence, le conseiller doit déployer une dynamique commerciale pour leur présenter sa gamme de crédits.

Les enjeux commerciaux pour l'établissement bancaire sont les suivants : augmenter la production de crédit court terme, développer dans l'esprit du client de l'agence le positionnement de la banque comme prêteur de crédit à court terme, accroître la rentabilité du réseau et la maîtrise du risque.

## II Démarche

### A. Sélection du crédit à court terme adapté au client

| QUESTIONNEMENT<br>De quel montant souhaitez-vous disposer ? | Faible | Moyen | Important |
|---|---|---|---|
| Est-ce un besoin ponctuel ou envisagez-vous d'autres achats ? | Plusieurs achats | Plusieurs achats | Achats ponctuels |
| S'agit-il d'achats « coup de cœur » ou réfléchis ? | Achats spontanés | Achats spontanés | Achats réfléchis |
| Comment pensez-vous financer ces achats ou projets ? | Recherche d'une démarche simple | Recherche d'une démarche simple pour une utilisation régulière | Arbitrage épargne/crédit Utilisation opportuniste |
| Au niveau de la nature du financement, quelle est la durée de remboursement souhaitée ? | 30 jours maximum | Jusqu'à 60 mois | Plusieurs années |
| PRODUIT-RÉPONSE | Autorisation de découvert | Crédit renouvelable/ réserve d'argent | Prêt personnel |

## B. Présentation des arguments de vente de crédits à court terme

| | Le découvert | La réserve d'argent | Le prêt personnel | Le prêt étudiant |
|---|---|---|---|---|
| Principe | Donner de la souplesse au budget mensuel | Payer comptant, en échelonnant le remboursement sur plusieurs mois en fonction de son budget mensuel | Pouvoir projeter une dépense importante en l'intégrant dans son budget mensuel pour une durée déterminée | Pouvoir financer les études supérieures d'un jeune et lui donner la possibilité de commencer à rembourser que lorsqu'il commencera à percevoir des revenus |
| Besoin | Un besoin de trésorerie ponctuel et immédiat | Un besoin de trésorerie récurrent, immédiat et variable en importance | Un besoin de trésorerie ponctuel et important | Un besoin de trésorerie immédiat et/ou ponctuel |
| Durée d'amortissement | 90 jours maximum | Plusieurs mois | Plusieurs années | Plusieurs années |
| Profil client | Client bancarisé avec flux récurrents | Client bancarisé utilisant une carte de paiement et/ou utilisation de découvert | Client bancarisé ou épargnant + flux récurrents ou surface financière stable | Étudiant bancarisé ou non, enfants des clients |
| Accroches commerciales | « Rentrées d'argent plus faibles que prévues ou tardives, dépenses trop importantes ou imprévues... un découvert peut vite arriver ! » « En cas de retard d'une rentrée d'argent, si vous le souhaitez, nous pouvons contractualiser votre découvert. Cela vous donnera une marge de manœuvre en cas de besoin. » « Avec un découvert permanent, vous ferez des économies en évitant des frais ! » | Achat coup de cœur : « Pour faciliter un achat coup de cœur, rien de tel que la discrétion d'une carte ! » Départ en vacances : « Pour profiter au maximum de votre séjour, nous pouvons mettre une réserve spéciale à votre disposition avec une carte de paiement. » Soldes : « Si vous voulez profiter pleinement des soldes, sans déséquilibrer votre budget, nous avons le produit idéal ! » | Virement d'un produit d'épargne : « Savez-vous qu'il y peut-être mieux à faire que de vous séparer de cette épargne ? » Plusieurs crédits : « Si vous détenez plusieurs crédits à la consommation, je peux certainement vous faire faire des économies ! » Élargissement de la famille : « Savez-vous que si vous désirez financer l'achat d'un nouveau véhicule, vous bénéficiez chez nous d'un prêt pré-accepté de ... € ? » | Les parents ou le jeune évoquent les charges liées aux études (hébergement, frais de scolarité...) : « pour financer ces études, une solution très souple : vous disposez de la somme empruntée en une seule fois ou par décaissements successifs ; vous pouvez commencer à ne rembourser qu'une fois entré dans la vie active » |

## C. Zoom sur la vente de l'autorisation de découvert

Comment expliquer à un client la gestion d'un découvert ?

En cas de solde négatif sur le compte, deux situations peuvent alors se présenter :

### 1. Le client dispose déjà d'une autorisation de découvert mais ne comprend pas son fonctionnement

« Cette autorisation est accordée à l'ouverture du compte et donne la possibilité de gérer difficultés passagères et fins de mois difficiles. Son montant est défini avec votre conseiller, en fonction de vos revenus et de votre situation. Un découvert se rembourse dans les 3 mois. Il donne lieu au paiement de frais, qu'on appelle agios, à un taux annuel qui figure sur votre relevé de compte. »

Conseil à donner au client : dès que vous sentez que le mois va être difficile, il ne faut surtout pas hésiter à contacter votre conseiller pour l'en informer. D'abord parce qu'il appréciera le geste, ensuite parce qu'il peut envisager des solutions. »

### 2. Le client ne dispose pas d'une autorisation de découvert (ou le montant de ses dépenses dépasse le découvert autorisé)

« Cela risque d'entraîner le blocage de vos paiements par chèque et en plus des frais à votre charge liés aux rejets de vos paiements. À défaut de rendre le solde positif avant un mois, vous risquez de devenir interdit bancaire. »

Les arguments pour vendre le découvert autorisé sont les suivants :

- **simplicité** (mise en place rapide et simple) ;
- **souplesse** (montant du découvert réajustable, gestion des variations des dépenses mensuelles plus simple) ;
- **compétitivité** de l'offre si le taux des agios du découvert est l'un des moins élevé du marché bancaire.

# Applications

## Énoncé

**Vous êtes conseiller financier. Formulez les réponses aux objections suivantes de la part des clients à qui vous proposez des crédits à court terme.**

- Proposition d'autorisation de découvert :
  « Je n'ai pas besoin d'autorisation de découvert ; je ne suis jamais à découvert ! »
- Proposition d'un crédit permanent :
  « Le crédit permanent que vous me proposez est trop coûteux ! »
  « Je ne prévois pas de dépense prochainement. »
- Proposition d'un crédit personnel :
  « Je vais financer mes achats avec mon épargne. »
  « Le taux de ce crédit est très élevé. »

## Solution

| Objection de la part du client | Réfutation de l'objection |
|---|---|
| « je n'ai pas besoin d'autorisation de découvert ; je ne suis jamais à découvert ! » | Sa mise en place est gratuite. Vous ne payez rien tant que votre compte n'est pas débiteur. Sachez que si votre compte était à découvert, ne serait-ce qu'une seule fois, cela vous éviterait de payer la commission de dépassement perçue pour les clients ne disposant pas d'autorisation de découvert. |
| « le crédit permanent que vous me proposez est trop coûteux ! » | Ce crédit ne vous coûte rien tant que vous ne l'utilisez pas. Son taux se situe dans la moyenne des taux pratiqués sur le marché par les enseignes de distributeurs qui vous proposent ce type de financement. De plus, vous pouvez à tout moment rembourser les sommes restant dues. |
| « je ne prévois pas de dépense prochainement » | Cette réserve d'argent est en permanence disponible. Vous pouvez l'utiliser quand vous le voulez. |
| « je vais financer mes achats avec mon épargne » | En puisant dans votre épargne, vous risquez de perdre des avantages acquis voire d'être fiscalisé. |
| « le taux de ce crédit est très élevé par rapport à la concurrence » | Si vous parlez des taux promotionnels affichés à la concurrence, sachez qu'ils sont en général donnés pour un certain montant d'emprunt et sur une durée courte de remboursement. Le montant de la mensualité est donc élevé. Je vous propose d'étudier ensemble la mensualité adaptée à votre budget. |

# 37 Les crédits immobiliers et la gestion du risque

## I Principes

**Les crédits immobiliers** seront mis en place pour l'acquisition de la résidence principale, d'une résidence secondaire ou bien d'un investissement locatif. Ils sont encadrés par la loi Scrivener 2 (voir complément).

## II Méthode

### A. Typologie des crédits immobiliers

| Types de prêts | Définition |
|---|---|
| **Prêt aidés** | |
| Prêt taux zéro | Prêt sans intérêt accordé sous condition de ressources (voir fiche 39). |
| Prêt conventionné | Prêt ouvrant droit à la perception de l'APL (allocation personnalisée au logement), non soumis à condition de ressources. |
| Prêt accession sociale | Prêt réservé aux personnes en activité, sous condition de ressources. Ces prêts sont compatibles avec la perception de l'allocation personnalisée au logement. |
| Prêt épargne logement | Prêt pouvant être obtenu à un taux fixé en début de contrat après une phase d'épargne. Le montant et la durée de remboursement dépendent de droits acquis pendant la phase d'épargne (voir fiche 30). |
| Autres (1 % employeur…) | Il existe une multitude d'autres possibilités d'emprunter à des conditions autres que celles du marché (prêt locatif social, prêt locatif à usage social, prêt locatif intermédiaire…). |
| Prêt classique | Prêt amortissable caractérisé par :<br>• une durée de remboursement<br>• un taux effectif global qui englobe outre le taux nominal (fixe ou variable), les frais de dossier, le coût des garanties, le coût des assurances. |
| Prêt relais | Prêt mis en place pour permettre l'achat d'un bien immobilier en attendant de percevoir les fonds relatifs à la vente d'un autre bien immobilier (voir fiche 42). |
| Prêts *in fine* | Prêt dont le remboursement est constitué par les intérêts et l'assurance décès invalidité. Le capital sera remboursé en 1 fois au terme du contrat. Ce type de prêt permet en particulier de financer certains investissements dans l'immobilier locatif (fiche 42). |

| Types de prêts | Définition |
|---|---|
| Prêt hypothécaire rechargeable (ordonnance mars 2006) | L'amortissement réalisé au fur et à mesure du remboursement d'un prêt immobilier constitue une recharge utilisable pour financer un autre projet (investissement locatif, résidence secondaire, étude des enfants) sans attendre la fin du prêt initial. Exemple : j'ai emprunté 90 000 €, le capital restant dû est de 42 000 €, la recharge est donc de 48 000 €. L'avantage de cette formule est de limiter le coût des garanties. |
| Prêt viager hypothécaire (ordonnance mars 2006) | Prêt réservé aux personnes âgées entre 65 et 95 ans. La banque va prêter entre 16 et 66 % de la valeur du bien. Capital et intérêts seront remboursés au décès de l'emprunteur par la vente de l'immeuble.<br>Si le produit de la vente excède le montant dû à la banque, les héritiers perçoivent la différence. La mise en place de ces prêts s'accompagne de frais (4 %). Ces derniers sont proposés à un taux fixe de 8,5 %. |

## B. Les étapes de mise en place d'un crédit

La mise en place d'un crédit immobilier est particulièrement encadrée (loi Scrivener 2). L'emprunteur devra fournir un ensemble de justificatifs qui permettront à la banque de mesurer le risque encouru et donc d'accepter ou de refuser d'éditer une offre préalable de crédit. En effet, la banque doit anticiper sur 3 risques à savoir :

- le risque de non-remboursement est avéré lorsque l'emprunteur ne peut plus faire face à ses échéances (momentanément ou définitivement). Certaines banques n'hésitent plus à mettre en avant des solutions de crédits qui intègrent la possibilité de suspendre pendant 1 ou 2 mensualités le remboursement du crédit ;
- le risque d'immobilisation lorsque la durée initiale du crédit est allongée ;
- le risque de taux : il dépend des conditions de refinancement de la banque. Si la banque accorde des prêts à taux fixe et emprunte à taux variable, toute remontée des taux génère une perte pour la banque.

### 1. L'appréciation du niveau de risque

Le risque que représente un client va d'abord s'apprécier au regard de sa capacité d'endettement et de remboursement.

| Indicateur | formule | commentaire |
|---|---|---|
| Taux d'endettement | $\dfrac{\sum \text{Emprunts et charges permanentes}}{\sum \text{Revenus permanents}}$ | Charges permanentes ou récurrentes = loyer<br>Revenus permanents : salaires, pensions, rentes<br>Les allocations familiales seront parfois prises en compte lorsque les enfants sont en bas âge<br>Les dividendes qui peuvent être très variables d'une année sur l'autre ne sont pas pris en compte<br>Les revenus fonciers sont pris en compte à hauteur de 70 à 80 % de leur valeur. |

| Indicateur | formule | commentaire |
|---|---|---|
| Capacité de remboursement Reste à Vivre | Revenus - charges de remboursements de prêt - impôts | L'appréciation du reste à vivre est variable en fonction des banques. Cette somme doit permettre au ménage d'assumer les autres charges de la vie quotidienne. |
| Capacité de remboursement marginale | Revenus permanents × 33 % – charges de remboursements en cours | Permet de connaître la capacité d'un ménage à emprunter. |

## Exemple :

Un couple avec 2 enfants et 4 000 € de revenu par mois.

| Situation | Montant | Taux d'endettement | Reste à vivre | Capacité de remboursement marginale |
|---|---|---|---|---|
| Revenu mensuel | 4 000 € | (800 + 100 + 270)/ 4 000 = 29,25 % | 2 580 € soit 645 € par personne | (33 % – 29,5 %) *4 000 = 140 € |
| Crédit consommation<br>Crédit renouvelable<br>Crédit immobilier<br>Impôt | 270 €<br>100 €<br>800 €<br>250 € | | | |

En conclusion, le taux d'endettement est inférieur au taux habituellement retenu par la profession (33 %). De la même manière, le reste à vivre doit être au minimum de 350 € à 400 € par personne.

**Remarque :** le taux d'endettement doit s'apprécier relativement au niveau des revenus. Un taux d'endettement de 33 % avec un revenu proche de 1 200 € par mois peut constituer une situation plus risquée qu'un endettement de 35 % avec 5 000 € de revenus. C'est pour cette raison que le dossier ne sera accepté qu'après le calcul du reste à vivre.

D'une manière générale, la capacité de remboursement tient compte des charges et des revenus. Le taux d'endettement ne devant pas dépasser 33 %, on obtient la capacité de remboursement en calculant : 33 % × revenus. Par différence avec le montant des emprunts existants, on obtient la capacité de remboursement marginale dont dépendront la durée et le montant des prêts (dans l'exemple précédent cette capacité est de 140 € par mois).

### *Les autres éléments d'appréciation du risque*

- L'ancienneté dans l'emploi.
- L'ancienneté dans la banque.
- Le montant de l'épargne.
- La durée du prêt.
- Le niveau de l'apport personnel.

## 2. La constitution du dossier

| | Pièces à fournir | Utilité |
|---|---|---|
| Emprunteur, co-emprunteur | Pièce d'identité, livret de famille | S'assurer tant de l'identité des emprunteurs que de la nature du contrat de mariage et de la composition de la famille |
| Ressources | Avis d'imposition, 3 derniers bulletins de salaires, dernière déclaration de revenus, attestation CAF, relevés bancaires (si emprunteur multibancarisé) | Recenser l'ensemble des ressources<br>Mieux cerner le comportement bancaire de l'emprunteur |
| Charges | Ensemble des tableaux d'amortissement des prêts en cours (consommation, immobilier…)<br>Charges de logement actuelles | La confrontation des ressources et des charges permettra de calculer le taux d'endettement, le reste à vivre ainsi que la capacité de remboursement de l'emprunteur. |
| Autres | Contrat de construction, récépissé de dépôt de permis de construire, promesse de vente, RIB et autorisation de prélèvement<br>Formulaire complété de demande d'assurance décès invalidité<br><br>Formulaire d'assurance perte d'emploi | Permet le déblocage des fonds<br>Mise en place du remboursement du prêt<br>L'emprunteur n'est cependant pas obligé de souscrire l'assurance que lui propose la banque. Il peut choisir un autre assureur.<br><br>L'emprunteur doit signaler qu'il a refusé de souscrire l'assurance perte d'emploi (si c'est le cas). |

## 3. L'édition de l'offre préalable

Après avoir étudié le dossier dans sa globalité, la banque est alors en mesure de proposer une offre préalable de prêt qui doit comprendre les éléments suivants :

- l'identité des parties et des cautions s'il y a lieu ;
- la nature, l'objet et les modalités du prêt ;
- le tableau d'amortissement, le coût total du crédit, les modalités de révision pour les prêts à taux variable.

# III Compléments : le cadre juridique des prêts immobiliers

Les prêts immobiliers sont encadrés par la loi Scrivener 2. L'offre préalable comprend ainsi des conditions particulières et des conditions générales.

Les délais : l'emprunteur dispose alors d'un délai de 10 jours à compter de la réception de l'offre. L'acceptation par l'emprunteur ne peut être signifiée qu'à partir du 11e jour et par voie postale obligatoirement. De même l'offre de la banque est valable 1 mois à compter de sa réception par l'emprunteur. Enfin, « l'offre est acceptée sous la condition résolutoire de la non-conclusion dans un délai de 4 mois à compter de son acceptation du contrat par lequel le prêt est demandé » (article 312-12 du Code de la consommation).

# Application

## Énoncé

Monsieur et Madame Dejean ont fait construire en N une maison individuelle. Votre banque avait alors financé cette acquisition pour un montant global de 122 000 € (achat du terrain, construction et frais de notaire compris). Les caractéristiques des prêts sont résumées dans le tableau suivant :

| Nature du prêt | Montant | Date de mise en place | Taux | Durée | Capital restant dû au 16/12/N+10 | Mensualité hors assurance |
|---|---|---|---|---|---|---|
| Prêt amortissable principal | 70 000 € | 15/07/N | 8,5 % | 15 ans | 31 309 € | 689,32 € |
| Apport personnel | 20 500 € | 15/07/N | | | | |
| Prêt PEL | 8 000 € | 15/07/N | 6,25 % | 15 ans | 3 273 € | 68,59 € |
| Prêt CEL | 7 500 € | 15/07/N | 3,75 % | 15 ans | 2 935 € | 54,54 € |
| Prêt taux zéro | 16 000 € | 15/01/N | 0 % | 16 ans | 4 687 € | 83,33 € |
| Total | 122 000 € | | | | | 895,78 € |

L'arrivée d'un troisième enfant nécessite de transformer le logement. Ils envisagent d'effectuer une extension pour un montant de 45 000 €. Ils souhaiteraient également en profiter pour renégocier les conditions de leur prêt principal et éventuellement de leur prêt PEL. Votre banque n'est pas opposée à cette idée et fait la proposition suivante :

Taux fixe sur 8 ans 4,80 %

Assurance sur 2 têtes à 100 % : 0,36 % du capital emprunté

Pas de pénalité de remboursement anticipé
Frais de dossier : 1 %
Par ailleurs, la société de cautionnement est d'accord pour effectuer le transfert de la caution sur le nouveau prêt. Vous savez par ailleurs que le couple dispose d'un revenu de 5 600 € par mois, et qu'il rembourse actuellement un crédit auto pour un montant de 385 €/mois (durée restante 2 ans).

1. **Calculez le taux d'endettement actuel.**
2. **Que devront fournir vos clients pour justifier du montant des travaux et constituer le dossier de prêt ?**
3. **Présentez le plan de financement incluant le rachat du prêt principal, du prêt PEL ainsi que le montant des travaux.**
4. **Calculez le nouveau taux d'endettement.**

## Solution

1. Taux d'endettement actuel : (1 280,78/5 600)*100 = 22,87 %
2. Les clients devront fournir un contrat de construction de maison individuelle sur lequel figure le prix de réalisation par le constructeur de l'extension. Les clients devront également produire un récépissé de dépôt de permis de construire

3. et 4. Plan de financement et taux d'endettement

<table>
<tr><th>Montant emprunté</th><th></th><th>Mensualité hors assurance</th><th>Assurance sur 2 têtes</th><th>Nouveau taux d'endettement</th></tr>
<tr><td>Rachat prêt principal</td><td>31 309 €</td><td rowspan="5">1 009,93 €</td><td rowspan="5">48,23</td><td rowspan="5">25,7 %</td></tr>
<tr><td>Rachat prêt PEL</td><td>3 273 €</td></tr>
<tr><td>Travaux</td><td>45 000 €</td></tr>
<tr><td>Frais de dossier</td><td>795 €</td></tr>
<tr><td>Total opération</td><td>80 377 €</td></tr>
</table>

Le nouveau taux d'endettement reste en dessous des normes habituellement admises. Par ailleurs le crédit auto s'arrêtant dans deux ans, le taux d'endettement retombera alors à 18,9 %.

# 38 La vente d'un crédit immobilier

## I Principes clés

L'achat de la résidence principale reste pour la majorité des clients bancarisés l'achat le plus important de leur vie. Aussi prennent-ils le temps de comparer les offres entre établissements de crédit. Le taux du crédit proposé sera bien souvent l'élément d'appel mais l'accompagnement du client dans son projet fera la différence à terme.

Aujourd'hui, l'immobilier constitue une réponse à la préparation de la retraite *via* l'investissement locatif. Il n'est donc pas rare de voir un client monter un prêt immobilier pour financer une telle opération alors qu'il n'est pas encore propriétaire de sa résidence principale.

En l'absence de capital de départ, le recours au crédit immobilier est un passage obligé. L'emprunteur bénéficie d'un effet de levier. Un investissement immobilier dont la valeur à l'achat est de 100 peut connaître une progression de sa valeur de x %. L'emprunteur obtient alors grâce au crédit une plus-value.

## II Démarche

| Déceler les opportunités de vente | Suivre les étapes clés de la vente | Réfuter les objections du client |
|---|---|---|
| Le client vous demande le taux actuel des prêts immobiliers pour sa première acquisition. | Mesurer le degré d'avancement du projet (contacts avec les constructeurs, agences immobilières, recherche d'un terrain…).<br>Évaluer avec le client le coût de l'enveloppe du projet (montant acte en mains de l'achat, aménagement du terrain, travaux, décoration…)<br>Présenter le principe de l'assurance décès invalidité (ADI) : nombre de têtes à assurer, pourcentage sur chaque tête, questionnaire médical…<br>Définir le plan de financement.<br>Présenter les garanties possibles pour ce prêt.<br>Présenter les avantages du crédit proposé.<br>Faire une première simulation d'emprunt (calcul de mensualité, durée de l'emprunt…). | « Le taux proposé est trop élevé. Je vais aller voir vos concurrents » : Vous ne devez pas rechercher uniquement un taux. D'autres facteurs doivent intervenir dans votre prise de décision : le taux d'assurance ADI proposé, la possibilité de rembourser votre emprunt de manière anticipée sans frais de pénalité, le suivi de votre dossier, le conseil, l'accompagnement de la banque dans votre projet, la possibilité de moduler votre mensualité en cas de coup dur…<br><br>Voir application. |

| Déceler les opportunités de vente | Suivre les étapes clés de la vente | Réfuter les objections du client |
|---|---|---|
| Le client déjà propriétaire de sa résidence principale, veut acquérir un autre bien immobilier dont la valeur est inférieure ou supérieure à sa résidence principale qu'il met en vente. | S'intéresser au projet du client : délai entre l'achat et la revente, type de bien à financer…<br>Proposer un crédit relais.<br>Définir le plan de financement : calcul des mensualités de remboursement avant et après la revente du bien, faire des simulations en insistant sur l'impact de la date de revente sur la durée et le coût du crédit.<br>Argumenter sur le crédit relais : moduler l'échéance qui permet de maîtriser son budget et le coût du crédit, reporter l'échéance pour anticiper sereinement les difficultés passagères. | « je ne vais pas pouvoir rembourser en même temps le crédit des deux biens ! » :<br>Pour vous permettre de continuer à assumer les charges de la vie quotidienne, les mensualités sont moins élevées tant que le crédit sur le bien que vous cherchez à vendre est en cours,<br>ou<br>Le report d'échéance vous permet d'appréhender en toute quiétude les éventuels coups durs. |
| Le client (avec un taux marginal d'imposition élevé) cherche à acheter un bien immobilier en vue de le louer. | Accompagner le client dans sa réflexion (faire de l'empathie) :<br>Ancienneté du bien, localisation du bien, connaissance du marché locatif du secteur géographique concerné, chiffrage des travaux si besoin, connaissance du montant des charges éventuelles de la copropriété, futurs travaux des parties communes, prévision du montant du loyer, gestion confiée à un professionnel…<br>Présentation des dispositifs fiscaux en vigueur sur l'investissement locatif<br>Définir un plan de financement et les garanties<br>Calculer avec le client le montant de la défiscalisation<br>Argumenter sur le prêt *in fine* | « En quoi le prêt *in fine* me permet de défiscaliser ? » :<br>La défiscalisation est possible grâce à des intérêts plus élevés que pour un prêt classique. De plus, le montant des intérêts est constant durant la durée de l'opération.<br><br>« Je devrais peut-être recourir à mon épargne pour financer une partie de ce bien » :<br>Vous avez la possibilité avec ce prêt de conserver et de valoriser votre épargne grâce à la souscription d'un contrat assurance-vie (cf. les risques de la fiche « les prêts relais et prêts *in fine* »).<br><br>« J'ignore encore le montant du loyer accepté par les futurs locataires » :<br>ce prêt est souple dans son fonctionnement. Il vous permet d'ajuster au mieux la mensualité de remboursement et le montant des loyers que vous allez percevoir. Vous avez encore le temps de vous renseigner sur le marché locatif de ce secteur géographique ». |

La constitution du dossier est une étape importante de la vente du crédit immobilier. Elle permet pour l'agence de gérer le risque. Voir « les étapes de mise en place d'un crédit » (fiche les crédits immobiliers).

# Applications

## Énoncé

Un jeune client (25 ans, infirmier salarié en milieu hospitalier, client de l'établissement bancaire depuis l'âge de 18 ans) envisage d'acquérir un studio pour sa résidence principale. Il a un apport personnel de 8 000 €. Vous le recevez aujourd'hui pour un premier entretien autour de ce projet immobilier. Il vous paraît très opportuniste et prêt à changer de réseau bancaire pour le prêt immobilier. Vous répondez à ses objections.

1. **Quelle durée de crédit faut-il prendre aujourd'hui ?**
2. **Comment obtenir le meilleur taux de crédit dans votre établissement ?**
3. **C'est quoi pour vous un bon dossier immobilier ?**
4. **Quels sont les frais que je vais devoir supporter dans le cadre du crédit immobilier ?**

## Solution

| Objection du client | Réfutation de l'objection |
|---|---|
| Quelle durée de crédit faut-il prendre aujourd'hui ? | Il n'y a pas de bonne durée de crédit. Cela dépend de la situation du demandeur. Si vous demandez une durée longue, vos mensualités vont pouvoir baisser ou le montant de l'emprunt augmenter. Mais plus la durée sera longue, plus vous supporterez des intérêts. Par exemple, un prêt de 150 000 € sur 25 ans présente un coût presque deux fois plus lourd en intérêts qu'un crédit d'un montant identique sur 15 années. |
| Comment obtenir le meilleur taux de crédit dans votre établissement ? | Le taux est plus attrayant si votre profil d'emprunteur n'est pas à risque. En effet, la banque peut craindre pour certains clients un défaut de remboursement. |
| C'est quoi pour vous un bon dossier immobilier ? | Un bon dossier immobilier repose sur l'étude de plusieurs points : un apport personnel important, un solide effort d'épargne sur les années antérieures, une durée courte de prêt, un achat de bonne qualité qui conforte la garantie hypothécaire, une situation professionnelle solide… Tous ces éléments facilitent l'obtention d'un bon taux de crédit immobilier. |
| Quels sont les frais que je vais devoir supporter dans le cadre du crédit immobilier ? | À l'exception du PEL, un prêt s'accompagne de frais de dossier. L'assurance décès invalidité est imposée par la banque. On rajoute les frais d'hypothèque. Mais le privilège de prêteur de deniers ou la caution constituent des alternatives souvent moins onéreuses. |

# 39 Les prêts aidés

## I Principes

Les prêts aidés regroupent des prêts qui permettent de profiter de conditions plus intéressantes au regard des prêts amortissables classiques. Ils peuvent être sans intérêt (prêt à taux zéro), bénéficier d'un taux réglementé (prêt conventionné), profiter d'une prime de l'État (prêt épargne logement). En général, les prêts aidés sont attribués sous conditions de ressources à l'exception du prêt épargne logement et du prêt conventionné ordinaire.

## II Méthode

### A. Le prêt à taux zéro (PTZ+ 2013)

Créé en 1995, le prêt à taux zéro est un prêt sans intérêt, l'emprunteur ne remboursant que du capital et l'assurance décès invalidité. Depuis 2009, de nombreux aménagements se sont succédé. Le dernier en date a modifié les conditions de fonctionnement alors en vigueur depuis 2012 avec le PTZ +2012. Le projet loi de finances rectificative 2012 a recentré le dispositif sur le neuf. Seules les reventes d'immeubles HLM sont désormais éligibles au titre d'une acquisition dans l'ancien. Le PTZ 2013 sera distribué sous condition de ressources et sous réserve de respecter certaines normes environnementales.

#### 1. Les caractéristiques

| | |
|---|---|
| **Qui ?** | Les personnes physiques domiciliées en France et dans les DOM (avec des aménagements particuliers pour ces derniers) |
| **Quoi ?** | – Logements neufs (achat ou construction) doivent respecter les normes thermiques RT 2012.<br>– Logements anciens nécessitant de gros travaux (ils seront alors assimilés à un logement neuf) destinés à l'habitation principale de l'emprunteur doivent satisfaire aux nomes Haute performance énergétique (HPE) rénovation 2009 ou avoir le label BBC rénovation 2009.<br>– Logements du parc social (HLM) |
| **Conditions à remplir** | Réservé aux primo accédants (l'emprunteur ne doit avoir été propriétaire de son logement dans les 2 ans qui précèdent la mise en place du PTZ 2013) à l'exception des personnes :<br>• Titulaire d'une carte d'invalidité<br>• Bénéficiaire de l'allocation adulte handicapé ou d'une allocation d'éducation spéciale<br>• Victime d'une catastrophe (naturelle ou technologique) rendant le lieu d'habitation inhabitable<br>• Respecter les conditions de ressources (voir tableau 1) |

| | |
|---|---|
| **Conditions à remplir *(suite)*** | **Exemple** : un célibataire avec un revenu fiscal de référence de 15 000 € souhaitant financer l'acquisition en zone C d'un logement de 190 000 € ne sera pas éligible au PTZ. En effet, le revenu de référence retenu est 19 000 € (10 % × 190 000) qui est alors supérieur à 18 500 € (seuil à ne pas dépasser – voir tableau 1). |
| **Montant du prêt (tableau 2)** | Le montant accordé fait l'objet d'un double plafonnement. Le premier plafond est fonction de plusieurs critères. Dans le cas d'un logement neuf, le prêt accordé sera fonction de la zone géographique (A, B1, B2, C), de la taille du ménage et de la nature du logement (Bâtiment Basse Consommation ou non).<br>Le second plafond : le montant du prêt ne doit pas représenter plus de 100 % du montant des autres prêts de plus de 2 ans. Cela signifie que le montant du PTZ + 2013 ne peut pas excéder la moitié du coût de l'opération. |
| **Modalités de remboursement** | Les modalités de remboursement dépendent du profil de l'emprunteur (5 profils sont identifiés). Le profil est déterminé par le revenu fiscal de référence divisé par un coefficient familial. (voir tableau 4). Le prêt sera remboursé sur une première période d'une durée comprise entre 12 et 25 ans. Seuls les emprunteurs correspondant aux profils 1 et 2 bénéficient d'une période de différé de remboursement.<br>Profil = Max {revenu fiscal corrigé année N–2 ; 10 % de l'opération, à financer} |
| **Avantages** | Pas de frais de dossier, pas de taxe de publicité foncière, minoration de la taxe locale d'équipement, possibilité de différé d'amortissement sans coût pour l'emprunteur, cumulable avec d'autres prêts aidés (PAS, PEL…) |
| **Durée** | De 12 à 25 ans |

## 2. Les conditions de ressources

**Tableau 1 : ressources au 1er janvier 2013**

| Composition du ménage | Zone A | Zone B1 | Zone B2C | Zone C |
|---|---|---|---|---|
| 1 personne | 36 000 € | 26 000 € | 20 000 € | 18 500 € |
| 2 personnes | 50 400 € | 36 400 € | 28 000 € | 25 900 € |
| 3 personnes | 61 200 € | 44 200 € | 34 000 € | 31 450 € |
| 4 personnes | 72 000 € | 52 000 € | 40 000 € | 37 000 € |
| 5 personnes | 82 800 € | 59 800 € | 46 000 € | 42 550 € |
| 6 personnes | 93 600 € | 67 600 € | 52 000 € | 48 100 € |
| 7 personnes | 104 400 € | 75 400 € | 58 000 € | 53 650 € |
| 8 personnes ou plus | 115 200 € | 83 200 € | 64 000 € | 59 200 € |

Zone A : agglomération parisienne, Genevois français et une partie de la Côte d'Azur.
Zone B1 : agglomération de plus de 250 000 habitants, la grande couronne autour de Paris et des agglomérations chères (Annecy Bayonne, Chambéry, Cluses, La Rochelle, Saint-Malo, pourtour de la côte d'Azur, les DOM et la Corse)
Zone B2 : agglomérations de plus de 50 000 habitants, communes en bordure de l'agglomération parisienne, et certaines communes littorales et frontalières.
Zone C : toutes les communes qui ne sont ni classées en zone A, ni en zone B
Source : www.logement.gouv.fr

# 3. Le montant du prêt

**Tableau 2 : montant du PTZ + 2013 pour l'acquisition d'un logement neuf**

| Logement Neuf (barème au 1er janvier 2013) | | | | | | |
|---|---|---|---|---|---|---|
| **Zone** | **Taille du ménage** | **1** | **2** | **3** | **4** | **5 et plus** |
| Zone A | Plafond de financement | **156 000 €** | **218 000 €** | **265 000 €** | **312 000 €** | **359 000 €** |
| | % du plafond logement BBC (quotité) | 33 % | | | | |
| | Montant maximum du PTZ + pour logement RT 2012 ou BBC | 51 480 | 71 940 | 87 450 | 102 960 | 118 470 |
| Zone B1 | Plafond de financement | **117 000 €** | **164 000 €** | **199 000 €** | **234 000 €** | **269 000 €** |
| | % du plafond logement BBC (quotité) | 26 % | | | | |
| | Montant maximum du PTZ + pour logement RT 2012 ou BBC | 30 420 | 42 640 | 51 740 | 60 840 | 69 940 |
| Zone B2 | Plafond de financement | **86 000 €** | **120 000 €** | **146 000 €** | **172 000 €** | **198 000 €** |
| | % du plafond logement BBC (quotité) | 21 % | | | | |
| | Montant maximum du PTZ + pour logement RT 2012 ou BBC | 18 060 | 25 200 | 30 660 | 36 120 | 41 580 |
| Zone C | Plafond de financement | **79 000 €** | **111 000 €** | **134 000 €** | **158 000 €** | **182 000 €** |
| | % du plafond logement BBC (quotité) | 18 % | | | | |
| | Montant maximum du PTZ + pour logement RT 2012 ou BBC | 14 200 | 19 980 | 24 120 | 28 440 | 32 760 |

Le plafond correspond au coût maximum de l'opération. Ce coût n'englobe pas les frais d'acte notarié, les frais de garantie, les frais d'enregistrement (logements anciens) et les frais bancaires. D'autre part, le montant du PTZ + 2013 ne peut dépasser 50 % du coût de l'opération. Ainsi, en présence d'un apport personnel important, le montant financé à crédit sera moins important ce qui réduit d'autant le montant du PTZ +2013.

On appliquera une quotité de 10 % sur ces valeurs. Les critères de performance énergétique existant dans l'ancienne formule (PTZ +) sont supprimés.

**Tableau 2 bis : montant de l'opération pour l'acquisition d'un logement HLM ancien.**

| Logement HLM ancien (barème au 1er janvier 2013) | | | | | | |
|---|---|---|---|---|---|---|
| **Zone** | **Taille du ménage** | **1** | **2** | **3** | **4** | **5 et plus** |
| **Zone A** | Plafond de financement | 124 000 € | 174 000 € | 211 000 € | 248 000 € | 285 000 € |
| **Zone B1** | Plafond de financement | 93 000 € | 130 000 € | 158 000 € | 186 000 € | 214 000 € |
| **Zone B2** | Plafond de financement | 86 000 € | 120 000 € | 146 000 € | 172 000 € | 198 000 € |
| **Zone C** | Plafond de financement | 79 000 € | 111 000 € | 134 000 € | 158 000 € | 182 000 € |

Rappel des zonages :

**Zone A :** agglomération parisienne, Genevois français et une partie de la Côte d'Azur.

**Zone B1 :** agglomération de plus de 250 000 habitants, la grande couronne autour de Paris et des agglomérations chères (Annecy Bayonne, Chambéry, Cluses, La Rochelle, Saint Malo), pourtour de la côte d'Azur, les DOM et la Corse.

**Zone B2 :** agglomération de plus de 50 000 habitants, commune en bordure de l'agglomération parisienne, et certaines communes littorales et frontalières.

**Zone C :** toutes les communes qui ne sont ni classées en zone A, ni en zone B.

## 4. Le remboursement du prêt

**Tableau 3 : Profil et durée de remboursement du prêt**

| | Revenu fiscal corrigé | | | | Durée et montant du remboursement | | |
|---|---|---|---|---|---|---|---|
| **Tranche** | **Zone A** | **Zone B1** | **Zone B2** | **Zone C** | **Durée totale du prêt en années** | **Durée période 1 de différé et fraction du prêt remboursé** | **Durée période 2 et fraction remboursée** |
| 1 | ≤ 23 000 € | ≤ 18 000 € | ≤ 14 000 € | ≤ 11 500 € | 25 | 14 ans (0 % du capital) | 11 ans (100 % du capital) |
| 2 | ≤ 25 500 € | ≤ 19 500 € | ≤ 15 000 € | ≤ 13 000 € | 25 | 5 ans (0 % du capital) | 20 ans (100 % du capital) |
| 3 | ≤ 28 500 € | ≤ 21 500 € | ≤ 16 500 € | ≤ 14 000 € | 20 | Pas de différé | |
| 4 | ≤ 31 000 € | ≤ 23 500 € | ≤ 18 000 € | ≤ 15 000 € | 16 | | |
| 5 | ≤ 36 000 € | ≤ 26 000 € | ≤ 20 000 € | ≤ 18 500 € | 12 | | |

La valeur du coefficient familial servant à corriger le revenu fiscal de référence est donnée dans le tableau 4.

**Tableau 4 : coefficient familial**

| **Nombre de personnes** | **1** | **2** | **3** | **4** | **5** | **6** | **7** | **8 et plus** |
|---|---|---|---|---|---|---|---|---|
| Coefficient | 1 | 1,4 | 1,7 | 2 | 2,3 | 2,6 | 2,9 | 3,2 |

### Exemple 1

Un célibataire dont le revenu fiscal de référence est de 14 000 € finance un logement neuf (BBC) d'une valeur de 150 000 € en zone C. L'opération est entièrement financée à crédit. Les frais non couverts par les emprunts sont financés grâce à l'apport personnel.

Montant du PTZ +2013 = 14 220 € (79 000 × 18 %)

Le montant du PTZ +2013 est inférieur au montant des autres prêts :

14 200 € < 150 000 – 14 220 = 135 780 €

Profil 4 : on retient le maximum entre 14 000 € et 10 % de 150 000 € = 15 000 €

Le prêt est donc remboursé sur 16 ans, soit 192 mensualités de 73,06 € (14 220/192).

### Exemple 2

Un couple avec deux enfants à charge disposant d'un revenu fiscal de référence de 48 000 € par an souhaite acquérir un appartement neuf en zone A d'une valeur de 190 000 €. L'opération est entièrement financée à crédit. Les frais non couverts par les emprunts sont financés grâce à l'apport personnel.

Montant du PTZ + 2013 = 190 000 × 33 % = 62 700 €

Le montant du PTZ +2013 est inférieur au montant des autres prêts.

Coefficient familial retenu : 2

Revenu de référence 48 000 €

Profil de remboursement : Tranche 2 car (48 000/2 = 24 000 < 25 500) : remboursement avec différé de 5 ans. Le prêt est amorti sur 240 mois à raison de 261,25 € par mois

## B. Les prêts conventionnés

| | |
|---|---|
| **Qui ?** | Les personnes physiques domiciliées en France |
| **Quoi ?** | Logements neufs (achat ou construction) : le logement doit constituer la résidence principale du bénéficiaire ou une résidence locative.<br>Travaux d'amélioration dans un logement de plus de 10 ans et pour un montant de plus de 4 000 €, travaux d'adaptation du logement au handicap, travaux d'économie d'énergie pour des logements construits après le 1er juillet 1981.<br>Travaux d'agrandissement (au moins 14 m$^2$) ou de rénovation |
| **Conditions à remplir** | Pas de conditions de ressources. L'endettement de l'emprunteur ne doit pas excéder 25 à 30 % de ses ressources.<br>Depuis le 6 août 2010, les logements anciens ne sont plus tenus de respecter les normes de surfaces et d'habitabilité définies par la réglementation. |

<table>
<tr><td>Montant du prêt</td><td>L'intégralité du montant du projet (hors frais d'acte) avec un minimum de 4 500 € ou 1 500 € s'il s'agit de travaux dont le montant doit être au minimum de 4 000 €.</td></tr>
<tr><td>Modalités de rembourse-ment et taux</td><td>Prêt amortissable sur une durée comprise entre 5 et 30 ans. (possibilité d'augmenter la durée de remboursement de 5 ans)
<table>
<tr><th>Durée (D)</th><th>Taux Fixe</th><th>Marge</th><th>Taux variable ou révisable quelque soit la durée</th><th>Marge en points</th></tr>
<tr><td>Inférieure ou égale à 12 ans</td><td>4,45 %</td><td>2,3</td><td rowspan="4">4,45 %</td><td rowspan="4">2,3</td></tr>
<tr><td>12 < D ≤ 15</td><td>4,65 %</td><td>2,5</td></tr>
<tr><td>15 < D ≤ 20</td><td>4,80 %</td><td>2,65</td></tr>
<tr><td>> 20 ans</td><td>4,90 %</td><td>2,75</td></tr>
</table>
Taux pratiqué pour les prêts conventionnés au 1er avril 2013.<br>Le taux de référence sur lequel s'applique la marge est de 2,15 % au 1er avril 2013.</td></tr>
<tr><td>Commentaire</td><td>Possibilité de profiter de l'APL (aide personnalisée au logement), de louer le bien (dans ce cas le locataire ne peut bénéficier de l'APL). Les taux étant déterminés à partir d'un taux de référence auquel on applique une marge différente selon la durée, les prêts conventionnés ne sont pas les plus intéressants. Par ailleurs, les frais de garantie sont réduits.</td></tr>
</table>

# III Complément : le prêt à l'accession sociale

Ce prêt est une forme particulière de prêt conventionné qui profite de la garantie du fonds de garantie de l'accession sociale à la propriété. Il s'agit d'une garantie de l'État à l'égard des établissements de crédits. La loi de finances 2006 a modifié sensiblement les modalités de fonctionnement du fonds en particulier. Ainsi, les prêts octroyés à partir de 2007 sont garantis par l'intervention directe de l'État et non plus par une cotisation préalable au fonds. En cas de défaillance d'un emprunteur, l'État remboursera l'établissement de crédit victime de la défaillance pour une partie du capital, l'autre partie étant couverte par une mutualisation des risques des établissements de crédit. Ces prêts sont conditionnés par les ressources de l'emprunteur. Ils bénéficient également de frais de garantie réduits et d'une exonération de la taxe de publicité foncière.

# A Conditions de ressources du bénéficiaire au 1er janvier 2013

| Composition du ménage | Zone A | Zone B1 | Zone B2 | Zone C |
|---|---|---|---|---|
| 1 personne | 25 500 | 21 500 | 20 000 | 18 500 |
| 2 personnes | 35 700 | 30 100 | 28 000 | 25 900 |
| 3 personnes | 43 350 | 36 550 | 34 000 | 31 450 |
| 4 personnes | 51 000 | 43 000 | 40 000 | 37 000 |
| 5 personnes | 58 650 | 49 450 | 46 000 | 42 550 |
| 6 personnes | 66 300 | 55 900 | 52 000 | 48 100 |
| 7 personnes | 73 950 | 62 350 | 58 000 | 53 650 |
| 8 personnes et plus | 81 600 | 68 800 | 64 000 | 59 200 |

Le montant retenu sera le maximum des deux valeurs suivantes :

- le revenu fiscal N–2 du foyer destiné à occuper le logement ;
- 10 % du coût total de l'opération.

# B. Conditions d'utilisation

D'une part, le prêt devra servir à l'acquisition de la résidence principale de l'emprunteur (le PAS garanti pour l'État doit être au minimum de 4 500 €), des travaux d'agrandissement d'au moins 14 m$^2$ ou des travaux d'amélioration d'un montant supérieur à 1 500 €.

Le financement d'une opération par un PAS peut être complété par un Prêt Taux Zéro (PTZ), un prêt épargne logement, le 1 % logement sous certaines conditions, et tout autre prêt à taux fixe dès lors que son taux est inférieur au taux des prêts des CEL.

# C. Le taux d'intérêt d'un PAS (applicable le 1er avril 2013[1])

| Durée | Taux Fixe | Marge | Taux variable ou révisable quelque soit la durée |
|---|---|---|---|
| Moins de 12 ans | 3,85 | 1,70 | 3,85 (dont 1,7 de marge) |
| De 12 à 15 ans | 4,05 | 1,90 | |
| De 15 à 20 ans | 4,20 | 2,05 | |
| Plus de 20 ans | 4,30 | 2,15 | |

1. https://www1.sgfgas.fr/portal/hcleip (site de la société de gestion du fonds de garantie de l'accession sociale à la propriété)

# Application

## Énoncé

**Vous êtes chargé d'étudier les demandes de PTZ + 2013 d'un certain nombre de vos clients. Complétez le tableau suivant.**

| | Demande 1 | Demande 2 | Demande 3 | Demande 4 | Demande 5 |
|---|---|---|---|---|---|
| Montant de l'opération | 230 000 € | 125 000 € | 295 000 € | 140 000 € | 150 000 € |
| Taille du ménage | 2 | 1 | 3 | 2 | 5 |
| Zone géographique | C | B2 | A | C | B1 |
| Neuf ou ancien | Neuf BBC | Neuf RT 2012 | Neuf RT 2012 | Neuf BBC | Ancien |
| Revenu fiscal du ménage | 25 000 € | 18 000 € | 52 000 € | 12 000 € | 25 000 € |
| À compléter | | | | | |
| Montant PTZ + | | | | | |
| Coefficient familial | | | | | |
| Revenu de référence | | | | | |
| Profil de remboursement | | | | | |
| Durée de remboursement | | | | | |
| Montant du remboursement (hors assurance) | | | | | |

## Solution

| | Demande 1 | Demande 2 | Demande 3 | Demande 4 | Demande 5 |
|---|---|---|---|---|---|
| Montant de l'opération | 230 000 € | 125 000 € | 295 000 € | 140 000 € | 150 000 € |
| Taille du ménage | 2 | 1 | 3 | 2 | 5 |
| Zone géographique | C | B2 | A | C | B1 |
| Neuf ou ancien | Neuf BBC | Neuf RT 2012 | Neuf RT 2012 | Neuf BBC | Ancien HLM |
| Revenu fiscal du ménage | 25 000 € | 18 000 € | 52 000€ | 12 000 € | 25 000 € |

| | Demande 1 | Demande 2 | Demande 3 | Demande 4 | Demande 5 |
|---|---|---|---|---|---|
| À compléter | | | | | |
| Montant PTZ + | 111 000 × 18 % = 19 980 € | 86 000 × 21 % = 18 060 € | 265 000 × 33 % = 87 450 € | 111 000 × 18 % = 19 980 € | 150 000 × 10 % = 15 000 € |
| Coefficient familial | 1,4 | 1 | 1,7 | 1,4 | 2,3 |
| Revenu de référence | 25 000 € | 18 000 € | 52 000 € | 14 000 € (10 % de l'opération) | 25 000 € |
| Profil de remboursement | 5 | 4 | 4 | 1 | 1 |
| Durée de remboursement | 12 ans | 16 ans | 16 ans | 25 ans (0 % sur 14 ans et 100 % du montant sur 11 ans) | |
| Montant du remboursement (hors assurance) | 138, 75 € | 94,06 € | 455,47 € | 132 mensualités de 151,36 € après les 14 années de différé | 132 mensualités de 113,64 € après les 14 années de différé |

# 40 Le coût d'un crédit

## I Principes

Calculer le **coût d'un crédit** oblige à prendre en compte le coût des échéances (intérêt et amortissement) de l'assurance décès invalidité, des frais de dossier et de garantie.

## II Méthode

### A. Le tableau d'amortissement

Le tableau d'amortissement doit obligatoirement figurer avec l'offre préalable de prêt envoyée par la banque. Ce tableau décompose le montant des échéances en intérêts, amortissement et assurance. Le tableau d'amortissement restera inchangé pendant toute la durée du prêt pour les prêts à taux fixe. En effet, les prêts à taux variable font l'objet de révision (annuelle en général sauf montage particulier) ; ce qui modifie les éléments du tableau d'amortissement (montant de la mensualité, durée du prêt). Un emprunt pourra être remboursé de deux manières :

- amortissement constant. L'annuité et les intérêts diminuent au fur et à mesure des remboursements ;
- annuités constantes. L'amortissement augmente tandis que les intérêts versés diminuent. Le montant consacré à l'amortissement en début de prêt sera d'autant plus fort que le taux d'intérêt est faible et que la durée de remboursement est courte. À l'inverse, plus la durée de remboursement est longue, moins le capital s'amortit rapidement.

### B. Le remboursement par amortissement constant

L'annuité : c'est la somme versée périodiquement (mensuellement ou trimestriellement) par l'emprunteur au prêteur.

**Emprunt 15 000 € sur 5 ans à 4 % remboursables en 5 annuités**

| Périodes | Capital restant dû en début de période | Amortissement (1) | Intérêts (2) | Annuité (3) = (1) + (2) | Capital restant dû en fin de période |
|---|---|---|---|---|---|
| 1 | 15 000 | 3 000 | 600 | 3 600 | 12 000 |
| 2 | 12 000 | 3 000 | 480 | 3 480 | 9 000 |
| 3 | 9 000 | 3 000 | 360 | 3 360 | 6 000 |
| 4 | 6 000 | 3 000 | 240 | 3 240 | 3 000 |
| 5 | 3 000 | 3 000 | 120 | 3 120 | 0 |
| Total | | 15 000 | 1 800 | 16 800 | |

Capital emprunté/durée du prêt

I = t × capital restant dû en début de période

Annuité = amortissement + intérêts

## C. Le remboursement par annuité constante

**Emprunt de 80 000 € sur 10 ans taux fixe de 3,2 % hors assurance**
**Assurance 0,35 % du capital initial**

| Périodes | Capital dû en début de période | Mensualité | Intérêts | Amortis-sements | Assurance | Capital dû en fin de période |
|---|---|---|---|---|---|---|
| 1 | 80 000 | 779,89 | 213,33 | 566,56 | 23,33 | 79 433,44 |
| 2 | 79 433,44 | 779,89 | 211,82 | 568,07 | 23,33 | 78 865,37 |
| 3 | 78 865,37 | 779,89 | 210,31 | 569,59 | 23,33 | 78 295,78 |
| 4 | 78 295,78 | 779,89 | 208,79 | 571,10 | 23,33 | 77 724,68 |
| … | …………… | ………… | ……… | ……… | ………… | …………… |
| 120 | 777,82 | 779,89 | 2,07 | 777,82 | 23,33 | 0,00 |

Au total le crédit aura un coût total de :
(779,89 × 120 + 23,33 × 120) – 80 000 = 16 386,40 €.

**Remarque :** le calcul de l'annuité constante est obtenu par application de la formule suivante :

$$A = \frac{C \cdot t}{1 - (1 + t)^{-n}}$$

Il est possible d'utiliser des tables de correspondance comme celle présentée ci-dessous.

| Durée en année | Durée en mois | 3 % | 3,20 % | 4% | 4,50% | 5% |
|---|---|---|---|---|---|---|
| 1 | 12 | 84,6936988 | 84,78483 | 85,1499042 | 85,3785216 | 85,6074818 |
| 2 | 24 | 42,981212 | 43,0697332 | 43,4249222 | 43,6478116 | 43,8713897 |
| 3 | 36 | 29,0812096 | 29,1694334 | 29,523985 | 29,7469245 | 29,9708971 |
| 4 | 48 | 22,134327 | 22,222831 | 22,5790546 | 22,8034861 | 23,0292936 |
| 5 | 60 | 17,9686907 | 18,0577055 | 18,4165221 | 18,6430192 | 18,8712336 |
| 6 | 72 | 15,1936758 | 15,2833163 | 15,6451831 | 15,8740297 | 16,1049327 |
| 7 | 84 | 13,2133001 | 13,3036313 | 13,6688063 | 13,9001613 | 14,1339091 |
| 8 | 96 | 11,7295719 | 11,8206341 | 12,1892753 | 12,4232344 | 12,65992 |
| 9 | 108 | 10,5769404 | 10,6687597 | 11,0409689 | 11,2775926 | 11,5172732 |
| 10 | 120 | 9,65607447 | 9,74866872 | 10,1245138 | 10,3638409 | 10,6065515 |

Si l'on reprend l'exemple du prêt de 80 000 € pendant 10 ans à 3,2 %, on obtient la mensualité en faisant le calcul suivant après lecture dans la table.

Mensualité = 80 × 9,74 866 872 = 779,89 €.

# D. Les taux

## 1. Taux proportionnel et taux équivalent

Le taux proportionnel s'obtient en divisant le taux annuel par le nombre de périodes souhaitées (12 s'il s'agit de mensualités, 2 pour des semestres et 4 pour obtenir un taux périodique trimestriel). Il correspond au taux périodique qui permet d'obtenir en intérêt simple la même valeur acquise que celle obtenue en utilisant le taux annuel.

Le taux équivalent périodique concerne les intérêts composés et s'obtient en appliquant la formule suivante

Taux équivalent = $(1 + \text{Taux annuel})^{1/n} - 1$

### Exemple :

**Taux annuel de 4,2 %**

| | |
|---|---|
| Taux mensuel proportionnel | 0,35 % |
| Taux trimestriel proportionnel | 1,05 % |
| Taux semestriel proportionnel | 2,1 % |
| Taux équivalent mensuel n = 12 | 0,3 434 % |
| Taux équivalent trimestriel n = 4 | 1,0334 % |
| Taux équivalent semestriel n = 2 | 2,078 % |

## 2. Le taux effectif global : le TEG

C'est un taux calculé pour rendre compte du coût réel d'un crédit. Outre le taux nominal, il intègre les frais de dossier, d'assurance et de garanties. Il s'obtient en résolvant l'équation égalisant le capital emprunté au coût total du crédit calculé avec le TEG périodique. La résolution se fait par interpolation linéaire.

| Taux | Caractéristiques | Avantages | Inconvénients | Exemples |
|---|---|---|---|---|
| Taux fixe | Le taux est identique pendant toute la durée de l'emprunt | Sécurité Mensualité fixe. Certains emprunts à taux fixe permettent néanmoins une modulation des échéances (à la baisse ou à la hausse). | Ne permet pas de profiter de la baisse des taux lorsque ces derniers sont en phase descendante (obligation de renégocier voir de faire racheter le crédit en cours ; générateur de coût). | 5 % pendant 15 ans |

| Taux | Caractéristiques | Avantages | Inconvénients | Exemples |
|---|---|---|---|---|
| Taux variable : le taux révisé est calculé en ajoutant à un taux de référence (euribor 3 mois ou 12 mois*) la marge fixe de la banque (entre 1 et 3 points) | Capé : le taux augmente d'un nombre de points limité par rapport à l'indice de référence (souvent Euribor 12 mois) | Les hausses de taux sont plafonnées. On connaît à l'avance le taux maximum que l'on pourrait atteindre. Taux plus intéressant que le taux fixe en début de prêt. | Augmentation du coût du crédit en cas de remontée des taux. Augmentation de la charge mensuelle. Le taux variable peut alors s'avérer moins économique que le taux fixe. | Taux capé 2 avec un taux initial de 3,1 % : le taux maximum ne dépassera pas 5,1 % |
| | Floré : la diminution du taux est encadrée | Permet de profiter des tendances baissières du marché | Les baisses de taux sont limitées. | Taux floré 1 : Pour un taux initial de 4 %, le taux le plus bas sera de 3 %. |
| | Double indexation : révision du taux : marge fixe de la banque (entre 1 et 3 points) + Euribor ou indice de référence révision de la mensualité selon la variation d'un indice (souvent ICC : indice du coût de la construction) | Pas d'indemnité de remboursement anticipé | Le taux n'est pas plafonné. Peu de sécurité pour l'emprunteur. Allongement de la durée du prêt en cas de trop forte augmentation de l'échéance. | Taux initial : 3,8 % Révision année 1 Le nouveau taux est obtenu en ajoutant la marge fixe (2,1) de la banque à l'Euribor 1 an (3 %) 2,1 % + 3 % = 5,1% |

* Pour connaître l'évolution de l'Euribor on pourra consulter *www.euribor.org.*

Les prêts à taux variable sont les prêts les plus sensibles à l'évolution du taux directeur de la banque centrale européenne.

## 3. La réforme de l'usure

Depuis le 1er avril 2011, le seuil de l'usure ne dépend plus que d'un seul critère. Dorénavant, le seuil sera fixé uniquement en fonction de la valeur du prêt :

- prêt inférieur ou égal à 3 000 € ;
- prêt supérieur à 3 000 € et inférieur ou égal à 6 000 € ;
- prêt supérieur à 6 000 €.

# E. L'assurance décès invalidité

Les risques couverts sont :

- Risque décès : L'assureur s'engage à rembourser à la banque le capital restant dû au jour du décès.
- Risque invalidité absolue et définitive.
- Risque incapacité de travail.

L'assureur se substitue à l'emprunteur et rembourse la banque pendant la durée de l'incapacité (3 à 4 mois selon les contrats). En général, les contrats d'assurance prévoient deux types de délais :

- Le délai de carence : délai pendant lequel l'assuré cotise mais n'a droit à aucune prestation en cas de réalisation du risque
- Le délai de franchise : délai pendant lequel le risque est garanti. L'assureur verse les prestations une fois le délai écoulé. L'assuré est amené à devoir supporter financièrement une partie des conséquences de la réalisation du risque.

Depuis la loi Lagarde de 2010, les banques ne peuvent plus imposer à l'emprunteur la souscription du contrat proposé par l'assureur de la banque. La délégation d'assurance est permise dès lors que le contrat apporte le même niveau de garanties. D'autre part, la loi de séparation et de régulation des activités bancaires de 2013, à travers son article 18, renforce les droits de l'emprunteur en matière de délégation et d'information sur le coût de l'assurance. Les banques devront dorénavant indiquer un taux annuel effectif de l'assurance (TAEA), le montant en euros par mois ainsi que le coût global de l'assurance sur toute la durée du prêt de l'assurance. L'information de l'emprunteur est également renforcée grâce à la remise d'une fiche standardisée d'information qui doit indiquer à l'emprunteur la possibilité de recourir à une autre assurance que celle proposée par la banque. La banque qui refuse la délégation doit motiver son refus dans un délai de 8 jours à réception de la nouvelle proposition d'assurance. L'article 18 ouvre également la voie à une renégociation annuelle du taux de l'assurance emprunteur d'un crédit immobilier.

Exemple d'un calcul de coût pour un prêt de 100 000 € sur 12 ans. Le taux de l'assurance est de 0,4 % :

| Modalité d'assurance | Coût de l'assurance par mois | Coût global |
|---|---|---|
| 1 emprunteur = 1 tête | (100 000 × 0,4 %)/12 = 33, 33 € | (100 000 × 0,4 %) × 12 = 4 800 € |
| 2 emprunteurs 100 % sur chaque tête | 33,33 × 2 = 66,66 € | 4 800 × 2 = 9 600 € |

**Remarque** Les clients qui présentent un risque médical aggravé sont souvent exclus des mécanismes d'assurance. Ne pouvant pas s'assurer dans des conditions économiques habituelles, le législateur a prévu un dispositif pour faciliter l'accès au crédit de ces populations. Il s'agit de la convention AERAS (s'Assurer et Emprunter avec un Risque Aggravé de Santé). Cette convention a remplacé le 6 janvier 2007 la convention Bellorgey de 2001. La convention AERAS ne s'applique qu'à un emprunteur qui aura moins de 70 ans en fin de prêt immobilier ou prêt professionnel.

Refuser un prêt pour des motifs liés à l'état de santé reste légal. En 2011, la révision de la convention BELLORGEY porte le montant des prêts concernés à 17 000 € pour un crédit à la consommation et à 320 000 € pour un crédit immobilier ou une création d'entreprise.

Avec cette nouvelle convention, les emprunteurs qui ne rentrent pas dans une « assurance groupe » pourront accéder à une garantie décès mais aussi à une couverture invalidité même si celle-ci est la conséquence de leur pathologie. La surprime peut représenter quelquefois le quadruple d'un taux normal d'assurance. Pour les emprunteurs aux revenus modestes (revenus inférieurs au plafond de la sécurité sociale) achetant une résidence principale ou contractant un prêt professionnel, la surprime ne pourra plus être supérieure à 1,4 point du TEG. Par exemple, si le TEG est à 3,7 %, le taux total (surprime incluse) ne devra pas excéder 5,1 %. La convention permet un mécanisme de mutualisation des surprimes. D'autre part, la nouvelle convention prévoit d'accélérer le délai de traitement des dossiers (5 semaines maximum) En principe, dans chaque établissement de crédit, un interlocuteur est dédié à la mise en place de ce dispositif.

Ainsi, la nouvelle convention prévoit de porter à la connaissance du client les autres possibilités de garanties et les motivations de l'assureur en cas de refus.

## F. Les autres frais

| Nature des frais | Caractéristiques |
|---|---|
| Dossier | Environ 1 % du montant emprunté avec un seuil minimum et un maximum |
| Garanties | |
| Hypothèque | Garantie réelle (prise sur le bien immobilier) qui donne le droit à la banque de procéder à la revente du bien en cas de défaillance de l'emprunteur et ainsi de recouvrer les sommes prêtées.<br>Constitution du coût : émoluments du notaire (rédaction de l'acte), et les services de publicité foncière. |
| Inscription en privilège de prêteur de deniers (IPPD) | Garantie réelle qui ne peut être prise que sur des biens anciens.<br>Moins coûteuse que l'hypothèque car il n'y a pas de taxe de publicité foncière, ni de frais d'enregistrement. |
| Société de cautionnement mutuel | Le coût de la caution est composé d'une commission de caution définitivement acquise par la société de cautionnement, d'une participation au fond mutuel de garantie dont une partie (entre 70 et 80 %) est remboursée à la fin du prêt. |

**Info :** un décret du 16 mai 2006 a fortement baissé le coût des garanties réelles.

Les taxes et droit d'enregistrement dus au profit de l'État :

| Nature du bien | Nature de la taxe | Taux | Total |
|---|---|---|---|
| Neuf | Taxe publicité foncière | 0,6 % | 0,715 % |
| | Frais d'assiette et de recouvrement | 0,015 % = (2,5 % × 0,6 %) | |
| | Taxe nouvelle[a] | 0,1 % | |
| Ancien | Taxe au profit des communes | 1,2 % | 5,09 % |
| | Taxe publicité foncière | 3,6 % | |
| | Frais d'assiette et de recouvrement | 0,095 % = (2,5 % × 3,8 %) | |
| | Taxe nouvelle | 0,2 % | |
| Terrain à bâtir | Taxe au profit des communes | 1,2 % | 5,09 % |
| | Taxe publicité foncière | 3,8 % | |
| | Frais d'assiette et de recouvrement | 0,095 % = (2,5 % × 3,8 %) | |

* Remplace depuis le 1er janvier 2013 le salaire du conservateur des hypothèques.

# III Complément : le cautionnement mutuel

Le recours aux sociétés de cautionnement mutuel permet de récupérer au terme du remboursement du crédit une partie des sommes versées en début de prêt. Le fonctionnement de ces sociétés repose sur la mutualisation des risques d'impayés. Le client va en effet effectuer deux versements. Le premier est une commission qui permet la couverture des frais de fonctionnement de la société de cautionnement. La deuxième partie est constituée d'une participation à un fond mutuel de garantie. Ce fond est utilisé en cas de défaillance d'un client pour rembourser la banque partenaire. Sélectionnant les meilleurs dossiers, les sociétés de cautionnement mutuel sont donc amenées à supporter une faible sinistralité. Moins la sinistralité est forte, plus la part que récupérera le client sera élevée. En moyenne un client peut espérer récupérer 70 à 80 % des sommes initialement versées au fond de garantie.

# Application

## Énoncé 1

Vous disposez de l'extrait suivant de tableau d'amortissement.

| Échéance | Capital début de période | Mensualité hors assurance | Intérêts | Amortissement |
|---|---|---|---|---|
| 15 juillet 2005 | 145 000 | 940,99 | 580,00 | 360,99 |
| 15 août 2005 | 144 639,01 | 940,99 | 578,56 | 362,43 |
| 15 septembre 2005 | 144 276,58 | 940,99 | 577,11 | 363,88 |

**1. Retrouvez les caractéristiques de ce prêt réalisé sur 20 ans.**

**2. Retrouvez le montant du capital restant dû au 15 juillet 2013 (on rappelle que les amortissements suivent une suite géométrique de raison (1 + taux d'intérêt).**

## Solution 1

1/ Le montant emprunté est de 145 000 €.
Durée : 20 ans.
Début période d'amortissement : 15 juillet 2005.
Fin de remboursement : 15 juin 2025.
Taux d'intérêt : 4,8 % (en effet la première ligne du tableau d'amortissement permet d'effectuer le calcul suivant : 580/145 000 = 0,004 soit 0,4 % le taux périodique soit un taux annuel de 4,8 % hors assurance).
Mensualité constante : 940,99 €.

2/ Le capital restant du le 15 juillet 2013 est : 102 852,69.
Amortissement le 15 juillet 2013 : $360{,}99\,(1{,}004)^{96} = 529{,}58$.
Compte tenu de la mensualité de 940,99 €, on en déduit le montant des intérêts à cette même date.
Intérêts = 940,99 – 529,58 = 411,41.
Connaissant les intérêts versés, on peut en déduire le montant du capital restant du (CRD).
CRD = 411,41/0,004 = 102 852,69 €.

## Énoncé 2

Vous rencontrez ce jour un couple au sujet de la révision de leur prêt à taux révisable. Ils vous avouent ne pas avoir bien compris la teneur du courrier qu'ils viennent de recevoir.

Les caractéristiques du prêt sont les suivantes : Capital : 100 000 € ; la durée : 20 ans ; un taux hors assurance de 4% révisable annuellement. L'assurance décès – invalidité a été prise sur 2 têtes : son coût est de 0,38 % sur le capital initial. L'amortissement du prêt a débuté le 15 septembre 200N.

La révision du taux se fait sur la base de la règle suivante : Taux révisé = Taux Euribor 12 mois + 1,5 point. Le taux retenu est celui du 15 septembre 200N+1 (soit 1,256 %).

Le taux obtenu est ensuite arrondi au dixième de point supérieur.

1. **Justifier le nouveau taux pour la période du 15 octobre 200N+1 au 15 septembre 200N+2.**
2. **Pourquoi la durée restant à courir après la première révision est-elle inférieure à 228 mois ? Retrouvez par le calcul la valeur exacte de la durée de remboursement à l'issue de la première révision.**
3. **Justifiez par le calcul le montant mensuel de l'assurance. Pourquoi celle-ci est elle invariable ? Le coût de l'assurance aurait il pu être moins élevé ? Justifiez.**

**Annexe : courrier reçu par vos clients**

Cher client,

Conformément aux dispositions contractuelles, nous avons procédé à une révision des modalités de remboursement de votre prêt N° 3641 888 99. Vous trouverez ci-dessous le montant de vos échéances jusqu'à la prochaine révision.

Nouveau taux : 2,8 %

**Tableau d'amortissement (en €)**

| Echéance | Capital début de période | Mensualité hors assurance | Intérêt | Amortis-sement | Assurance | Mensualité assurance comprise | Capital fin de période |
|---|---|---|---|---|---|---|---|
| 13 | 96 667,58 | 605,98 | 225,56 | 380,42 | 63.33 | 669.31 | 96 287,16 |
| 14 | 96 287,16 | 605,98 | 224,67 | 381,31 | 63.33 | 669.31 | 95 905,85 |
| 15 | 95 905,85 | 605,98 | 223,78 | 382,20 | 63.33 | 669.31 | 95 523,64 |
| 16 | 95 523,64 | 605,98 | 222,89 | 383,09 | 63.33 | 669.31 | 95 140,55 |
| 17 | 95 140,55 | 605,98 | 221,99 | 383,99 | 63.33 | 669.31 | 94 756,56 |
| 18 | 94 756,56 | 605,98 | 221,10 | 384,88 | 63.33 | 669.31 | 94 371,68 |
| 19 | 94 371,68 | 605,98 | 220,20 | 385,78 | 63.33 | 669.31 | 93 985,90 |
| 20 | 93 985,90 | 605,98 | 219,30 | 386,68 | 63.33 | 669.31 | 93 599,22 |
| 21 | 93 599,22 | 605,98 | 218,40 | 387,58 | 63.33 | 669.31 | 93 211,64 |
| 22 | 93 211,64 | 605,98 | 217,49 | 388,49 | 63.33 | 669.31 | 92 823,15 |
| 23 | 92 823,15 | 605,98 | 216,59 | 389,39 | 63.33 | 669.31 | 92 433,76 |
| 24 | 92 433,76 | 605,98 | 215,68 | 390,30 | 63.33 | 669.31 | 92 043,45 |

***Simulation :*** À titre indicatif, compte tenu du taux actuel de votre prêt et dans l'hypothèse où celui ci demeurerait inchangé, la durée restant à courir est de 16 ans et 8 mois (soit exactement 199,76 mois).

## Solution 2

1/ 1,256 + 1,5 = 2,756 % soit 2,8% en arrondissant au dixième de point supérieur.

2/ La durée est plus courte en raison de la baisse des taux. Quand les taux baissent et lorsque la mensualité reste inchangée, alors la durée du prêt diminue. Pour le démontrer, il suffit de résoudre l'équation suivante :

$605,98 = (96667,58 \times 2,8\ \%/12)/\ (1 - (1 + 2,8\ \%/12)^{-n}$ où n est alors l'inconnu qu'il faut retrouver.

$1 - (1 + 2,8\%/12)^{-n} = 225,576867/605,98 = 0,372219688$

$n = -\text{Log}\ (1 - 0,372219688)/\text{Log}\ (1 + 2,8\%/12) = 199,76$ mois.

3/ Le coût mensuel de l'assurance [(0,38% * 100 000)/12]*2 = 63,33 €

Le coût de l'assurance aurait pu être moins élevé si l'assurance avait été calculée sur le capital restant dû : l'assurance serait alors dégressive pendant toute la durée de remboursement du prêt. Le coût aurait été divisé par deux si le prêt avait été assuré qu'à 100 % répartis sur deux têtes (50 % / 50 %). L'économie ainsi réalisée sur 20 ans s'élèverait à 7599,6 €.

# 41 Les opérations sur crédit

## I Principes

La vie d'un crédit s'accompagne d'un certain nombre d'évènements. Du déblocage des fonds au remboursement anticipé, rares sont les crédits qui sont conduits à leur terme : Cela vaut principalement pour les crédits immobiliers, les crédits à la consommation étant moins sujets à certaines opérations. D'autres opérations peuvent être envisagées dans certains cas particuliers et nécessitent des montages plus complexes. Il s'agit d'opérations de restructuration de crédit (cas proche du surendettement) et des lissages de crédit.

## II Méthode

### A. Le déblocage des fonds

Le déblocage, c'est à dire la mise à disposition des fonds par la banque à son client peut s'effectuer en 1 fois (à la signature de l'acte authentique chez un notaire pour l'acquisition d'un bien existant) ou en plusieurs étapes [travaux, construction neuve, vente en état futur d'achèvement (VEFA)]. Dans le premier cas, le prêt passe en phase d'amortissement dès que l'ensemble du prêt est débloqué, dans le second la banque calculera et prélèvera des intérêts intercalaires sur les sommes débloquées au prorata temporis. Prenons l'exemple d'un prêt pour la construction d'une maison individuelle. Coût de l'opération 120 000 €, prêt effectué 100 000 €, 4,2 % sur 15 ans.

À chaque étape de la construction, un pourcentage du prix de vente stipulé au contrat sera demandé par le promoteur, ce qui déclenchera des appels de fonds et donc génèrera le paiement d'intérêts intercalaires. Échéance le 1er de chaque mois.

| Appels de fonds | 100 000 € à 4,2 % pendant 15 ans | |
|---|---|---|
| | Déblocage cumulé | Échéance prélevée le 1er de chaque mois |
| 5 % (signature du contrat)<br>1er septembre N | 5 000 € | 17,50 € prélevés le 1er octobre<br>et le 1er novembre |
| 20 % (démarrage<br>et fondations)<br>4 novembre N | 5 000 € pendant 4 jours<br>25 000 € pendant 26 jours | Échéance du 1er décembre<br>$5000 \times 4/360 \times 4{,}2\ \% + 25000 \times 26/360 \times 4{,}2\ \% = 78{,}17$ € |

| Appels de fonds | 100 000 € 4,2 % pendant 15 ans | |
|---|---|---|
| 15 % Élévation des murs (4 décembre N) | 25 000 € pendant 4 jours<br>40 000 € pendant 26 jours | Échéance du 1er janvier<br>40 000 × 4,2 % × (26/360) + 25 000 × 4,2 % × 4/360 = 133 € |
| 20 % mise hors d'eau (10 janvier N + 1) | 40 000 € pendant 10 jours<br>60 000 € pendant 20 jours | Échéance du 1er février<br>40 000 × 4,2 % × 10/360 + 60 000 × 4,2 % × 20/360 = 186,67 € |
| 15 % mise hors d'air (30 janvier N + 1) | 75 000 € pendant 30 jours | Échéance du 1er mars<br>75 000 × 4,2 % × 30/360 = 262,50 € |
| 20 % aménagement intérieur (15 mars N + 1) | 75 000 € pendant 15 jours<br>95 000 € pendant 15 jours | Échéance au 1er avril<br>75 000 × 4,2 % × 15/360 + 95 000 × 4,2 % × 15/360 = 297,50 € |
| 5 % livraison remise des clés (15 avril N + 1) | 95 000 € pendant 15 jours<br>100 000 € pendant 15 jours | L'échéance du 1er mai comprendra une part d'intérêt et une part d'amortissement. |

Au total, l'emprunteur aura acquitté 992,84 € d'intérêts intercalaires.

## B. Le différé d'amortissement

L'emprunteur peut choisir un différé total ou partiel. Le différé total s'apparente à un amortissement négatif. Il consiste à ne rembourser que l'assurance du prêt et à reporter le remboursement du capital et des intérêts de quelques mois. Dans le cas d'un emprunt de 50 000 € sur 10 ans à 5 % avec un différé total de 12 mois, le capital à amortir sera de 52 558,1 € c'est-à-dire : $50\,000 \times (1 + 5\,\% / 12)^{12}$.

Le différé partiel consiste à ne rembourser que les intérêts et l'assurance du prêt. L'amortissement débute à l'issue de cette phase de différé. Si l'on reprend le même exemple, l'emprunteur ne remboursera que 208,33 € par mois pendant 12 mois. Ensuite le prêt se comporte comme un prêt amortissable classique.

## C. Les incidents de remboursement

Un incident est caractérisé par un retard dans le paiement d'une ou plusieurs échéances. Les différents cas sont reproduits dans le tableau ci-dessous. L'incident est caractérisé si deux échéances restent impayées après la mise en demeure effectuée par la banque. La conséquence sera l'inscription au FICP (voir fiche 1). Néanmoins, tout retard donnera lieu au paiement d'intérêts de retard voir de pénalités (crédit consommation).

| Nature du prêt | Règle si incident de remboursement | Exemple |
|---|---|---|
| Prêt à la consommation | **Cas 1** : pas de déchéance du terme : le prêt est maintenu.<br>La banque pourra percevoir :<br>• des intérêts de retard au taux du prêt hors assurance<br>• des pénalités de retard : 8 % de l'échéance assurance comprise<br>**Cas 2** : la banque prononce la déchéance du terme (résiliation du contrat de prêt). Dans ce cas, elle exige :<br>• le remboursement du capital restant dû,<br>• des pénalités : 8 % capital restant dû. | Échéance hors assurance : 277 € (assurance 5 €).<br>Taux 5,2 % ; 1 échéance en retard depuis 20 jours.<br>277 × 5,2 % × (20/365) = 0,79 €.<br>8 % × 282 € = 22,56 €.<br>Soit un total de : 23,35 €.<br>Si le capital restant dû est de 5 200 € alors :<br>5 200 €.<br>5 200 € × 8 % = 416 €.<br>Soit au total le remboursement de la somme de 5 616 €. |
| Prêt immobilier | **Cas 1** : pas de déchéance du terme : le prêt est maintenu :<br>Intérêts de retard calculés sur la base du taux du prêt majoré de 3 points.<br>**Cas 2** : la banque prononce la déchéance du terme (résiliation du contrat de prêt).<br>Dans ce cas, elle exige :<br>• le remboursement du capital restant dû,<br>• pénalités : 7 % capital restant dû. | Échéance de 754 € impayés depuis 30 jours. Le prêt avait été consenti au taux de 3,5 %.<br>754 € × 6,5 % × (30/365) = 4,03 € d'intérêts de retard.<br>Si le capital restant dû est de 95 000 €.<br>95 000 × 7 % = 6 650 €.<br>Soit au total : 101 650 €. |

**Info :** Pour les prêts à taux zéro, les pénalités de retard sont calculées en prenant le taux plafond des prêts à l'accession sociale (PAS).

## D. Le remboursement anticipé

Il convient de distinguer deux cas : celui des prêts à la consommation et celui des prêts immobiliers.

- Depuis la loi Lagarde de juillet 2010, les banques peuvent demander à leurs clients de supporter des pénalités lors du remboursement anticipé d'un crédit à la consommation. Les modalités sont celles prévues par l'article L. 311-22 du Code de la consommation, à savoir :

  « Le prêteur peut exiger une indemnité qui ne peut dépasser 1 % du montant du crédit faisant l'objet du remboursement anticipé si le délai entre le remboursement anticipé et la date de fin du contrat de crédit est supérieur à un an. Si le délai ne dépasse pas un an, l'indemnité ne peut pas dépasser 0,5 % du montant du crédit faisant l'objet d'un remboursement anticipé. En aucun cas l'indemnité éventuelle ne peut dépasser le montant des intérêts que l'emprunteur aurait payés durant la période comprise entre le remboursement anticipé et la date de fin du contrat de crédit convenue. »

- Il en va de même pour les crédits immobiliers. En cas de remboursements anticipés (partiel ou total), la banque exigera la perception d'une indemnité de remboursement anticipé équivalente à 6 mois d'intérêts sur le capital remboursé sans pouvoir excéder 3 % du capital restant dû.

### Exemple

| **Crédit immobilier : taux 4,8 %, capital restant dû : 52 000 €** | |
|---|---|
| Remboursement partiel de 20 000 € | 6 mois d'intérêts calculés sur le capital remboursé : 20 000 € × 4,8 % × 1/2 = 480 €<br>3% capital restant dû : 3 % 52 000 € = 1 560 €<br>L'indemnité de remboursement sera de 480 €. |
| Remboursement total : 52 000 € | 6 mois d'intérêt : 52 000 € × 4,8 % × 1/2 = 1 248 €<br>3% capital restant dû : 3 % 52 000 € = 1 560 €<br>L'indemnité de remboursement sera de 1 248 €. |

**Piège à éviter :** les remboursements partiels doivent être au moins de 10 % du capital restant dû et les 6 mois d'intérêts seront calculés sur le montant du capital remboursé contrairement aux 3 % qui sont toujours calculés sur le capital restant dû.

## E. Les autres opérations

- Restructuration et rachat de crédit : lorsque les charges liées au crédit deviennent trop lourdes à supporter (accumulation des crédits immobiliers, crédit revolving, crédit à la consommation), il est possible de regrouper ses prêts en 1 seul en allongeant la durée de ce dernier. Il faut cependant noter que ces restructurations sont coûteuses et que les conditions de taux seront parmi les moins intéressantes du marché.
- Lissage de crédit : le financement d'une acquisition immobilière se fait en emboîtant des prêts d'une durée différente (prêt principal et prêt épargne logement, prêt à taux zéro). La mensualité pourra donc être plus forte pendant les premières années de remboursement. Pour éviter cela et afin de garantir une mensualité identique pendant toute la durée de l'opération, un prêt à paliers lissé peut être mis en place. Les paliers vont correspondre à la durée de remboursement des différents prêts.

### Exemple de mensualités après lissage

| Financement de 100 000 € | Années 1 à 8 | Années 9 à 12 | Années 13 à 15 | Coût total |
|---|---|---|---|---|
| PTZ 15 000 € remboursable sur 8 ans | 156,25 € | 0 | 0 | 0 |
| PEL : 9 000 € remboursable sur 12 ans 4,2 % | 79,67 € | 79,67 € | 0 | 2 472,48 € |
| Prêt principal non lissé 76 000 € 4,6 % 15 ans | 585,29 € | 585,29 € | 585,29 € | 29 352,2 € |
| Total | 821,21 € | 664,96 € | 585,29 € | 31 824,4 € |
| Prêt lissé | 513,66 € | 669,91 € | 749,58 € | |
| Total | 749,58 € | 749,58 € | 749,58 € | 32 451 € |

Sans lissage, un couple dont les revenus seraient de 2 300 € par mois atteindrait un taux d'endettement de 35,7 % (821,21 / 2 300) dépassant la norme des 33 %. En optant pour un crédit à paliers et en lissant la charge de crédit de façon à supporter une charge constante, le taux d'endettement repasse sous la barre des 33 % (32,59 %). Cette opération de lissage s'avère cependant plus coûteuse.

# III Compléments : le surendettement

L'état de surendettement se caractérise par une situation dans laquelle un particulier n'est plus en mesure de faire face à ses remboursements de crédit. Il peut alors saisir la commission de surendettement auprès de la Banque de France. La Loi Lagarde de 2010 comporte un volet de renforcement de la lutte contre le surendettement. En premier lieu, les délais de traitement ont été raccourcis : la commission de surendettement devra se prononcer sur la recevabilité du dossier dans un délai de 3 mois (contre 6 avant). Ensuite, la durée des mesures et des plans proposés par la commission est au maximum de 8 ans (contre 10 ans avant). Enfin, les commissions ont un pouvoir d'initiative renforcé et peuvent décider des mesures de rééchelonnement ou d'effacements d'intérêts, recommander des mesures d'effacement de dettes auprès du juge de l'exécution. Les banques ont également l'obligation d'accompagner la personne surendettée en maintenant la relation bancaire et en proposant des services bancaires adaptés.

Dès lors que la demande est jugée recevable, la commission de surendettement tente une conciliation entre les créanciers et le surendetté. Si un accord est trouvé, un plan conventionnel de redressement est mis en place. Dans le cas contraire, des mesures imposées ou recommandées seront préconisées et si la situation du surendetté est jugée irrémédiablement compromise, on l'orientera vers une procédure de rétablissement personnel avec ou sans liquidation judiciaire.

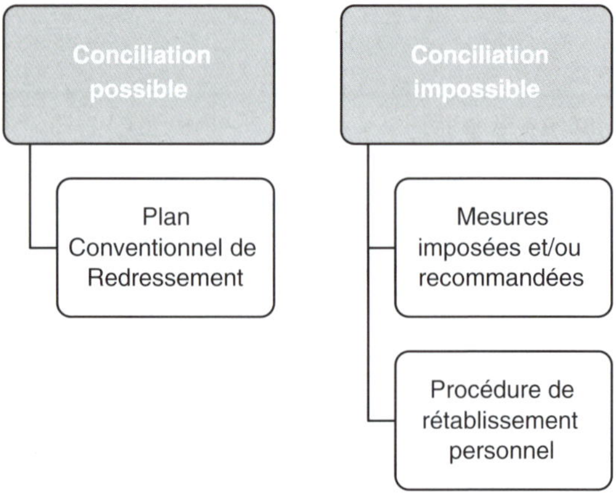


| Situations | Mesures | |
|---|---|---|
| Plan Conventionnel de Redressement (article L 331-6 du code de la consommation) | « report ou de rééchelonnement des paiements des dettes, de remise des dettes, de réduction ou de suppression du taux d'intérêt, de consolidation, de création ou de substitution de garantie »<br>Source : code de la consommation<br>Durée : 8 ans au maximum (y compris si révision et renouvellement du plan) | |
| Mesures imposées ou recommandées par la commission (articles L.331-7, L.331-7-1 et L.331-7-2) | Mesures recommandées (L.331- 7-1 et L.331-7-2) Elles doivent être homologuées par le juge d'instance | Effacement partiel des créances<br>Réduction de la dette suite à la vente forcée de la résidence principale |
| | Mesures imposées (ne nécessitent pas l'homologation par le juge d'instance Article L 331-7) | Rééchelonner le paiement des dettes<br>Imputer les paiements en priorité sur le capital<br>Réduire le taux d'intérêt<br>Moratoire des dettes (hors alimentaire) de 2 ans maximum |
| Procédure de Rétablissement Personnel (Loi Borloo) | Sans liquidation judiciaire | En l'absence d'actif et avec l'accord du juge, toutes les dettes sont effacées (à l'exception des dettes alimentaires, des amendes et réparations pécuniaires conséquence d'une condamnation pénale) |
| | Avec liquidation judiciaire | Effacement des dettes après la vente de l'actif existant |

Enfin, la loi de 2013 de séparation et de régulation des activités bancaires prévoit de renforcer la prévention du surendettement en faisant adopter « une charte d'inclusion bancaire et de prévention du surendettement homologuée par arrêté du ministre chargé de l'économie, après avis du Comité consultatif du secteur financier et du Comité consultatif de la législation et de la réglementation financières.

# Applications

## Énoncé 1

Situation 1 : prêt de 15 000 € au taux de 5 % remboursable sur 5 ans (dont 2 ans de différé total).

1. **Présentez la première ligne du tableau d'amortissement une fois écoulé le délai de 24 mois.**

Situation 2 : prêt de 100 000 €, 3,8 % sur 25 ans dont 2 ans de différé partiel.

2. **Présentez la 1re et la 25e ligne du tableau d'amortissement.**

## Solution 1

### Situation 1

| Capital restant dû début de période | Amortissement | Intérêt | Mensualité (hors assurance) | Capital restant dû fin de période |
|---|---|---|---|---|
| 16 574,12 | 427,68 | 69,06 | 496,74 | 16 146,44 |

Ayant bénéficié d'un différé total, la somme empruntée est augmentée des intérêts dus à la banque pendant cette période de 2 ans $(15\,000 * (1 + 5\ \%/12)^{24} = 16\,574{,}12\ €)$.

Capital de fin de période : 16 146,44 = 16 574,12 – 427,68

### Situation 2

| Échéance | Capital restant dû début de période | Amortis sement | Intérêt | Mensualité (hors assurance) | Capital restant dû fin de période |
|---|---|---|---|---|---|
| 1 | 100 000 | 0 | 316,67 € | 316,67 € | 100 000 € |
| 25 | 100 000 | 227,3 | 316,67 € | 543,97 € | 99 772,7 € |

L'échéance de 543,97 € sera payée pendant 23 ans.

## Énoncé 2

Monsieur Henri Cayuela a emprunté 20 000 € au taux de 4,5 % sur 4 ans dans le cadre d'un crédit à la consommation. L'assurance est de 2,50 € par tranche de 10 000 €. L'échéance est débitée par prélèvement automatique le 17 de chaque mois.

1. **Calculez la mensualité assurance comprise.**
2. **Le 17 du mois courant vous constatez que le solde du compte est débiteur de 600 € (l'autorisation de découvert est de 550 €). Que doit faire la banque ?**
3. **Le 1er du mois suivant, le salaire de 1 800 € est versé. Le solde est alors créditeur de 1 200 €. Calculez le solde du compte après le prélèvement de l'échéance en retard et des pénalités appliquées par la banque.**

## Solution 2

1. Mensualité assurance comprise :

   456,07 € + 5 = 461,07 €/mois

   $456{,}07 = (20\,000 \times 4{,}5\ \%/12)/(1 - (1 + 4{,}5\ \%/12)^{-48})$
2. Le solde du compte ne permet pas le prélèvement de l'échéance à la date prévue au contrat. La banque va donc envoyer un courrier dans lequel elle constatera l'insuffisance de la provision et invitera son client à régulariser sa situation dans les meilleurs délais.
3. La régularisation s'effectue avec le versement du salaire. L'échéance est donc réglée mais avec un retard de 13 jours. La banque va donc facturer des intérêts de retard et des pénalités de retard.

   Intérêt de retard : Échéance hors assurance × taux du prêt × nombre de jours de retard/365 c'est-à-dire :

   456,07 × 4,5 % × 13/365 = 0,73 €

   Pénalités de retard = échéance avec assurance × 8 %

   Pénalités = 461,07 × 8 % = 36,89 €

   Au total la banque prélèvera : 37,62 €.

## Énoncé 3

Monsieur et Madame Dégats ont 3 enfants. Ils ont fait construire il y a 5 ans une maison individuelle en empruntant 120 000 € sur 20 ans. Depuis, ils ont accumulé des crédits à la consommation (9 crédits renouvelables). Ils ont de plus en plus de difficultés à honorer leurs échéances : ils ont accumulé 3 retards sur l'échéance de leur crédit immobilier et la banque a déjà dû rejeter des chèques pour défaut de provision. À chaque fois, l'interdiction bancaire a été levée car l'incident a été régularisé. L'autorisation de découvert est systématiquement dépassée et les frais bancaires s'accumulent. L'ensemble des charges et ressources du couple sont indiquées dans le tableau suivant.

| Charges | Montant mensuel | Revenus | Montant mensuel |
|---|---|---|---|
| Remboursement prêt immobilier : capital restant du : 98 000 € (taux 5,5 %) | 780 € | Monsieur | 1 700 € |
| Crédit consommation Capital restant dû : 41 100 € | 1 200 € | Madame | 800 € |
| IR | 0 | CAF | 300 € |
| Impôts locaux | 120 € | | |
| Assurance (auto, habitation) | 80 € | | |
| Charges courantes | 850 € | | |

**1. Analysez la situation de ce couple. Quelles sont les conséquences des retards sur le remboursement du crédit immobilier ?**

**2. Qu'est-ce qu'une situation de surendettement ? Peuvent-ils saisir la commission de surendettement ?**

**3. Ils envisagent de restructurer l'ensemble de leurs crédits. Ils ont donc contacté une nouvelle banque qui leur propose un prêt sur 28 ans à 6 % (les frais de garantie s'élèvent à 2 500 €). Que faut-il penser de cette proposition ?**

## Solution 3

1. L'ensemble des dépenses s'élève à 3 030 € par mois alors que les ressources du ménage sont 2 800 €. Le taux d'endettement atteint 70,7 % [(1 980/2 800) × 100] des revenus. Compte tenu des retards, la banque est en droit de facturer des pénalités de retard, ce qui ne va pas manquer d'aggraver la situation et d'inscrire ces clients au FICP.
2. Les clients peuvent donc saisir la commission de surendettement pour demander une suspension temporaire des remboursements. Ils sont en effet en état de surendettement (leurs revenus ne suffisent plus pour faire face à leurs engagements), et de bonne foi. Ce n'est qu'après examen de leur dossier par la commission que sera établi l'état de surendettement.
   - Le risque de cette situation est de se voir imposer un plan conventionnel de redressement en contrepartie duquel la commission peut demander la vente d'un bien. Ce plan conventionnel nécessite l'accord des parties (débiteurs et créanciers).
   - La seconde solution consiste à ce que la commission recommande un certain nombre de mesures (allongement de la durée de remboursement, réduction de la dette (baisse du taux d'intérêt)...), les communique au juge afin de les rendre exécutoire.
   - En troisième lieu, un moratoire d'une durée inférieure à deux ans peut être envisagé.

Enfin, si la situation financière est telle qu'aucune des solutions précédentes ne peut être mise en œuvre, une procédure de rétablissement personnel est alors envisagée.

3. La mise en place d'un plan de restructuration des dettes est étudiée. La dette s'élève à 139 100 €. Il faut ajouter les pénalités de remboursement anticipé (1 semestre d'intérêts au taux du prêt soit 2 695 €) ainsi que les frais de garanties (2 500 €). Au total le nouvel emprunt doit être de 144 295 €.

   Le couple décide de répondre favorablement à la proposition d'un prêt de 145 000 € à 6 % hors assurance sur 28 ans. La mensualité sera de 891,93 € compatible avec l'endettement maximum de 33 % (le couple peut consacrer jusqu'à 924 € (2 800 × 33 %) au remboursement de ses crédits.) Le nouveau contrat de prêt proposé par la nouvelle banque comporte une clause qui n'autorise pas le débiteur à souscrire de nouveaux prêts sans l'accord préalable de la banque principale.

# 42 Les prêts relais et prêts *in fine*

## I Principes

**Le prêt relais** permet de régler le problème de trésorerie auquel l'acheteur d'un bien immobilier est confronté. En effet, il est assez rare de pouvoir vendre un bien et financer l'achat d'un nouveau logement grâce au produit de la vente simultanément. Il y a nécessairement un décalage dans le temps entre l'achat (une décision rapide s'impose quand plusieurs acheteurs convoitent le même bien) et la vente (il convient de ne pas vendre au rabais le bien qui servira à financer une nouvelle acquisition).

**Le prêt *in fine*** est principalement utilisé par les investisseurs souhaitant effectuer un ou plusieurs investissements locatifs et étant positionnés sur des tranches d'imposition élevées (30 ou 45 %). Ce prêt permet de financer l'achat d'un bien en ne remboursant pendant toute la durée du prêt que les intérêts et l'assurance. Le capital est remboursé en fin de contrat en une fois. Ce type de prêt est souvent adossé à la souscription d'un contrat d'assurance-vie qui fera l'objet d'un nantissement au profit du créancier.

## II Méthode

### A. Le prêt relais

Ce prêt permet de financer l'achat d'un bien en attendant la vente d'un autre bien. La banque va avancer sous la forme du prêt relais la somme correspondante (en général entre 70 et 80 % du prix de vente du bien). Le prix est validé par une estimation d'un notaire et/ou d'une ou plusieurs agences immobilières.

#### 1. Les caractéristiques

Le prêt est en général de courte durée (entre 6 et 24 mois). La banque ne financera qu'une quotité (entre 50 et 80 %) de la valeur du bien à vendre. Le pourcentage s'appliquera sur le montant du bien vendu déduction faite des éventuels encours de crédit. Cette valeur devra avoir été confirmée par une estimation d'agence immobilière ou/et d'un notaire. Enfin, le prêt pourra s'accommoder soit d'une franchise totale (l'emprunteur n'a alors que le montant de l'assurance à payer), soit d'une franchise partielle (l'emprunteur paie l'assurance et les intérêts). Dans tous les cas de figure, le solde du prêt est remboursé *in fine*, c'est-à-dire au moment où la vente du bien est réalisée.

## 2. Les montages possibles

| Montage | | Commentaire |
|---|---|---|
| Montage 1 | Prêt relais seul. | À utiliser lorsque le prix du bien vendu est supérieur au prix du bien acheté. |
| Montage 2 | Prêt relais franchise totale + prêt classique amortissable. | Mensualité : ADI sur prêt relais + annuité (amortissement intérêt et assurance du prêt classique). Le prêt relais est ensuite soldé par le produit de la vente du bien. |
| Montage 3 | Prêt relais (franchise partielle) + prêt classique (amortissable). | Mensualité = ADI + intérêts du prêt relais + annuité du prêt amortissable. Le prêt relais est ensuite soldé par le produit de la vente du bien. |
| Montage 4 | Montage 2 ou 3 avec la possibilité d'un différé d'amortissement sur le prêt amortissable. | Mensualité = ADI + intérêts prêt relais+ intérêts prêt amortissable. Les charges liées au remboursement des crédits sont allégées pendant la période de vente du bien immobilier. |

### Exemple :

Le bien vendu vaut 550 000 € (il reste un encours de crédit de 120 000 €).

| Nature du projet | | Financement | |
|---|---|---|---|
| Acquisition immeuble ancien<br>Frais de dossier<br>Garantie (PPD)<br>Frais d'agence<br>Notaire<br>Travaux | 395 000<br>300<br>1 280<br>15 000<br>27 000<br>100 000 | Apport personnel<br>Prêt relais (24 mois à 4,9 %)<br><br><br>Prêt amortissable<br>(sur 20 ans à 4,2 %) | 27 580<br>301 000<br><br><br><br>210 000 |
| Total | 538 580 € | Total | 538 580 € |

Montant du prêt relais : 70 % de (valeur du bien vendu – encours de crédit)

soit 70 % (550 000 – 120 000) = 301 000 €.

Coût de l'assurance : 7 € par tranche de 10 000 € empruntés.

| Mensualité assurance comprise (€) | Période 1 (de 0 à 24 mois) | Période 2 (25$^{e}$ mois au 240$^{e}$ mois) |
|---|---|---|
| Prêt relais | 210,70 € | 0,00 € |
| Prêt amortissable | 1 441,80 €<br>(dont 147 € assurance) | 1 441,80 € |
| Total | 1 652,50 € | 1 441,80 € |

Au terme des 24 mois le client devra rembourser les 301 000 € augmentés des intérêts capitalisés mensuellement au taux de 4,9 % pendant la période d'utilisation du prêt relais, soit :
$301\,000\,(1 + 4{,}9\,\% : 12)^{24} = 331\,925{,}56$ €.

**Attention :** penser à transformer le taux annuel en taux équivalent mensuel.

Si le client réalise la vente de son bien avant la fin prévue du prêt relais, il pourra rembourser ce dernier par anticipation sans avoir à supporter les indemnités de remboursement anticipé.

# B. Le prêt *in fine*

## 1. Les avantages

Le prêt permet de profiter à plein du mécanisme du déficit foncier lié à une opération de défiscalisation. En effet, le montant des intérêts est identique sur toute la période de l'opération alors que ce montant est dégressif avec un prêt amortissable classique. D'autre part, les remboursements mensuels sont plus faibles.

**Exemple**

Un investisseur imposé dans la tranche à 41 % souhaite réaliser un investissement locatif en profitant d'une des lois de défiscalisation (voir fiche 26). Il envisage donc de se porter acquéreur d'un immeuble d'une valeur de 140 000 € financé par un crédit *in fine* sur 12 ans au taux de 5,2 %. Sa mensualité sera composée du montant des intérêts soit [(5,2 % × 140 000 €)/12] = 606,67 €. Au total sur 12 ans, notre investisseur pourra déduire 87 360 € de ses revenus locatifs au seul titre des intérêts payés. À titre de comparaison, un investissement identique financé par un crédit amortissable sur 12 ans au taux de 4,3 % ne générerait que 39 457 € d'intérêts.

## 2. Les risques

Ce type de montage n'est pas sans risque. Les risques seront naturellement fonction de la façon dont le prêt sera soldé.

Si le prêt est remboursé par la revente du bien, il existe toujours un risque de moins-value sur l'immeuble (vente effectuée dans un contexte de chute des prix dans le secteur immobilier).

Si le prêt est adossé à une assurance-vie dont les fonds devront servir au remboursement du prêt, tout dépendra du rendement du contrat pendant la période. Ce rendement est fonction des orientations des marchés financiers. Il faudrait par exemple verser environ 700 €/mois pendant 12 ans sur un contrat d'assurance-vie rémunéré à 4 % en moyenne et verser un capital initial de 5 000 € pour constituer un capital de 136 519,52 €.

# Application

## Énoncé

Un client souhaite vous entretenir au sujet d'un projet d'acquisition immobilière. Il souhaite acheter un pavillon d'une valeur de 250 000 €, somme majorée de 1 500 € de frais de notaire. L'acquisition doit être financée par la vente de la résidence principale estimée à 180 000 €. Âgé de 50 ans votre client ne souhaite pas s'endetter sur une trop longue période, et souhaiterait avoir terminé de rembourser ses emprunts avant 60 ans, date prévisible de son départ à la retraite.

Les conditions pratiquées par votre banque sont les suivantes :

Prêt relais : maximum 70 % de la valeur du bien vendu.

Taux du prêt relais : 5,2 % hors assurance ADI 0,4 %.

Prêt amortissable classique : 5 % fixe sur 10 ans (coût de l'assurance : 0,36 % capital emprunté).

Taux d'endettement maximum : 33 %.

Frais de dossier 1 % capital emprunté avec un maximum de 950 €.

Revenus du couple : Monsieur : 2 800 €/mois sur 13 mois ; Madame 1 600 €/mois sur 13 mois.

Apport personnel : 17 000 € en provenance d'un contrat assurance vie.

**Établissez le plan de financement de cette opération et indiquez la faisabilité du projet.**

## Solution

| | | | |
|---|---|---|---|
| Acquisition | 250 000 € | Crédit relais | 180 000*70 % = 126 000 € |
| Notaire | 1 500 € | Crédit amortissable | 109 450 € |
| Frais de dossier | 950 € | Apport personnel | 17 000 € |
| Total | 252 450 € | | 252 450 € |

| | |
|---|---|
| Mensualité crédit relais (2 ans max) | (126 000*5,2 %)/12 = 546 €/mois<br>Assurance : 42 €/mois<br>Total : 588 € |
| Mensualité crédit amortissable (10 ans) | 1 160,89 €<br>Assurance : 32,83 €/mois<br>Total : 1 193,72 € |
| Mensualité totale assurance comprise | 1 781,72 € |
| Capacité d'emprunt | 33 % (2 800*13 + 1 600*13) = 18 876 €<br>Soit 1 573 €/mois |

Le montant des mensualités est trop élevé. Il faut alors envisager une franchise totale d'intérêt sur le prêt relais. Ce dernier sera remboursé au plus tard dans 2 ans et au plus tôt au moment de la vente du bien. Si le prêt relais n'est remboursé que dans deux ans, notre client devra alors verser :

$126\,000\,(1 + 0{,}004\,233\,362)^{24} = 139\,444{,}7$ €.

# VI

# Les marchés financiers

# 43 L'organisation des marchés financiers

## I Principes

Les marchés financiers ont comme mission principale de participer au financement de l'économie, c'est-à-dire d'organiser la rencontre entre les agents à besoin de financement (investissement des entreprises, financement de la dette de l'État) et ceux à capacité de financement (habituellement les ménages). Le marché est un lieu d'échange sur lequel l'épargnant doit pouvoir être assuré de retrouver la liquidité de ses avoirs en cas de nécessité en vendant ses valeurs mobilières.

## II Éléments et analyse

### A. La structure des marchés financiers

#### 1. La place financière de Paris

La société holding NYSE Euronext résulte du rapprochement d'Euronext (Paris, Lisbonne, Amsterdam, Bruxelles, Liffe) et de la bourse de New York (NYSE Group). Cette nouvelle société a été cotée pour la première fois le 4 avril 2007.

L'enjeu de ce rapprochement est de proposer aux utilisateurs du marché un vaste marché unifié. L'ambition du nouveau groupe est de gagner en compétitivité en réduisant les coûts des commissions facturées au client (en générant des économies d'échelle), d'accroître tant la liquidité que la transparence du marché. Ce dernier rapprochement avait été précédé en septembre 2000 par celui des bourses de Paris, Lisbonne, Amsterdam et Bruxelles et les marchés dérivés anglais (LIFFE). Ainsi, le nouveau groupe globalise une capitalisation boursière de 21 500 milliards d'euros. Dorénavant, ce sont six marchés au comptant et six marchés dérivés qui sont gérés par NYSE Euronext.

#### 2. Les différents marchés

COMPLÉMENTS en ligne

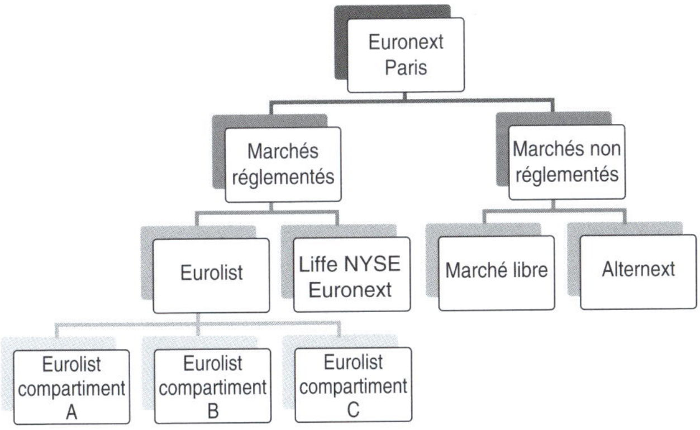

- Les valeurs qui forment l'Eurolist sont ventilées en trois compartiments. Le compartiment A regroupe les plus grandes entreprises (plus de 1 milliard d'euros de capitalisation) ; le compartiment B les valeurs moyennes (entre 150 millions et 1 milliard d'euros de capitalisation) et le compartiment C (sociétés dont la capitalisation est inférieure à 150 millions d'euros).
- Liffe NYSE Euronext : il s'agit du marché sur lequel sont échangés des contrats à terme (futures) et des options (option sur taux à court terme, swaps, action, obligation, devise).
- Le marché libre : marché non réglementé, ce qui signifie que les entreprises ne sont pas soumises aux mêmes règles de communication financière que les entreprises cotées sur des marchés réglementés. Par ailleurs, ce marché accueille des entreprises de petite taille pour lesquelles les volumes échangés (faible) ne permettent pas toujours d'effectuer des transactions. C'est un marché peu liquide.
- Alternext est un marché accessible aux entreprises ne remplissant pas les conditions d'accès au marché réglementé mais souhaitant néanmoins lever des capitaux sur les marchés financiers. La création de ce marché en mai 2005 est une des conséquences de la directive européenne des services en investissement.

## B. Le cheminement d'un ordre de bourse

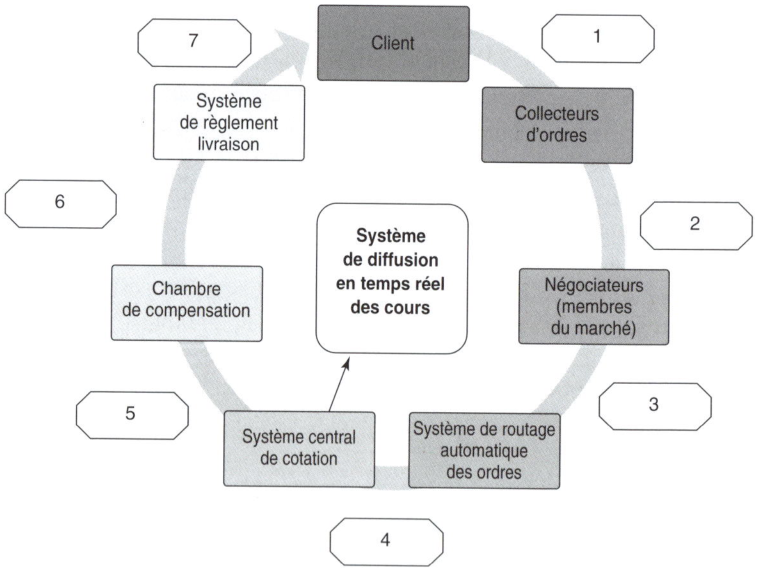


| Étape | Explications |
|---|---|
| 1 | Le client transmet un ordre d'achat ou de vente à son établissement de crédit ou courtier qui assume la fonction de collecteur d'ordres. Les collecteurs ne sont pas membres du marché. |
| 2 | Les collecteurs transmettent ensuite aux négociateurs (membre du marché) seuls habilités à transmettre des ordres sur le marché. Les négociateurs peuvent ouvrir des comptes au nom de leurs clients, recevoir et conserver titres et espèces. |

| | |
|---|---|
| 3 | Les ordres sont ensuite acheminés *via* un système de routage automatique vers le système central de cotation. |
| 4 | L'ordre arrive sur la feuille de marché, ce qui déclenche le calcul d'un nouveau cours par le système de cotation. Le système diffuse ensuite l'information en temps réel *via* des professionnels de l'information (Bloomberg, Reuters...). |
| 5 | L'ordre parvient ensuite à la chambre de compensation (LCH Clearnet). Il s'agit d'un établissement de crédit qui agit comme une interface entre le vendeur et l'acheteur. Cet établissement garantit au vendeur qu'il recevra ses liquidités et à l'acheteur qu'il sera bien livré de ses titres. C'est LCH Clearnet qui assume le risque de défaillance de l'une ou l'autre des parties. Cette fonction est rémunérée par une commission de compensation. C'est un élément clé de la sécurité du marché. |
| 6 | Une fois la compensation assurée, il convient d'effectuer le règlement et livraison des titres. Cette opération est réalisée par la société Euroclear à J+3 après passage en chambre de compensation. |
| 7 | Le client va dans un premier temps voir son compte espèces crédité (cas d'une vente de titres) ou débité (cas d'un achat). Simultanément, le compte titre est symétriquement débité (vente de titres) ou crédité (achat de titres). Dans un second temps (J+7), le client reçoit un avis d'opéré qui détaille le contenu de la transaction (achat ou vente, montant brut, montant des commissions, de la TVA et enfin montant net sur le compte). |

# III Compléments : le rôle des différents acteurs

| Intervenants | Rôle |
|---|---|
| Autorité des marchés financiers (depuis 2003) succédant à : la commission des opérations de bourse (COB), au conseil des marchés financiers (CMF) et au conseil de discipline de la gestion financière (CDGF). | Rôle de régulateur des marchés.<br>Protège l'épargne investie.<br>Informe les investisseurs.<br>Veille à la transparence des marchés.<br>A un pouvoir de sanction en cas d'infraction (délits d'initié, manipulations de cours...).<br>Autorise la création des OPCVM (vérifie le contenu des prospectus à destination des clients). |
| Euronext SA | Instruit et prononce l'admission des sociétés à la cote.<br>Permet la cotation des valeurs en gérant le système central de cotation.<br>Facilite la négociation.<br>Favorise la diffusion de l'information (gage de transparence du marché). |
| Euroclear | C'est une société filiale à 100 % d'Euronext dont le rôle est de procéder au règlement et à la livraison des titres et de conserver les titres. |

# 44 La cotation et le fonctionnement des marchés

# I Principes

Depuis 1986, la bourse s'est considérablement modernisée. On est ainsi passé de la « Corbeille » du palais Brongniart à la cotation assistée en continu (CAC). On distingue deux groupes de cotation (continu et fixing) et deux modes de règlement des transactions : règlement au comptant qui est la règle ou le règlement différé (mécanisme du SRD).

# II Éléments et analyse

## A. Les horaires de cotation et les règles de réservation

Il existe deux groupes de cotation :

- la cotation en continu ;
- le fixing.

### 1. La cotation en continu

#### *La préouverture du marché : 7h15 à 9h00*

Les ordres passés depuis la fermeture de la veille sont saisis, ce qui permet de calculer un cours d'ouverture théorique. Aucune transaction n'est effectuée à ce stade.

Le cours d'ouverture doit être compris entre + et – 10 % du cours de référence (en général le dernier cours côté). Si tel n'est pas le cas la valeur est réservée pendant 5 minutes. L'ouverture de la séance est décalée d'autant. Une valeur sera réservée à la hausse ou à la baisse dès lors qu'il est impossible d'ajuster l'offre à la demande. Euronext a donc défini des marges de fluctuation autorisée autour du cours de référence (+/– 10%) pour les seuils statiques et +/– 2 % pour les seuils dynamiques en cas de réservation.

**Exemple :**

Dernier cours action Z : 62 €.

Cours de référence : 62 €.

Le premier cours doit être compris entre 55,80 € et 68,20 €.

Si le cours théorique d'ouverture se situe à 70 €, la valeur est réservée à la hausse 5 minutes. Les nouveaux seuils statiques sont définis par rapport au seuil de 68,20 € (limite supérieure de l'intervalle précédent). Les nouveaux seuils deviennent : 61,38 € et 75,02 €.

Dans le cas d'une réservation à la baisse, c'est à partir de la limite inférieure du premier intervalle que se calculent les nouveaux seuils statiques.

### La séance de cotation : 9 h 01 à 17 h 30

Les transactions ont lieu et la cotation se poursuit en continu tant que les seuils statiques et dynamiques de réservation sont respectés.
Pour mieux contrôler la volatilité des cours, Euronext a créé des seuils dynamiques qui s'emboîtent à l'intérieur des seuils statiques. Chaque nouveau cours devient cours de référence qui permet de déterminer les nouveaux seuils dynamiques.

**Exemple :**
Cours de référence : 62 € : les seuils statiques sont alors : [55,8 ; 68,2].
Seuils dynamiques : 62 – 2 % = 60 76 ; 62 + 2 % = 63,24.
Si le cours devient 63 € alors les seuils statiques restent inchangés alors que les seuils dynamiques deviennent :
63 – 2 % = 61, 74 €.
63 + 2 % = 64,26 €.

### La préclôture : 17 h 30-17 h 35

plus aucune transaction ; les ordres sont centralisés

### La clôture 17 h 35

### Négociation au dernier prix : 17 h 35-17 h 40

Si des contreparties existent, les ordres sont exécutés au dernier cours.

## 2. Le fixing

Une pré-ouverture se déroule à 7 h 15 : les ordres s'accumulent dans le carnet d'ordres. Le fixing se déroule aux heures suivantes selon les marchés :

| NYSE Euronext Paris | ALTERNEXT | Marché libre |
|---|---|---|
| 11 h30 et 16 h 30 | 15 h 30 | 15 h |

Pour NYSE Euronext, des échanges peuvent être réalisés au dernier cours 30 minutes après le fixing si la contrepartie existe.

# B. Le cours d'une action

Le calcul du cours résulte de la confrontation entre l'offre et la demande sur le marché. Les transactions se feront au prix qui permet le plus grand nombre d'échanges.

| Achat | | | Vente | | |
|---|---|---|---|---|---|
| Quantité | Prix | Cumul | Quantité | Prix | Cumul |
| 10 | 18 | 10 | 5 | 13 | 5 |
| 15 | 17 | 25 | 12 | 14 | 17 |
| 5 | 16 | 30 | 32 | 15 | 49 |
| 20 | 15 | 50 | 17 | 16 | 66 |

Le prix d'équilibre sera ici de 15 €. En effet, à ce prix 50 actions sont demandées et 49 sont offertes. Il y aura donc 49 actions d'échangées au prix de 15 € qui devient le fixing d'ouverture.

### C. Le service à règlement différé

La négociation au comptant est de rigueur sur tous les marchés depuis le 25 septembre 2000. Le transfert de propriété des titres échangés s'effectue le jour de la négociation alors que le règlement/livraison est à J+3. Cependant, une exception à cette règle du comptant existe : il s'agit du règlement différé. Toutes les valeurs ne peuvent profiter de ce système. En effet, seules les valeurs appartenant à l'indice SBF 120, dont la capitalisation boursière est supérieure à 1 milliard d'euros et dont le volume de transactions journalier est supérieur à 1 million d'euros peuvent bénéficier du règlement différé.

Début du mois boursier : 4 séances de bourse avant la fin du mois précédent.

Fin du mois boursier : liquidation L : fin du mois calendaire – 4 jours, soit la 1ère des 5 dernières journées de bourse avant la fin du mois.

Le règlement des titres acquis au SRD s'effectue le dernier jour ouvré du mois civil.

## III Complément : SRD et couverture financière

Le SRD est un mécanisme de crédit. Il permet d'acheter des titres pendant le mois boursier en effectuant le règlement non pas au comptant mais le dernier jour ouvré du mois. Cependant, pour profiter de ce mécanisme, l'investisseur doit disposer d'une couverture financière préalable dont le montant, variable, dépend de la nature des actifs détenus. Par ailleurs, l'investisseur devra s'acquitter de la commission de règlement différé (CRD).

| Nature des actifs en portefeuille | Couverture financière | Effet de levier autorisé |
|---|---|---|
| Liquidité, OPCVM monétaires | 20 % au minimum | 5 fois la valeur des actifs détenus |
| Obligations ou OPCVM obligataires | 25 % | 4 fois la valeur des actifs détenus |
| Actions françaises ou OPCVM actions | 40 % | 2,5 fois la valeur des actifs détenus |

**Exemple :**

Un portefeuille de 10 000 € avec 1 000 € de liquidités, 5 000 € d'obligations et 4 000 € d'actions permet un investissement maximum de :

$1\,000 \times 5 + 5\,000 \times 4 + 4\,000 \times 2{,}5 = 35\,000$ €. Au total, l'effet de levier est de 3,5.

En cas de perte, la couverture va devenir insuffisante dans la mesure où les liquidités seront amputées du montant de la perte. L'investisseur devra alors réinjecter des liquidités ou vendre des titres pour retrouver le niveau de couverture minimal exigé par l'intermédiaire qui accorde le crédit.

À l'inverse, en cas de gain, le SRD permet d'encaisser la plus-value sans avoir eu besoin de décaisser la totalité de l'achat.

Au moment de la liquidation, l'investisseur peut :

- lever les titres, c'est-à-dire effectuer le règlement et prendre possession des titres ;
- reporter sa position sur le mois suivant. Le cours a pu baisser entre le jour d'achat et la liquidation. Dans ce cas, l'investisseur ne réglera ces titres qu'à la fin du mois suivant. Cette possibilité vient augmenter les frais de courtage du montant du coût du report.

**Remarque :** les opérations de report sont comptabilisées comme une cession au cours de compensation. En effet, reporter sa position revient à acheter puis à revendre immédiatement les titres à un cours dit de compensation.

# Application

## Énoncé

Vous disposez des informations suivantes sur le titre Alcatel Lucent (voir tableau à compléter)

1. **Comment a évolué le cours de l'action entre le 30 décembre 200N et le 20 janvier 200N+1 ?**
2. **Quelles indications donnent la statistique sur les volumes échangés ?**
3. **Complétez le tableau suivant.**

| Critères | Données le 20 janvier 200N+1 | Signification |
|---|---|---|
| Volume échangés | 26 041 242 | |
| Valorisation | 3 517,54 Millions EUR | |
| Nombres de titres | 2 320 274 456 | |
| Seuil suspension à la baisse | 1,473 | |
| Seuil de suspension à la hausse | 1,563 | |
| Marché | Eurolist Compartiment A | |
| Place de cotation | NYSE Euronext Paris | |
| Eligibilité PEA/SRD | Oui/oui | |
| Dernier coupon | ND | |
| PER 200N<br>PER 200N+1 | 6,9<br>10,10 | |
| BNPA (bénéfice net par action)<br>200N<br>200N+1 | <br>0,20<br>0,14 | |
| Rendement | 0 % | |
| Cours de l'action 20/01/200N+1 | 1,526 | |
| Cours de l'action le 30/12/200N | 1,207 | |

## Solution

2. Les volumes échangés permettent de caractériser la liquidité d'une valeur. Les valeurs du SRD sont en effet les valeurs les plus liquides ; ce qui est loin d'être le cas pour certaines valeurs appartenant à d'autres compartiments.

1. 3

| Critères | Données le 20 janvier 200N+1 | Signification |
|---|---|---|
| Volumes échangés | 26 041 242 | Nombre de titres échangés pendant la journée de cotation. C'est un indicateur de la liquidité d'un titre (capacité à être échangé rapidement sur le marché). |
| Valorisation | 3 517,54 Millions EUR | C'est la capitalisation boursière, c'est à dire ce que vaut l'entreprise compte tenu du cours de l'action et du nombre d'actions en circulation : cours × nombre de titres |
| Nombres de titres | 2 320 274 456 | Il s'agit de l'ensemble des titres composant le capital de l'entreprise. |
| Seuil de suspension à la baisse | 1,473 | Ce sont des seuils à partir desquels Euronext décide de suspendre la cotation. |
| Seuil de suspension à la hausse | 1,563 | |
| Marché | Eurolist Compartiment A | Alcatel fait partie des plus grosses capitalisations de la place de Paris (plus d'1 milliard d'euros de capitalisation) |
| Place de cotation | NYSE Euronext Paris | |
| Eligibilité PEA/ SRD | Oui/oui | L'action peut être détenue dans un plan d'épargne en actions. Elle peut également fait l'objet d'un règlement différé lors de son acquisition (sous réserve que l'acheteur remplisse les conditions de couverture financière (voir page précédente) |
| Dernier coupon | ND | Aucun dividende n'a été versé par l'entreprise en 200N |
| PER 200N<br>PER 200N+1 | 6,9<br>10,10 | **Price Earning ratio : Cours de bourse/bénéfice net par action**<br>Le PER : reflet des anticipations de croissance des bénéfices. les cours des titres incorporent les anticipations de profit des investisseurs.<br>D'une manière générale, plus le PER est faible, plus l'action est bon marché (signal d'achat). À l'inverse, un PER élevé indiquera un signal de vente pour encaisser une plus-value sur un titre dont la société est en croissance ou vente par anticipation de la chute du cours (PER élevé peut être le résultat d'une chute des bénéfices) |

| Critères | Données le 20 janvier 200N+1 | Signification |
|---|---|---|
| BNPA (bénéfice net par action)<br>200N<br>200N+1 | <br><br><br>0,20<br>0,14 | Bénéfice/nombre d'actions de la société.<br>Le bénéfice par action attendu en 200N+1 est en régression. |
| Rendement | 0 % | Dividende/Cours de l'action<br>Un rendement élevé, résultat d'un dividende élevé, constitue un signe d'achat.<br>Un rendement élevé peut aussi être provoqué par une baisse du cours de l'action, reflétant des anticipations défavorables sur le titre en raison de difficultés qui pourraient conduire à un rendement nul en l'absence de bénéfices. |
| Cours de l'action 20/01/200N+1 | 1,526 | L'action a augmenté de 26,4 % entre le 30/12/200N et le 20 janvier 200N+1 |
| Cours de l'action le 30/12/200N | 1,207 | |

# 45 Les ordres de bourse

## I Principes

Il existe plusieurs types d'ordre de bourse. Le choix se fera en fonction de la priorité de l'investisseur entre la rapidité d'exécution, le prix et la quantité. Il est impossible de satisfaire ces trois critères simultanément

Préalablement au passage d'un ordre, il convient de lire attentivement le carnet d'ordre. Le carnet d'ordre indique les 5 meilleures offres (vente) et les 5 meilleures demandes (achat) sur le marché.

### Exemple

| Achat | | | Vente | | | Dernières transactions | | |
|---|---|---|---|---|---|---|---|---|
| Nombre d'ordres | Quantité | Prix | Nombre d'ordres | Quantité | Prix | Heure | Quantité | Prix |
| 3 | 278 | 89,53 | 1 | 45 | 89,6 | 10 h 54 | 16 | 89,53 |
| 1 | 72 | 89,5 | 2 | 107 | 89,7 | 10 h 54 | 15 | 89,60 |
| 1 | 91 | 89,48 | 3 | 528 | 89,75 | 10 h 54 | 23 | 89,53 |
| 2 | 301 | 89,46 | 1 | 70 | 89,78 | 10 h 54 | 18 | 89,53 |
| 3 | 103 | 89,45 | 1 | 16 | 89,79 | 10 h 53 | 355 | 89,63 |

## II Méthode

### A. Les ordres de bourse

Un ordre de bourse doit préciser :

- le nom de la valeur ou son code ISIN ;
- sa nature (cours limité, au marché, à la meilleure limite, à déclenchement) ;
- le sens : achat ou vente ;
- la quantité ;
- une durée de validité (un jour, à révocation (dernier jour du mois pour les valeurs hors SRD, jour de liquidation du mois boursier pour les valeurs admises au SRD), à une date fixée sans pouvoir aller au-delà de la liquidation (SRD) ou de la fin du mois).

L'exécution d'un ordre repose sur trois contraintes : le prix, la quantité et le délai d'exécution. Il n'est pas possible d'atteindre ces trois critères en même temps. Ainsi, le libellé de l'ordre va dépendre des priorités.

Si la priorité c'est le prix : ordre à cours limité.

Si la priorité est la quantité : ordre au marché.

Si la priorité est la rapidité d'exécution, il conviendra de retenir un ordre au marché.

## 1. L'ordre à cours limité en séance

En reprenant le carnet d'ordre ci-dessus, voyons ce qui se passe si un ordre d'achat de 300 titres à cours limité de 89,75 € arrive à 10 h 55. Cet ordre vient se placer en tête des ordres d'achat puisque c'est la meilleure demande sur le marché. Comme il existe une contrepartie (des vendeurs acceptent de vendre à un cours inférieur ou égal à la limite fixée par l'acheteur), la transaction va pouvoir se dénouer.

45 titres seront cédés à 89,6.

107 titres à 89,7.

148 titres à 89,75.

Le carnet d'ordre devient alors :

| Achat | | | Vente | | | Dernières transactions | | |
|---|---|---|---|---|---|---|---|---|
| Nombre d'ordres | Quantité | Prix | Nombre d'ordres | Quantité | Prix | Heure | Quantité | Prix |
| 3 | 278 | 89,53 | 3 | 380 | 89,75 | 10 h 55 | 45 | 89,6 |
| 1 | 72 | 89,5 | 1 | 70 | 89,78 | 10 h 55 | 107 | 89,7 |
| 1 | 91 | 89,48 | 1 | 16 | 89,79 | 10 h 55 | 148 | 89,75 |
| 2 | 301 | 89,46 | | | | 10 h 54 | 16 | 89,53 |
| 3 | 103 | 89,45 | | | | 10 h 54 | 15 | 89,60 |

## 2. L'ordre à la meilleure limite

On considère toujours le même carnet d'ordre que celui utilisé initialement. À 10 h 55 un ordre d'achat de 100 titres à la meilleure limite arrive sur le marché.

| Achat | | | Vente | | | Dernières transactions | | |
|---|---|---|---|---|---|---|---|---|
| Nombre d'ordres | Quantité | Prix | Nombre d'ordres | Quantité | Prix | Heure | Quantité | Prix |
| 1 | 100 | AML | 1 | 45 | 89,6 | 10 h 54 | 16 | 89,53 |
| 3 | 278 | 89,53 | 1 | 107 | 89,7 | 10 h 54 | 15 | 89,60 |
| 1 | 72 | 89,5 | 2 | 528 | 89,75 | 10 h 54 | 23 | 89,53 |
| 1 | 91 | 89,48 | 3 | 70 | 89,78 | 10 h 54 | 18 | 89,53 |
| 2 | 301 | 89,46 | 1 | 16 | 89,79 | 10 h 53 | 355 | 89,63 |

L'ordre est exécuté pour 45 actions à 89,60 €. Cet ordre est alors transformé en ordre à cours limité au prix de la dernière transaction. Le carnet d'ordre devient alors :

| Achat | | | Vente | | | Dernières transactions | | |
|---|---|---|---|---|---|---|---|---|
| Nombre d'ordres | Quantité | Prix | Nombre d'ordres | Quantité | Prix | Heure | Quantité | Prix |
| 1 | 55 | 89,6 | 1 | 107 | 89,7 | 10 h 55 | 45 | 89,6 |
| 3 | 278 | 89,53 | 2 | 528 | 89,75 | 10 h 54 | 16 | 89,53 |
| 1 | 72 | 89,5 | 3 | 70 | 89,78 | 10 h 54 | 15 | 89,60 |
| 1 | 91 | 89,48 | 1 | 16 | 89,79 | 10 h 54 | 23 | 89,53 |
| 2 | 301 | 89,46 | | | | 10 h 54 | 18 | 89,53 |

Les ordres à la meilleure limite sont exécutés après les ordres au marché et les ordres limités à des cours plus élevés. L'ordre, n'ayant pas été servi totalement, reste pour le solde (soit 55 actions) dans le carnet d'ordre.

## 3. L'ordre au marché

| Achat | | | Vente | | | Dernières transactions | | |
|---|---|---|---|---|---|---|---|---|
| Nombre d'ordres | Quantité | Prix | Nombre d'ordres | Quantité | Prix | Heure | Quantité | Prix |
| 1 | 800 | MO | 1 | 45 | 89,6 | 10 h 54 | 16 | 89,53 |
| 3 | 278 | 89,53 | 2 | 107 | 89,7 | 10 h 54 | 15 | 89,60 |
| 1 | 72 | 89,5 | 3 | 528 | 89,75 | 10 h 54 | 23 | 89,53 |
| 1 | 91 | 89,48 | 1 | 70 | 89,78 | 10 h 54 | 18 | 89,53 |
| 2 | 301 | 89,46 | 1 | 16 | 89,79 | 10 h 53 | 355 | 89,63 |

Cet ordre est exécuté en totalité au fixing dès lors que la contrepartie existe. En séance, l'ordre sera exécuté totalement ou partiellement selon les quantités disponibles sur le marché.

### Exemple :

Achat de 800 actions au marché. L'ordre va s'afficher dans le carnet avec la mention « MO » pour « market order » Le carnet devient :

| Achat | | | Vente | | | Dernières transactions | | |
|---|---|---|---|---|---|---|---|---|
| Nombre d'ordres | Quantité | Prix | Nombre d'ordres | Quantité | Prix | Heure | Quantité | Prix |
| 1 | 34 | MO | | | | 10 h 55 | 45 | 89,6 |
| 3 | 278 | 89,53 | | | | 10 h 55 | 107 | 89,7 |
| 1 | 72 | 89,5 | | | | 10 h 55 | 528 | 89,75 |
| 1 | 91 | 89,48 | | | | 10 h 55 | 70 | 89,78 |
| 2 | 301 | 89,46 | | | | 10 h 55 | 16 | 89,79 |

Comme la quantité à la vente n'était pas suffisante, il reste 34 actions. Si la quantité avait été suffisante, l'ordre aurait totalement disparu de la feuille de marché.

## 4. Les ordres à déclenchement

À la différence des ordres présentés précédemment, ces ordres (qu'il s'agisse des ordres à seuil ou à plage de déclenchement) n'apparaissent pas dans le carnet d'ordre.

### *Seuil de déclenchement*

Un ordre d'achat à seuil de déclenchement devra d'abord être accepté par le système de cotation. Ce sera le cas si le seuil de déclenchement retenu est supérieur au cours de la dernière transaction. L'ordre sera ensuite exécuté après que le système ait enregistré une transaction à un cours égal au seuil.

Un client veut acheter 150 titres à partir de 89,65 €. L'ordre sera exécuté après qu'une transaction à 89,65 ait été effectuée.

| Achat | | | Vente | | | Dernières transactions | | |
|---|---|---|---|---|---|---|---|---|
| Nombre d'ordres | Quantité | Prix | Nombre d'ordres | Quantité | Prix | Heure | Quantité | Prix |
| 1 | 50 | 89,65 | 1 | 45 | 89,6 | 10 h 54 | 16 | 89,53 |
| 3 | 278 | 89,53 | 2 | 107 | 89,7 | 10 h 54 | 15 | 89,60 |
| 1 | 72 | 89,5 | 3 | 528 | 89,75 | 10 h 54 | 23 | 89,53 |
| 1 | 91 | 89,48 | 1 | 70 | 89,78 | 10 h 54 | 18 | 89,53 |
| 2 | 301 | 89,46 | 1 | 16 | 89,79 | 10 h 53 | 355 | 89,63 |

À 10 h 55 un ordre d'achat de 50 titres à 89,65 € est passé. La feuille devient :

| Achat | | | Vente | | | Dernières transactions | | |
|---|---|---|---|---|---|---|---|---|
| Nombre d'ordres | Quantité | Prix | Nombre d'ordres | Quantité | Prix | Heure | Quantité | Prix |
| 1 | 5 | 89,65 | 2 | 107 | 89,7 | 10 h 55 | 45 | 89,6 |
| 3 | 278 | 89,53 | 3 | 528 | 89,75 | 10 h 54 | 16 | 89,53 |
| 1 | 72 | 89,5 | 1 | 70 | 89,78 | 10 h 54 | 15 | 89,60 |
| 1 | 91 | 89,48 | 1 | 16 | 89,79 | 10 h 54 | 23 | 89,53 |
| 2 | 301 | 89,46 | | | | 10 h 54 | 18 | 89,53 |

L'ordre à seuil de déclenchement est alors activé et sera exécuté pour 107 titres à 89,70 € et 43 titres à 89,75 €.

### *L'ordre à plage de déclenchement*

Pour atténuer les risques des ordres à seuil de déclenchement, les ordres à plage de déclenchement comportent un cours maximum à ne pas dépasser à l'achat et un cours minimum à la vente.

### *Ordre au dernier cours*

Cet ordre concerne les valeurs les plus liquides et sera exécuté entre 17 h 35 et 17 h 40 au fixing de clôture.

## B. Synthèse : avantages et inconvénients des différents ordres de bourse

| Types d'ordre | Avantages | Inconvénients | Illustration |
| --- | --- | --- | --- |
| À cours limité | Maîtrise du prix | Ordre non prioritaire<br>Exécution aléatoire, partielle. Un cours limité atteint mais non exécuté est dit à cours touché. | Dans notre exemple, le cours moyen des 300 actions est de 89,71 € (ordre à cours limité 89,75 €). |
| À la meilleure limite | Simplicité, rapidité d'exécution | Faible contrôle du prix en séance<br>Non prioritaire<br>Risque d'exécution fractionné | 45 titres sur 100 demandés obtenus à 89,6 |
| Au marché | Ordre prioritaire<br>Simplicité | Pas de maîtrise du prix<br>Risque de fractionnement | Prix moyen d'achat 89,73 € pour 766 actions sur 800 demandées |
| À seuil de déclenchement | Évite une surveillance quotidienne des valeurs<br>Permet de se prémunir d'une baisse brutale<br>Permet de profiter des mouvements haussiers du marché. | Pas de maîtrise du prix<br>Risque de non-exécution si le seuil n'est pas atteint | Voir ci-dessus |
| À plage de déclenchement | Maîtrise prix moyen (une fourchette de prix est déterminée)<br>Un ordre à plage permet également de protéger une plus-value. | Non prioritaire | |

# III Compléments : les frais liés au passage d'un ordre

À l'occasion du passage d'un ordre de bourse, l'intermédiaire va prélever une commission (généralement un pourcentage sur le montant de la transaction) tant à l'achat qu'à la vente. Ainsi, le prix de revient s'obtiendra en ajoutant au prix d'achat sur le marché le coût de la transaction. À l'inverse, le prix net d'une vente résultera de la différence entre le prix de vente et la commission perçue par l'intermédiaire.

# Application

## Énoncé

Vous disposez de la feuille de marché suivante à 16 h 14 :

| Achat | | Vente | | Dernière transaction |
|---|---|---|---|---|
| Quantité | Prix | Quantité | Prix | 16 h 13 25,50 € 600 actions |
| 300 | 25,5 | 200 | 25,51 | |
| 600 | 25,49 | 100 | 25,52 | |
| 100 | 25,48 | 84 | 25,53 | |
| 72 | 25,47 | 42 | 25,54 | |
| 86 | 25,46 | 36 | 25,55 | |

Feuille de marché à 16 h 21 :

| Achat | | Vente | | Dernière transaction |
|---|---|---|---|---|
| Quantité | Prix | Quantité | Prix | 16 h 20 25,49 € 520 actions |
| 256 | 25,48 | 145 | 25,5 | |
| 210 | 25,47 | 269 | 25,51 | |
| 100 | 25,46 | 254 | 25,53 | |
| 365 | 25,43 | 658 | 25,54 | |
| 42 | 25,42 | 92 | 25,55 | |

**1. Vous souhaitez acheter 250 actions sans dépasser le prix de 25,50 €. Compte tenu de la feuille de marché, votre ordre sera t-il exécuté à 16 h 14 ?**

**2. Que va t-il se produire à 16 h 20 ? Quel type d'ordre faut-il passer pour ne pas dépasser le cours de 25,50 € ?**

**3. Comment l'acheteur peut-il faire pour obtenir la quantité souhaitée ?**

## Solution

1. L'ordre ne pourra pas être exécuté : il y a d'autres ordres prioritaires à 25,50 € et il n'y a pas la contrepartie suffisante sur le marché à 16 h 14.
2. À 16 h 20, notre ordre d'achat à 25,50 € est la meilleure demande sur le marché. Il y a 145 titres en vente à 25,50 €. Pour maîtriser le prix il faut passer un ordre à cours limité. Dès lors, 145 actions seront achetées à 25,50 €. Il restera 105 actions à acheter.
3. Un ordre d'achat au prix du marché permettra (selon les quantités disponibles) d'obtenir le nombre de titres voulu. Ainsi 145 titres seront achetés à 25,50 € et 105 titres à 25,51 €.

# 46 Les actions et opérations sur actions

## I Principes

Une action est une fraction du capital social d'une société de capitaux (Société anonyme, société en commandite par action).

## II Méthode

### A. Les caractéristiques d'une action

- Une action est avant tout caractérisée par une valeur nominale égale au montant du capital de la société rapporté au nombre d'actions émises. La valeur d'émission à la valeur nominale est dite au pair, dans le cas contraire les actions peuvent être émises avec une prime d'émission.
- Les actions sont dites au porteur lorsque l'identité de l'actionnaire est connue par l'établissement teneur du compte titre ou nominative lorsque cette même identité est connue de la société émettrice.

### B. Les actionnaires sont titulaires d'un certain nombre de droits

| | | |
|---|---|---|
| Droits | De vote | Une action = un vote (certaines actions procurent des droits de vote double) |
| | De regard sur la gestion | Les actionnaires ont la possibilité d'interroger par écrit la direction à l'occasion des assemblées générales et de se faire communiquer les documents relatifs à la situation financière de l'entreprise (bilan, compte de résultats) |
| | De rémunération | Les entreprises peuvent redistribuer une partie de leurs bénéfices sous la forme d'un dividende. La politique des entreprises se mesure en calculant le taux de distribution (dividendes/bénéfices nets). Le dividende est imposé au titre de l'IR après abattement de 40 %. |
| | De cession | L'actionnaire a la possibilité d'effectuer une donation de titre ou de vendre l'action. Dans ce cas, il peut réaliser une plus-value ou une moins value (voir fiche revenus des capitaux mobiliers). |
| | Sur actif net de la société | En cas de liquidation de la société, les actionnaires se partagent proportionnellement au nombre d'actions détenues l'actif net de la société, actif après règlement des dettes (bas de bilan). |
| | De souscription | À l'occasion d'une augmentation de capital à titre onéreux, l'actionnaire est prioritaire pour acquérir les nouvelles actions émises. Pour exercer ce droit, il dispose d'un droit de souscription dont la particularité est qu'il peut être vendu sur le marché. |
| | D'attribution | À l'occasion d'une augmentation de capital par incorporation des réserves, l'actionnaire a la possibilité de recevoir des actions gratuites. |

## C. Les opérations sur action

| Nature des opérations | Analyse |
|---|---|
| La division du nominal (Split) | Elle consiste à diviser la valeur boursière du titre, du dividende et des droits de vote dans les mêmes proportions.<br>Exemple : division par 2 le 13/06/200N du nominal de l'action alpha (5,50 € pour un total de titres de 241 602 846).<br>*Avantages* : rendre le titre plus accessible et élargir l'actionnariat en baissant sa valeur unitaire. Le titre devient plus liquide.<br>*Inconvénient* : Coût pour l'entreprise |
| L'attribution gratuite d'action | Elle intervient à l'occasion d'une augmentation de capital par intégration des réserves.<br>Exemple : alpha (12 06 200N) 1 action nouvelle pour 10 actions anciennes. Si je dispose de 85 actions, je recevrai alors 8 actions gratuites (8 × 10) et pour le solde des 5 actions des droits d'attribution que je peux céder sur le marché. L'actionnaire peut également choisir d'acquérir d'autres droits pour se voir attribuer une neuvième action gratuite.<br>*Avantages* : plus grande liquidité du titre (augmentation du nombre d'actions en circulation), gain pour l'actionnaire si l'entreprise ne modifie sa politique de distribution du dividende.<br>Droit d'attribution = Cours action × ratio d'échange<br>Si une action nouvelle est attribuée pour 10 anciennes et que l'action côte 110 € alors le droit d'attribution est égal à 110 × (1/10 + 1) = 10, le nouveau cours est alors : 110 – 10 = 100 €.<br>*Inconvénient* : la gratuité n'est qu'apparente (simple jeu d'écriture comptable). |
| Le rachat d'action (réduction du capital)<br><br><br><br><br>Les offres publiques | Une société rachète ses propres titres pour les annuler. Cette procédure doit être visée par l'AMF. Cette opération permet de profiter de l'effet relutif (diminution du PER, augmentation du bénéfice net par action : l'action devient moins chère donc plus attractive). Elle permet également de constituer une réserve de titres dans la perspective d'une acquisition par offre publique d'échange (OPE).<br><br>OPA : offre publique d'achat : procédure qui consiste à rendre publique l'intention pour une personne morale d'acquérir tout ou partie du capital d'une société.<br>OPE : offre publique d'échange : Procédure qui consiste à proposer ses propres titres en échange des titres de la société cible.<br>OPR : offre publique de retrait : l'actionnaire de référence propose le rachat de toutes les actions détenues par les actionnaires minoritaires. |

**Piège à éviter :** ne pas confondre le nominal d'une action (valeur faciale purement théorique) et la valeur boursière.

# III Complément : les indices boursiers

Le souci d'une plus grande lisibilité était déjà est à l'origine de la définition de nouveaux indices en 2005. La réforme engagée par Euronext voulait également satisfaire le besoin d'accorder une plus grande place aux entreprises moyennes jusqu'alors peu représentées dans les indices existants.

En 2011, NYSE Euronext a redéfini sa base d'indices la faisant passer de 11 à 9 indices. La logique est que les indices soient représentatifs des trois types de capitalisation (petite, moyenne et grande) présentes sur le marché. Ils sont rapidement présentés dans le tableau ci dessous.

| Indice | Définition |
|---|---|
| **CAC 40** | Base 1 000 = 31/12/1987, Cet indice est représentatif des 40 plus grosses capitalisations de la bourse de Paris choisies parmi les 100 premières capitalisations du marché parisien. Il sert de support aux contrats à termes ou options négociées sur Euronext-liffe. C'est également une base d'indexation pour les OPCVM. Fin 2010, les 6 premières entreprises (EDF, Total, Sanofi- Aventis, Schlumberger, ArcelorMittal et BNP Paribas,) représentent 49.9 % de la capitalisation totale du CAC 40. Une entreprise ne peut peser pour plus de 15 % dans l'indice. Sa composition est revue tous les trimestres par un conseil scientifique composé de représentants de la Banque de France, de l'AMF, de l'INSEE, d'instituts de conjoncture. |
| **CAC Next 20** | Ce sont les 20 valeurs les plus représentatives en termes de liquidité et de capitalisation flottante. Il accueille des valeurs susceptibles de figurer dans l'indice CAC 40. |
| **CAC Large 60** | Créé en mars 2011, il regroupe le CAC 40 et le CAC next 20. |
| **CACMID 60** | Créé en 2011 pour remplacer le CAC Mid 100 lui même créé le 3 janvier 2005 (base 3000 = 31/12/2002) .Il est représentatif des 60 premières valeurs moyennes. |
| **CAC SMALL** | Remplace depuis 2011 le CAC SMALL90 créé le 3 janvier 2005, (base 3000 = 31/12/ 2002). 238 valeurs au 31 mars 2011. |
| **SBF 120** | Créé en 1991 (base 1 000 = 28/12/1990), il regroupe 120 valeurs (CAC Large 60 + CAC MID 60. Les valeurs sont sélectionnées en fonction de leur capitalisation (sont éliminées de l'indice les valeurs se situant au delà de la 200e capitalisation et en fonction de leur liquidité). Calculé et diffusé en continu. |
| **CACMID &SMALLMS 190** | En remplacement du CAC MID et SMALL 90. |
| **CAC ALL-TRADABLE** | Remplace le SBF 250 et regroupe SBF 120 et CAC SMALL. |
| **CAC ALL SHARE** | Indice de l'ensemble des valeurs côtées sur Euronext à l'exception des valeurs du marché libre. |

# Application

## Énoncé 1

Quelles précautions un chargé de clientèle doit-il prendre à l'occasion de la vente d'un produit financier pour ne pas être poursuivi pour défaut de conseils ?

## Solution 1

Depuis l'entrée en vigueur de la directive MIF (Marchés des instruments financiers) le 1er novembre 2007, les banques doivent :

- informer le client sur le niveau de risque des placements proposés ;
- apprécier le niveau d'expertise du client : quel est son degré de connaissance et de maîtrise des instruments financiers ? Cette appréciation doit conduire la banque à classer les clients. Ces derniers sont également invités à renseigner la banque sur la nature des placements détenus ;
- classifier ses produits en fonction de leur niveau de complexité. Ainsi, un client ne pourra pas se voir proposer en face à face des produits ne correspondant pas à son profil (performance, risque horizon d'investissement). Un client pourra néanmoins souscrire des produits complexes en utilisant un autre canal (internet).
- communiquer à leurs clients leurs conclusions et conserver trace de ces entretiens.

## Énoncé 2

Quels conseils donneriez-vous à un client souhaitant ouvrir un compte titres afin de constituer et gérer un portefeuille de titres ?

## Solution 2

L'investisseur doit préalablement dresser un diagnostic de sa situation financière, s'interroger sur les objectifs poursuivis ainsi que sur l'horizon de placement envisagé.

Le diagnostic financier doit permettre d'identifier la répartition du patrimoine actuel entre les différents actifs (immobilier, assurance vie, épargne de précaution, épargne logement). Il devra ensuite s'interroger sur ses objectifs (rechercher un complément de revenus, constituer un capital, valoriser un capital existant, diversifier ses actifs, réduire sa fiscalité).

Enfin, la réflexion devra conduire l'investisseur à s'interroger sur l'horizon du placement (court terme, moyen terme ou long terme).

Les autres conseils :

- n'investir sur les marchés financiers que des capitaux dont on sait qu'ils peuvent être immobilisés plusieurs années ;
- diversifier le niveau de risque ;
- diversifier sectoriellement et géographiquement ses placements ;
- consulter des spécialistes, se tenir informé de l'évolution des marchés, être réactif.

# 47 Les obligations

## I Principes

**Une obligation** est un titre de créance émis en contrepartie d'un emprunt réalisé par l'émetteur. Les émetteurs sont des entreprises, des collectivités locales, l'État – voir les obligations assimilables du Trésor (OAT) – qui trouvent dans ces émissions un moyen de capter l'épargne publique pour financer leurs projets. À la différence du dividende versé en contrepartie de la détention d'une action, l'obligation donne droit à une rémunération fixe prévue initialement dans le contrat d'émission (même pour les obligations à taux variable) : le coupon. L'épargnant qui conserve l'obligation pendant toute la durée de vie du titre ne risque pas de perte en capital.

## II Méthode

### A. Les caractéristiques d'une obligation

| Caractéristiques | Analyse | Exemple |
|---|---|---|
| Identité | Comme tout produit côté et échangé sur le marché, une obligation est identifiable par un code ISIN (2 lettres + 10 chiffres) | FR0010395845 |
| Valeur nominale | Valeur faciale de l'obligation | 1 €, 100 €, 1 000 € |
| Prix d'émission | C'est le prix auquel l'acheteur se procurera le titre. Le prix d'émission est dit au pair s'il correspond à la valeur faciale de l'obligation. Au contraire, si le prix d'émission est inférieur au nominal, une prime d'émission est accordée : l'émission est dite au dessous du pair. | |
| Nombre de titres émis | Le nombre de titres est égal au montant de l'emprunt divisé par la valeur nominale de l'obligation | Pour un emprunt d'1 million d'euros avec un nominal de 100 €, N = 10 000 |
| Taux d'intérêt nominal | Il s'agit du taux qui permet de calculer l'intérêt versé, c'est dire la valeur du coupon attaché à chaque titre. | Si t = 4 % et si la valeur faciale est de 100 €, le coupon sera de 4 €. |

| Caractéristiques | Analyse | Exemple |
|---|---|---|
| Taux de rendement actuariel | C'est le rendement réel de l'obligation compte tenu :<br>• des fluctuations de cours liées aux variations des taux d'intérêt,<br>• de l'existence de prime d'émission ou de remboursement,<br>• de la durée de vie de l'obligation.<br>Ce taux de rendement se calcule par la résolution de l'équation qui égalise la valeur actualisée des revenus futurs au coût réel d'acquisition du titre. | Taux nominal : 4 %<br>Valeur faciale 100 €<br>Prime d'émission : 5 %<br>Coût d'acquisition : 95 €<br>Durée de vie : 5 ans<br>Valeur du coupon : 4 €<br>Rendement actuariel :<br>$95 = 100(1+r)^{-5} + \left[\frac{1-(1+r)^{-5}}{r}\right] \times 4$<br>La résolution de cette équation par interpolation linéaire donne r = 5,16 %. |
| Date d'émission | Date de publication au Bulletin des annonces légales | 10 novembre 200N |
| Date de règlement | Date à laquelle le montant souscrit sera débité du compte du souscripteur | 24 novembre 200N |
| Date d'échéance | Date à laquelle l'emprunt sera totalement amorti compte tenu des dispositions particulières liées à son remboursement. Dans le cas d'un remboursement *in fine*, c'est la date à laquelle le montant du nominal sera reversé au prêteur en même temps que le dernier coupon. | 16 /01/200N+11 : pour cette obligation le coupon est versé chaque année le 16 janvier. |
| Cotation | Elle s'effectue en % de la valeur nominale. Le cours d'une obligation varie inversement au taux d'intérêt. Si les taux montent, les nouvelles obligations émises offrent un coupon plus élevé et seront préférées aux anciennes obligations émises à des conditions de taux moins favorables. La demande pour ces obligations diminue et leur cours baisse. À l'inverse en période de baisse des taux, les nouvelles obligations offrent une rémunération moindre que les anciennes ; ces dernières sont donc plus demandées, leur cours augmente. | |
| Coupon couru | C'est la valeur du coupon prorata temporis entre deux dates de paiement du coupon. | Si le coupon est versé le 15 mai 200N, la valeur du coupon couru le 15 juillet d'une obligation émise au taux de 4 % sera :<br>4 % × 60/360 = 0,667 % |

| Caractéristiques | Analyse | Exemple |
|---|---|---|
| Duration | C'est une mesure de la réaction de l'obligation aux variations de taux d'intérêt ; elle exprime également le délai de récupération de l'investissement<br>$D = \dfrac{\sum_{t=1}^{n} \dfrac{R_t \cdot t}{(1+r)^t}}{\sum_{t=1}^{n} \dfrac{R_t}{(1+r)^t}}$<br>Avec $R_t$ = revenus perçus (coupon + remboursement de l'obligation *in fine*)<br>r est le taux d'intérêt | En reprenant le même exemple que précédemment<br>$D = 1/100\,[4/1{,}04 + (2 \times 4/1{,}04^2) + \ldots + [(5 \times 104)/1{,}04^5] =$<br>4,87 961 833 |
| Sensibilité | Mesure de la variation d'une obligation aux variations des taux d'intérêt. On la déduit de la duration S = – D/1 + r.<br>Plus la durée est forte, plus la sensibilité est élevée | S = – 4,87 961 833/1,04 = 4,6919<br>Interprétation : toute augmentation de 1 point du taux d'intérêt entraîne une variation de 4,69 % du cours de l'obligation |
| Remboursement de l'obligation | *In fine*, c'est-à-dire à l'échéance du contrat d'émission.<br>Par annuité constante. Une tranche de l'emprunt obligataire est tirée au sort et remboursé.<br>Le remboursement peut s'effectuer au pair ou au-dessus du pair (il y a alors une prime de remboursement). | |
| Fiscalité des obligations | Revenus : IR après acompte de 24 % sauf demande de dispense + prélèvements sociaux | |
| | Plus-value : IR après abattement pour durée de détention pour les titres détenus depuis plus de 2 ans + prélèvements sociaux. | |

# B. Les principales catégories d'obligation

| Catégorie | Analyse |
|---|---|
| Obligation à taux fixe | Le taux d'intérêt est identique pendant toute la durée de vie de l'obligation. Peu de risque si l'obligation est conservée jusqu'à son terme. Cependant ce type d'obligation est très sensible aux variations de taux d'intérêt. |
| Obligation à taux variable | Le taux de rémunération est susceptible d'être révisé à chaque échéance en fonction de l'évolution d'un taux de référence. |
| Obligation convertible en action | Le détenteur a la possibilité à certains moments de convertir les obligations en actions de la société émettrice. La rémunération est moindre ; le porteur pourra cependant profiter d'un marché action haussier pour réaliser une plus-value. |
| Obligation assimilable du trésor (OAT) | Ce sont des obligations émises en contrepartie des emprunts d'État. Risque quasi nul. |

# III Compléments

Le prélèvement forfaitaire de 24 % n'est plus libératoire du paiement de l'impôt mais devient une avance. Il conserve cependant son caractère libératoire pour les contribuables dont le montant annuel des intérêts perçus est inférieur à 2 000 €. Cette exception à la règle générale n'est intéressante que pour les contribuables dont le taux marginal d'imposition est supérieur à 24 % (30 %, 41 %, 45 %). Une demande de dispense d'avance peut être formulée si le revenu fiscal de référence de l'année N – 2 est inférieur à 25 000 € pour une personne seule, 50 000 € pour un couple. En réalité, seuls les contribuables imposés entre 0 et 14 % remplissent les conditions pour formuler une telle demande et auront intérêt à le faire avant le 30 novembre de l'année qui précède le paiement (demande en N pour des coupons reçus en N + 1).

# Application

## Énoncé 1

Une entreprise décide le 16 janvier N d'émettre un emprunt obligataire de 2 millions d'euros. La valeur nominale de chaque obligation est de 100 €. Elle doit rapporter 4 %. Elle est émise à 96 % de sa valeur nominale et l'entreprise a prévu un remboursement dans 6 ans 1 % au-dessus du pair.

1. **Quel est le nombre d'obligations correspondant à cet emprunt ?**
2. **Calculez la prime d'émission et la prime de remboursement.**
3. **Quelle est la valeur du coupon versé ? À quel moment ce coupon sera-t-il versé ?**
4. **Calculez le rendement actuariel de cette obligation.**

## Solution 1

1. 20 000 obligations ont été émises (2 000 000/100).
2. La prime d'émission est de 100 – 96 = 4 € par obligation.
   La prime de remboursement est de 101 – 100 = 1 € par obligation.
3. Chaque obligation rapporte un coupon de 4 € (4/100). Chaque coupon est versé le 16 janvier de chaque année pendant la durée de vie de l'obligation, c'est-à-dire 6 ans.
4. Le rendement actuariel de l'obligation s'obtient en égalisant le coût d'obtention de l'obligation à la somme actualisée des revenus futurs générés par l'obligation.

$$\frac{101}{(1+r)^6} + \left[\frac{1-(1+r)^{-6}}{r}\right]4 = 96$$

Résoudre cette équation, c'est trouver la valeur r (rendement actuariel). La résolution se fera par interpolation linéaire.

Pour r = 4% l'équation donne une valeur de 100,79.

Pour r = 5% l'équation donne une valeur de 95,67.

Donc 95,67 < 96 < 100,79 ce qui signifie que le rendement actuariel r est compris entre 4 et 5 %.

On obtient donc :

(5 % – 4 %)/(r – 4 %) = (95,67 – 100,79)/(96 – 100,79) ⇒ r = 0,2 527/5,12 = 0,0493 soit 4,93 %.

Le rendement actuariel est donc de 4,93 %. Il est plus élevé en raison de l'existence de prime d'émission et de remboursement.

## Énoncé 2

Vous disposez des informations suivantes :

| | |
|---|---|
| OAT 3,75 % 05-21 | OAT aux particuliers taux fixe |
| Date d'émission | 3 mai 2005 |
| Achat | 93,47 % |
| Vente | 93,77 % |
| Nominal | 1 € |
| Coupon couru | 2,1 % |
| Date de remboursement | 25 avril 2021 |

**1. De quel type d'obligation s'agit-il ?**

**2. Qu'est ce que le coupon couru ? Quel est le montant du coupon ?**

**3. Quelle somme devra verser un investisseur souhaitant acquérir 1000 titres ?**

## Solution 2

1. Il s'agit d'une obligation assimilable du trésor émise au nominal de 1 € et dont le remboursement sera effectué le 25 avril 2021. Cette obligation a un rendement de 3,75 %.
2. Le coupon couru est la fraction du coupon entre deux dates de détachement (paiement du coupon), c'est-à-dire la rémunération fixe obtenue en contrepartie de la détention de l'obligation. Chaque obligation va générer un coupon de 0,0375 €.
3. 1000 (93,47 % + 2,1 %) = 955,70 €.

   Cette somme intègre le prix de marché de l'obligation le jour de la transaction ainsi que le montant correspondant à la part du coupon qu'aurait dû recevoir le vendeur.

## Énoncé 3

**Quels sont les risques encourus lorsque l'on détient des obligations ?**

## Solution 3

- Risque de signature (non-remboursement).
- Risque de moins-value en cas de revente avant l'échéance.
- Risque lié à l'inflation (le coupon est un revenu fixe dont le pouvoir d'achat est amputé du montant de l'inflation).
- Risque de liquidité en cas de hausse des taux longs. Si les taux augmentent, les nouvelles obligations émises offrent un coupon plus élevé et sont donc plus recherchées au détriment des obligations anciennes dont le cours diminue car moins demandées. Il est alors difficile pour les acheteurs de trouver une contrepartie sur le marché.

# 48 Les OPCVM

## I Principes

Les OPCVM (organismes de placements collectifs en valeurs mobilières) sont des produits financiers qui comprennent les SICAV (sociétés d'investissement à capital variable) et les FCP (fonds communs de placement).

Les SICAV sont des sociétés anonymes dont l'objectif est de gérer un portefeuille de valeurs mobilières pour le compte des clients qui trouvent dans cette formule un moyen d'investir indirectement sur les marchés financiers. La gestion du placement en bourse est déléguée à la SICAV. Ces sociétés ne peuvent être constituées qu'avec 7,6 millions d'euro de capital au minimum. Les épargnants qui acquièrent des parts de SICAV sont des actionnaires. Quand un épargnant achète une SICAV, il contribue à l'augmentation du capital de cette dernière qui utilise les liquidités pour acheter des titres sur les marchés. Quand l'épargnant vend la SICAV, cette dernière doit vendre des titres pour récupérer des liquidités.

Les FCP sont eux des copropriétés de valeurs mobilières au capital de 400000 € minimum. Les souscripteurs sont des porteurs de part.

En définitive, la différence entre FCP et SICAV est essentiellement juridique.

## II Méthode

### A. Classification institutionnelle des OPCVM (classification AMF)

| | |
|---|---|
| OPCVM monétaire :<br>monétaire euro<br>ou monétaire internationale | Les supports sont des titres monétaires de la zone Euro (trésorerie des entreprises). La performance de ces produits est en étroite relation avec les taux à court terme. *Idem* pour les OPCVM monétaire internationale avec un risque supplémentaire lié aux variations de taux de change puisque les investissements sont réalisés en dehors de la zone euro. |
| OPCVM actions | Les OPCVM investissent leurs fonds en action d'entreprises françaises ou internationales. |
| OPCVM obligations :<br>euro et internationale | Les fonds sont investis en obligations de la zone euro dont les échéances sont variables. Les fonds sont investis en obligations du reste du monde. |
| OPCVM diversifiés | Les investissements combinent des titres monétaires, des actions et des obligations. La proportion de ces actifs détermine le profil de l'OPCVM (gestion prudente, équilibrée ou dynamique).<br>Plus un OPCVM comporte de fonds investis en action, plus le niveau de risque augmente. |

| | |
|---|---|
| OPCVM garanties dits « fonds à formule » | Les fonds sont investis sur différents supports avec une garantie contractuelle de protection des capitaux investis. Cette garantie à une date déterminée repose sur une formule mathématique plus ou moins complexe. La garantie peut être liée à une certaine durée de détention. En cas de revente anticipée, le mécanisme de garantie contractuelle peut devenir inopérant. |
| OPCVM « fonds alternatifs » | Investissement à plus de 10 % dans d'autres OPCVM dont la gestion est dite alternative car non adossée aux indices de marché. |

Cette classification peut être complétée par une distinction entre les OPCVM de distribution et les OPCVM de capitalisation.

OPCVM de distribution : ces OPCVM redistribuent les revenus tirés des titres détenus (intérêts, dividende).

OPCVM de capitalisation : les revenus ne sont pas distribués mais réinvestis.

## B. Fonctionnement des OPCVM

| Caractéristiques OPCVM | Explication |
|---|---|
| Cadre de détention | Compte titre ordinaire, PEA pour les OPCVM éligibles. Sont éligibles au PEA les Sicav dont 60 % des titres qui la composent sont eux même éligibles (sont exclus les titres étrangers hors union européenne, les SICAV et FCP hors Union européenne). Sont également éligibles les FCP composés pour au moins 75 % de valeurs éligibles. |
| Identification OPCVM : code ISIN | Deux lettres et 10 chiffres soit FR 0000000155 |
| Intervenants | Société de gestion habilitée par l'AMF et dont le rôle est d'assurer la gestion administrative et financière de l'OPCVM.<br>Dépositaire : en charge du contrôle de la régularité de la décision de gestion pour le compte de l'OPCVM, et également responsable de la conservation des actifs.<br>Promoteur : établissement à l'origine de la création et de la commercialisation de l'OPCVM.<br>Distributeur : ensemble des établissements bancaires et financiers en charge de la vente auprès du public. |
| Règles de souscription | À chaque souscription, le client doit se voir remettre une notice (prospectus) reprenant les caractéristiques du produit (classification, objectif de gestion, niveau de risque, la valeur liquidative, le montant des frais et commission, la fiscalité).<br>Auparavant, l'entretien de vente aura permis de renseigner le questionnaire AMF qui permet entre autre de connaître le degré de risque que le client est prêt à prendre. Ce questionnaire permet également d'avoir une vue d'ensemble du patrimoine du client. Le choix du support d'investissement est alors plus aisé à effectuer en même temps que le banquier se prémunit contre le risque d'être mis en cause pour défaut de conseil. |

| Caractéristiques OPCVM | Explication |
|---|---|
| Valeur liquidative | Valeur totale de l'OPCVM/nombre d'actions ou de parts. La valeur totale de l'OPCVM ou l'actif net est composé de la valeur boursière du portefeuille de valeurs mobilières, des coupons échus non encore crédités, des liquidités, des immobilisations. On enlèvera les dettes et frais de gestion connus.<br>Cette valeur est quotidienne pour les OPCVM les plus importants, hebdomadaire pour les autres. Lors de la souscription, un client n'a pas toujours connaissance de la valeur liquidative. |
| Frais | Commission à la souscription : en général un % assis sur la valeur liquidative × nombre d'actions ou de parts.<br>– frais de fonctionnement et de gestion calculés en appliquant un % sur l'actif net. Ce sont les frais facturés à l'OPCVM. Ils ne comprennent pas les frais de transaction (frais d'intermédiation et éventuellement commission de mouvement perçue par le dépositaire et la société de gestion).<br>– frais de rachat ou de sortie qui s'appliquent sur la revente des parts. |

## C. La fiscalité des OPCVM

| Type de l'OPCVM | Fiscalité sur les revenus et les plus-values 2013 | | |
|---|---|---|---|
| | Revenus | Plus-values | |
| | | Prélèvements fiscaux[1] | Prélèvements sociaux |
| OPCVM monétaire ou obligataire de capitalisation | Capitalisation | | |
| OPCVM de distribution dont : | Distribution | | |
| Parts d'obligations et titres de créances négociables français | IR après avance du prélèvement forfaitaire de 24 % | IR[2] | 15,5 % |
| Parts d'actions françaises et étrangères[1] | IR après avance du prélèvement forfaitaire de 21 % | | |
| Parts d'obligations étrangères | IR après avance du prélèvement forfaitaire de 24 % | | |

1. Les dividendes sont soumis à l'impôt après un abattement de 40 %.
2. Les plus-values profitent d'un abattement progressif pour durée de détention (20 % entre 2 et 4 ans, 30% pour une détention d'au moins 4 ans et 40 % pour une détention de 6 ans et plus).

## D. Commercialisation des OPCVM

Sur un plan commercial, les intermédiaires financiers commercialisent des OPCVM en les regroupant selon des profils de risque.

## 1. Les catégories

| Catégorie | Composition |
|---|---|
| OPCVM « gestion prudente » | 95 % de fonds obligataires, 5 % action risque quasi nul, rendement faible. |
| OPCVM « gestion équilibre » | 70 à 85 % de fonds obligataires, 15 % à 30 % en actions. Le risque est plus élevé et va dépendre de la proportion investie en actions. En contrepartie de ce risque, la rémunération est plus attractive. |
| OPCVM « gestion dynamique » | Une majorité des fonds est investie en actions. |

## 2. Les arguments de vente avancés

Répartition des risques satisfaisante (OPCVM composé de supports variés).

Diversification sectorielle et géographique des investissements : Les OPCVM offrent au particulier la possibilité d'investir sur des marchés étrangers parfois plus difficiles d'accès ou sur des secteurs particuliers.

Les fonds sont confiés et gérés par des spécialistes.

Une réglementation soucieuse de protéger l'investisseur : chaque OPCVM reçoit un agrément de l'AMF, et est contrôlé par un commissaire aux comptes.

Les OPCVM ont une bonne liquidité (sicav en particulier).

Le détenteur d'une Sicav a également un droit de vote.

**Remarque :** la commercialisation de ces produits financiers est soumise à des règles strictes. Le banquier devra en particulier faire remplir à son client un questionnaire patrimonial pour apprécier son profil, son niveau de connaissance des marchés financiers et le niveau de risque que le client est prêt à assumer. Le banquier interrogera à cette occasion le client sur les objectifs qu'il poursuit en réalisant cet investissement.

La réglementation issue des directives MIF (marchés et instruments financiers) prévoit depuis le 1er novembre 2007 que les documents commerciaux « doivent présenter un contenu exact, clair et non trompeur. » Cette obligation de transparence a été renforcée le 1er juillet 2011, date à partir de laquelle le DICI (document d'information clé pour l'investisseur) a remplacé l'ancien prospectus simplifié. Ce nouveau document pré- contractuel doit renseigner l'investisseur avant la souscription sur les objectifs et la politique d'investissement de l'organisme, le rendement et niveau de risque (échelle de 1 à 7), les frais, les performances passées ainsi qu'un ensemble d'informations pratiques (dépositaire, valeur liquidative, fiscalité...). Ces principes figurent également dans le règlement de l'AMF. Pour plus de détails, on pourra se rendre sur le site www.amf.france.org.



B.U. BREST

# III Complément : les autres produits financiers

## A. Les autres OPCVM

La déréglementation qui a suivi la loi bancaire de 1984 a ouvert une période à partir de laquelle les financiers ont rivalisé d'imagination pour proposer des produits de plus en plus sophistiqués. Parmi ces produits, les *Trackers* (ETF pour *Exchange Traded Funds*) sont des OPCVM indiciels qui proposent de répliquer la performance d'un sous-jacent (un indice, un panier d'actions). Ces trackers sont côtés en continu de 9 h 05 à 17 h 35, sont identifiables par un code ISIN, et sont négociables comme les actions. Leur cotation est assurée par Euronext une fois par jour.

Il existe également des FCPR (fonds commun de placement à risques) et des fonds communs de placement dans l'innovation (FCPI). L'objectif est de participer et d'accompagner la croissance de petites et moyennes entreprises. En contrepartie d'un risque élevé, le souscripteur bénéficie d'une fiscalité avantageuse dans la mesure où les sommes investies permettent une économie d'impôt égale à 18 % des sommes investies dans la limite d'un plafond de 4320 €. Ainsi un couple pourra investir jusqu'à 24000 € et profiter d'une réduction d'impôt de 4320 €. Ce type de placement particulièrement risqué s'accompagne d'objectifs de gains de plus de 10 % par an et s'adresse aux épargnants fortement imposés et qui ont déjà constitué un patrimoine important.

## B. Un exemple de produit dérivé : le warrant

### 1. Définition d'un warrant

Les warrants sont des valeurs mobilières négociables qui donnent le droit d'acheter (on parle alors de *Call warrant*) ou de vendre (*Put warrant*) un actif, un indice, un taux à un prix fixé jusqu'à une échéance donnée.

### 2. Les composantes d'un warrant

| Composantes | Explication | Exemple |
|---|---|---|
| Sous-jacent | C'est la valeur sur lequel repose le warrant. Il peut s'agir d'une action, d'un indice. | Call CAC 40 |
| Prix d'exercice *(strike)* | Prix, fixé par l 'émetteur du warrant, auquel on peut se procurer le sous - jacent, c'est-à-dire exercer le warrant. | CAC 40 : 3 825 points |
| Échéance | Date limite fixée par l'émetteur pour exercer le warrant. Les warrants ne sont plus négociables 6 jours de bourse avant cette date d'échéance. | Call CAC 40 : 3 825 points 19/04/ 2013<br>Signification : Ce warrant permet d'acheter du CAC 40 valorisé à 3 825 points jusqu'au 19 avril 2013. |

| Composantes | Explication | Exemple |
|---|---|---|
| Parité | Nombre de warrants nécessaires pour activer l'option d'achat ou de vente | Reprenons l'exemple ci -dessus :<br>Parité = 1/200<br>Signification : il faut 200 warrants pour 1 indice CAC 40 |
| Prime du warrant | C'est le cours du warrant. Son cours va dépendre de deux facteurs :<br>• le temps pour lequel on calculera une valeur temps<br>• la valeur intrinsèque du warrant = prix du sous-jacent – prix d'exercice | Le 15 mars 2013 1 warrant CAC 40 3 825 au 19 /04/2013 valait 0,45 € à l'ouverture<br>Le 15 mars le CAC 40 côté 3 844 points |
| Le delta | Indicateur de variation du prix du warrant en fonction d'une variation de 1 unité du sous-jacent<br>Plus le warrant est en dehors de la monnaie, moins il est sensible aux variations du support et plus le delta est proche de zéro | 45,22 % pour un call CAC 40 |

## 3. L'évaluation d'un warrant

| | | | Prime du warrant = T + I | | Exemple au 9 août 200N–1 |
|---|---|---|---|---|---|
| | | | **Valeur temps T** | **Valeur intrinsèque I** | |
| Call warrant (droit d'acheter) | Cas 1 | Call dans la monnaie : prix sous-jacent > prix d'exercice | > 0 puis diminue pour s'annuler à l'échéance | > 0. I est d'autant plus fort que la différence entre le prix du sous-jacent et le prix d'exercice est grande | Prime = 1,17<br>Échéance 20 mars 200N<br>Prix du sous-jacent 51 €<br>Prix d'exercice 50 € |
| | Cas 2 | Call hors de la monnaie : prix du sous-jacent < prix d'exercice[1] | *Idem* | Nulle | Prime = 0,11<br>Échéance 19 septembre 200N<br>Prix du sous-jacent 51 €<br>Prix d'exercice 55 € |
| | Cas 3 | Call à la monnaie : prix du sous-jacent = prix d'exercice | T = max | Nulle | |

| | | | Prime du warrant = T + I | | Exemple au 9 août 200N–1 |
|---|---|---|---|---|---|
| | | | Valeur temps T | Valeur intrinsèque I | |
| Put warrant (droit de vendre) | Cas 1 | Put dans la monnaie : cours du sous-jacent < prix d'exercice | > 0 | > 0 | Prime = 0,62<br>Échéance<br>21 décembre 200N<br>Prix du sous-jacent<br>51 €<br>Prix d'exercice 53 € |
| | Cas 2 | Put hors de la monnaie : cours du sous-jacent > prix d'exercice[2] | Tend vers 0 | Nulle | Prime = 0,04<br>Échéance<br>19 septembre 200N<br>Prix du sous-jacent<br>51 €<br>Prix d'exercice 42 € |
| | Cas 3 | Put à la monnaie : cours du sous-jacent = prix d'exercice | Max | Nulle | |

1. Il n'y a aucun intérêt à exercer un droit d'acheter une action 20 € (prix d'exercice) alors qu'elle côte 15 € (prix du sous-jacent) sur le marché et que l'échéance du call est proche.
2. Inversement, il n'y a aucun intérêt d'exercer un droit de vendre une action 20 € alors qu'elle côte 25 €. Un tel warrant va voir sa prime diminuer car il sera de moins en moins demandé sur le marché et ce d'autant que l'échéance est proche.

## 4. L'utilisation des warrants

Investir dans un warrant permet :

- de profiter de l'effet de levier propre à cette famille de produits financiers (cas 1) ;
- de couvrir un portefeuille de titres (cas 2).

| | Situation initiale | Situation à l'échéance |
|---|---|---|
| **Cas 1 : profiter de l'effet de levier** | Anticipation d'une hausse du cours d'une action.<br>Achat de 1 000 call warrant action alpha le 10 août 200N.<br>Prix d'exercice 55 €.<br>Cours de l'action alpha le 10 août : 61 €.<br>Échéance 20 mars 200N+1.<br>Parité 1/10.<br>Prime : 1,40 €.<br>Investissement réalisé :<br>1 000 × 1,40 € = 1 400 €. | **Situation 1** : mon anticipation s'est réalisée : le cours de l'action est de 71,50 €.<br>Vente du call warrant dont la prime est de 2,50 € (soit sa valeur intrinsèque) :<br>(71,5 – 55 – 10 × 1,4 = 2,50 €).<br>Gain sur la revente du warrant :<br>(2,5 – 1,4) × 1000 = 1 100 €.<br>Performance : 1 100/1 400 × 100 = 78,5 %.<br>Dans le même temps l'action a progressé de 17,2 % (10,5/61).<br>Effet de levier = 78,5 %/17,2 % = 4,56.<br>**Situation 2** : le cours de l'action a baissé en dessous du prix d'exercice ; mes warrants n'ont plus aucune valeur : perte = 1 400 €. |

| | Situation initiale | Situation à l'échéance |
|---|---|---|
| **Cas 2 : couvrir un portefeuille de titres diversifiés** | Anticipation d'une baisse des marchés financiers.<br>Valeur du portefeuille : 30 000 €.<br>Indice CAC 40 5 600 points juin 200N.<br>Moyen : achat Put CAC 40 5 600 points (à la monnaie) échéance décembre 200N.<br>Parité 1/200. Delta = – 0,50.<br>Évaluation de mon portefeuille en indice : 30 000/5 600 = 5,35.<br>Nombre de warrants nécessaire : (nombre d'indice × parité)/delta = (6 × 200)/0,5 = 2 400<br>(je vais devoir acheter 2 400 *Put warrant* à 1,45 € pour un coût total de 3 480 €). | **Situation 1** : mes anticipations ont été vérifiées et à l'échéance le CAC 40 est à 5 000 points soit une baisse de 10,71 %.<br>Mon portefeuille n'est plus valorisé qu'à hauteur de 26 785 € (perte potentielle de 3 215 €).<br>Dans le même temps mon Put warrant s'est apprécié : sa valeur intrinsèque est alors de (5 600 – 5 000)/200 = 3.<br>Gain : (3 – 1,45) × 3 000 = 4 650 €.<br>Malgré la baisse de la valeur de mon portefeuille je réalise un gain de 4 650 – 3 215 soit 1 435 €.<br>**Situation 2** : le CAC a augmenté, perte totale de mon investissement en warrant. Mon portefeuille est alors valorisé à la hauteur des gains du CAC 40.<br>**Situation 3** : le CAC 40 n'a ni baissé ni augmenté : perte globale de 3 480 €. |

## 5. La fiscalité des Warrants

Les plus-values sont taxées dès le 1er euro à l'impôt sur le revenu. Elles supportent également les prélèvements sociaux au taux en vigueur.

# Application

## Énoncé

**Après avoir rappelé le fonctionnement d'une SICAV, vous indiquerez les avantages et les inconvénients de cette forme de placement.**

## Solution

L'épargnant confie son épargne à une société d'investissement qui a la charge de constituer et de gérer un portefeuille de valeurs mobilières. L'épargnant reçoit alors des actions de la SICAV dont la particularité est d'avoir un capital qui augmente avec les souscriptions et qui diminue à l'occasion des cessions de parts détenues par les épargnants. La plus-value réalisée est la différence entre le prix de vente de l'action de la sicav et son prix d'achat.

| Avantages | Inconvénients |
|---|---|
| Placement diversifié | Frais d'entrée |
| Portefeuille géré par des spécialistes | Pas d'arbitrage possible |
| Bonne liquidité | Rendement parfois faible (support monétaire en période de baisse des taux) |
| Rentabilité : elle dépend de l'horizon de placement et de l'orientation du portefeuille géré par la SICAV. | |

# 49 Le plan d'épargne en actions

## I Principes clés

Le PEA est une enveloppe fiscale qui offre un cadre fiscal avantageux en matière de placement boursier. C'est avec les produits d'assurance-vie le seul moyen d'investir en bourse tout en profitant d'une fiscalité allégée. C'est un instrument d'épargne qui permet d'acheter et de vendre des titres (actions, FCP, SICAV). Les titres éligibles au PEA doivent être des titres de sociétés françaises ou de pays de l'Union européenne. Un plan par contribuable ayant son domicile fiscal en France peut être ouvert. Les non-résidents sont donc exclus du dispositif. Un plan peut recueillir au maximum 132 000 €, pour une durée conseillée minimum de 5 ans sans limite de temps par ailleurs.

## II Méthode

### A. Le PEA : une enveloppe fiscale

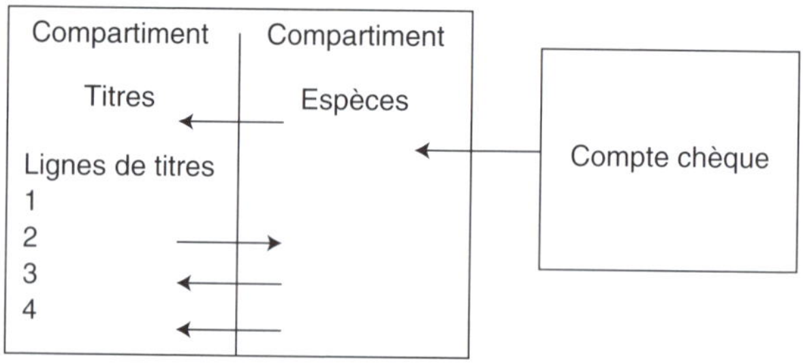


Le PEA est alimenté en numéraire à partir d'un compte chèques associé. Les liquidités permettent ensuite d'acquérir des titres qui peuvent être revendus, qui peuvent générer intérêts et dividendes. Les revenus perçus sont conservés dans le compartiment espèce et ne peuvent pas sortir de l'enveloppe fiscale sous peine de remettre en cause les avantages fiscaux du PEA. En effet les revenus perçus sont exonérés, les plus-values le sont également. La rente viagère obtenue au terme de 8 ans est également exonérée.

### B. Les conséquences fiscales des retraits sur un PEA

| Retrait effectué | Régime fiscal | Commentaire |
|---|---|---|
| Avant 2 ans* | IR 22,5 % + PS | Le retrait entraîne la clôture. |
| Entre 2 et 5 ans* | IR 19 % + PS | |

* Si le plan est liquidé avant 5 ans, sa valeur liquidative s'ajoute au seuil des cessions réalisées hors PEA. Les plus-values sont imposées PV = valeur liquidative PEA moins somme des versements effectués.

| **Retrait effectué** | **Régime fiscal** | **Commentaire** | |
|---|---|---|---|
| Entre 5 et 8 ans | Exonération mais prélèvements sociaux en vigueur au moment du gain. | Clôture du plan | |
| Après 8 ans | Pas d'impôt sur le revenu mais uniquement les prélèvements sociaux (voir en fonction date d'ouverture du plan). | Si retrait partiel : le plan existe toujours mais ne peut plus être alimenté. | En cas de retrait total ou de sortie en rente viagère : le PEA est clôturé. |

**Remarque :** les dividendes ne sont pas imposables. Il n'est pas possible de transférer directement des titres détenus sur un compte titre vers un PEA. Il faut procéder à la vente des titres, alimenter le compte espèce et ensuite procéder à l'achat des titres que l'on souhaite détenir dans le PEA.

# III Complément : La fiscalité sur les produits d'épargne et l'immobilier

| **Revenus** | **Assiette d'imposition** | **Mode d'imposition** | **Taux de prélèvement forfaitaire** | **CSG déductible** |
|---|---|---|---|---|
| Revenus de capitaux mobiliers variables (dividendes) | Montant brut versé | IR (après avance au taux forfaitaire) | 21 % | 5,1 % si les dividendes sont imposés à L'IR |
| Placements à revenus fixes : coupons d'obligation, compte à terme, compte sur livret, bons du trésor, titres de créances négoclables… | | Prélèvements sociaux retenus à la source par la banque lors du versement | 24 % | 5,1 % |
| Plus - values mobilières | Prix de cession net – (coût d'acquisition + abattement selon durée de détention) | Imposition avec les autres revenus catégoriels | IR | 5,1 % |
| Revenus fonciers | Montant net reçu (après déduction des frais et charges payés et imputation des déficits ou déduction forfaitaire) | IR<br>PS recouvert par voie de rôle (imposition séparée)[1]. A payer au 15 novembre de l'année suivant les revenus | IR | 5,1 % (pré imprimé sur la déclaration) |

| Revenus | Assiette d'imposition | Mode d'imposition | Taux de prélèvement forfaitaire | CSG déductible |
|---|---|---|---|---|
| Plus - value immobilière (hors résidence principale) | Plus-value imposable | Le notaire qui a rédigé l'acte de vente dépose l'imprimé 2 048 accompagné du paiement des PS et du PFL | 19 % + surtaxe pour les plus-values de plus de 50 000 € | CSG non déductible |
| Contrat d'assurance vie | Plus-value | Contrat de moins de 4 ans<br>Contrat de 4 à 8 ans<br>Contrat de plus de 8 ans (après abattement de 4 600 € pour une personne seule, 9 200 € pour un couple) | 35 %<br>15%<br>7,5 % | 5,1 % si les intérêts sont imposés à L'IR |
| PEL[2] | Intérêts versés | IR (après avance au taux forfaitaire) | 24 % | |

1. Les prélèvements sociaux ne sont perçus que si leur montant dépasse 61€.
2. PEL de plus de 12 ans (ou terme échu pour les contrats ouverts avant le 1er avril 1992)

# Application

## Énoncé

**Présentez les avantages et les inconvénients du PEA.**

## Solution

| Avantages | Inconvénients |
|---|---|
| Versements libres.<br>Revenus exonérés.<br>Les cessions réalisées dans le cadre du PEA ne s'ajoutent pas aux autres cessions (hors PEA).<br>Pas de prélèvements fiscaux après 5 ans ou avant 5 ans si la valeur liquidative du plan est inférieure au seuil de cession. | En cas de sortie avant 5 ans et si la valeur liquidative excède le seuil de cession alors la fiscalité est pénalisante (surtout au cours des deux premières années).<br>L'exonération fiscale réservée aux revenus perçus dans le cadre d'un PEA n'est véritablement significative que pour les portefeuilles encaissant plus de 5 000 € de dividendes par an. |

# 50 La vente d'un PEA

## I Principes clés

Les marchés financiers connaissent régulièrement des perturbations. Aussi dans l'esprit du client bancarisé non initié aux mécanismes de la bourse, investir en bourse peut paraître risqué.

Or, devant les rendements décevants de l'épargne monétaire et obligataire, il s'avère que la bourse offre à moyen terme une bonne rentabilité.

Le professionnalisme du conseiller est alors primordial pour accompagner le client dans ses choix boursiers.

Le plan d'épargne en actions (PEA) est une solution idéale pour constituer ou valoriser une épargne financière dans un cadre fiscal unique. Il revient alors au conseiller de convaincre le client non initié à la bourse de souscrire un PEA.

## II Démarche

### A. Déceler des opportunités de vente

Situation 1 : Le client souhaite diversifier son épargne et bénéficier d'une meilleure rentabilité.

Situation 2 : Le client veut se constituer une épargne à moyen ou long terme.

Situation 3 : Le client recherche un produit d'épargne défiscalisé.

Situation 4 : Une prochaine rentrée d'argent chez le client est détectée.

### B. Suivre les étapes de la vente

#### 1. Le conseiller s'assure de l'éligibilité de son client au PEA

Le client est bien domicilié fiscalement en France. Il n'est pas titulaire d'un PEA dans une autre banque.

Si le client n'est pas éligible au PEA, le conseiller lui propose un autre produit d'épargne.

- ***Le client recherche la sécurité et la disponibilité***

Un produit d'épargne liquide (livret de développement durable, compte sur livret…) lui est proposé.

- ***Le client recherche la défiscalisation***

Un investissement immobilier (type loi de Scellier) lui est présenté.

### *Le client recherche la rentabilité*

Des OPCVM dans un compte titre peuvent lui convenir.

## 2. Le conseiller formule une accroche sur le PEA selon l'opportunité de vente décelée

Reprendre les situations décrites dans la partie A ci-dessus.

Situation 1 : « Grâce au PEA, vous diversifiez vos placements et optimisez les performances de votre portefeuille en investissant sur les marchés français et européens. Vous composez vous-même votre portefeuille. »

Situation 2 : « Pour diversifier votre épargne à moyen ou long terme et profiter des opportunités des marchés financiers dans un cadre fiscal privilégié, je vous propose de souscrire un PEA et de mettre en place un abonnement d'épargne. »

Situation 3 : « Je vous recommande le PEA : son cadre fiscal unique vous permettra de vous constituer une épargne financière dans des conditions très avantageuses.»

Situation 4 : « Vous allez disposer bientôt d'une somme importante. Je vous conseille d'ouvrir un PEA pour prendre date dès maintenant. »

## 3. Le conseiller expose les avantages du PEA

- La perspective de performances à moyen ou long terme.
- La fiscalité avantageuse.
- La souplesse des versements (libres ou programmés).
- La diversification de l'épargne.

## 4. Le conseiller fait un diagnostic de la situation du client

Il sélectionne avec son client les supports d'épargne les mieux adaptés à ses objectifs (rentabilité, degré de risque accepté, horizon de placement).

## 5. Le conseiller propose de mettre en place un abonnement d'épargne

Argumentation possible : « L'abonnement d'épargne PEA permet d'optimiser le prix de revient des titres. » ou « Si vous voulez compléter votre PEA, l'abonnement d'épargne vous permet d'investir régulièrement dans l'OPCVM de votre choix. En étalant vos versements dans le temps, vous bénéficiez du lissage du prix de revient de vos titres. »

# C. Répondre à l'objection récurrente des clients

**Objection : « Investir en bourse, c'est trop risqué ! »**

Réfutation : « Vous bénéficiez d'un cadre privilégié pour investir en bourse. Votre épargne est gérée par des spécialistes des marchés financiers. Vous êtes aidé pour choisir les supports en fonction du risque que vous êtes prêt à accepter. En réalisant des abonnements d'épargne en OPCVM, les variations de la bourse sont atténuées. »

Ou « A moyen terme, historiquement, les marchés actions constituent le placement le plus rentable comparé aux placements monétaires et obligataires.

En investissant une partie de votre épargne sur les marchés action, vous bénéficiez des performances de ces derniers.

# D. Proposer par téléphone un rendez-vous avec le conseiller pour une présentation du PEA

## 1. Un zoom sur le scénario téléphonique

### *Les étapes du scénario*

**Entrer en relation** : prise de contact : salutations – présentation – identification de l'interlocuteur.

Traitement des barrages (c'est à quel sujet ? il est absent...).

**Rebondir sur un événement** : faire une accroche.

**Réussir à intéresser le client** : argumentation– synthèse – traitement des objections.

> **Remarque :** lors de l'argumentation, utiliser 1/3 de « nous » et 2/3 de « vous ».

**Conclure** : prise de RDV – reformulation du RDV – remerciement pour l'attention – salutations.

Ce scénario est souvent présenté sous forme de logigramme.

### *Le traitement des objections*

Les objections traduisent souvent l'intérêt du client. Il faut donc les utiliser comme une aide à la prise de RDV. La principale difficulté à réfuter une objection est de découvrir si l'objection est un prétexte (= objection positive qui permet au conseiller de rebondir) ou si elle est bien réelle (= objection bloquante qui indique que l'interlocuteur ne trouve aucun intérêt à la proposition et souhaite cesser la conversation). Il faut donc bien identifier ce qui gêne vraiment la personne pour réussir à rebondir sur la prise de RDV.

### *La réfutation des objections courantes lors de la prise de RDV (ou de vente de produits)*

Pour chaque action phoning portant sur un produit précis, il faut prévoir les objections possibles et trouver des arguments de réponse avant d'appeler les premiers clients.

| Objections | Réfutation de l'objection |
|---|---|
| « Je passerai à l'agence. » | « Pour que vous n'attendiez pas, nous pouvons convenir dès maintenant d'un RDV. À quel moment seriez-vous disponible pour passer à l'agence ? » |
| « J'ai déjà rencontré dernièrement mon conseiller. » | « Vous a t-il parlé de notre offre actuelle ? » |
| « Cela ne m'intéresse pas. » | « Vous pouvez me préciser pourquoi ? » |

| Objections | Réfutation de l'objection |
|---|---|
| « C'est trop cher. » | « Nous avons différentes formules adaptées aux besoins et situations de nos clients. » |
| « Je vais réfléchir. » | « Très bien. Cependant la période de commercialisation de ce produit se termine le ... » |
| « Je n'ai pas d'argent actuellement à placer. » | « Vous n'en avez pas pour le moment mais êtes-vous sûr que les produits que vous détenez actuellement correspondent toujours à vos besoins et à vos attentes ? » ou « des produits d'épargne sont accessibles qu'avec ... €. » |
| « Je veux en parler à mon époux. » | « Puis-je vous rappeler demain à la même heure ? » |

### *La prise de rendez-vous*

Un silence du client au téléphone indique que celui-ci réfléchit. Il faut alors enchaîner sur la prise de RDV.

La technique de l'entonnoir est très utilisée pour cette étape de l'entretien. Au fil de cette phase, les questions posées au client deviennent de plus en plus précises pour aboutir à une question alternative du type « à quel moment êtes-vous le plus disponible : en début ou en fin de semaine ? ». Si le client répond, cela indique qu'il ne refuse pas le motif de la rencontre avec son conseiller. « Je peux vous proposer le ... à ... heures ou le ... à ... heures ».

Le rendez-vous est reconfirmé lors de la prise de congés. Les éléments à rappeler au client sont : jour et horaires du RDV, nom du client, nom du conseiller, adresse de l'agence, coordonnées du client si envoi par écrit d'une confirmation, documents à apporter.

Si l'interlocuteur décline le rendez-vous ou le produit proposé, une question ouverte peut alors être posée « qu'est-ce qui vous retient dans mon offre ? ». Après écoute de la réponse, les coordonnées du conseiller sont laissées au client. Une bonne image du réseau doit être laissée. L'entretien doit se terminer positivement en conservant un ton courtois.

Lors des opérations phoning, des banques établissent un protocole de relation avec leurs clients. Les jours et horaires de contact par téléphone au domicile sont demandés au client afin de ne pas le déranger. « Je vous appelle aujourd'hui mais un autre horaire vous conviendrait-il mieux ? ».

## Application

### Énoncé

Lors d'une action commerciale « ouverture de PEA », vous êtes chargé de mettre en place pour l'assistante commerciale de votre agence une opération phoning « prise de rendez-vous ».

Vous réfléchissez à la réfutation d'objections possibles de la part du client qui répond au téléphone à l'assistante... Cette dernière aura formulé au préalable une accroche sur le PEA.

| **Objections possibles de la part du client :** |
|---|
| « Je n'ai pas d'argent à placer. » |
| « Je ne connais rien à la bourse. » |
| « Ce n'est pas le moment d'investir en bourse. » |
| « Mon conseiller m'a déjà contacté il y a un mois. » |
| « Question et objection techniques » |

## Solution

| **Objection possible de la part du client** | **Réfutation à l'objection** |
|---|---|
| « Je n'ai pas d'argent à placer. » | « Je vous propose de rencontrer votre conseiller pour étudier avec lui les meilleurs moyens d'en gagner ou de peut-être revoir la répartition de vos placements. » |
| « Je ne connais rien à la bourse. » | « Les produits que la banque vous propose ont été conçus pour que vous ne vous occupiez pas de la gestion. Nos spécialistes des marchés financiers vous font bénéficier de leur expérience. » |
| « Ce n'est pas le moment d'investir en bourse. » | « Les placements boursiers ne progressent pas en effet d'une manière régulière. Mais sur le long terme, ils sont gagnants. En plus, il est toujours intéressant d'acheter quand la bourse baisse. » |
| « Mon conseiller m'a déjà contacté il y a un mois. » | « C'est tout à fait possible. Il est normal d'avoir une relation suivie avec nos clients privilégiés et de faire régulièrement le point. » |
| « Question et objection techniques » | « Pour en savoir davantage, je vous propose de nous rencontrer. Nous pourrons étudier avec plus de précision les points que vous venez d'aborder. » |

# VII

# Les produits d'assurance

# 51 Les produits d'assurance

## I Principes clés

Les produits d'assurance peuvent être regroupés en deux grandes familles :
- les assurances de personnes ;
- les assurances de dommages.

Il est également possible de classer les assurances selon qu'elles sont gérées en répartition ou en capitalisation comme le montre le tableau ci-dessous.

| Mode de gestion | Risque assuré | Branche d'assurance |
|---|---|---|
| Répartition (IARD) | Assurances de choses | Assurances de dommages (protection des biens) |
| | Assurance de responsabilité (Responsabilité civile) | |
| | Accident Maladie | Assurance de personnes (protection des personnes) |
| Capitalisation | Assurance-vie – Assurance décès | |

L'assurance est avant tout une activité qui consiste à garantir des risques. Un risque est un événement dommageable contre lequel l'assuré cherche à se protéger (vol, accident, incendie…). Il faut également que le risque contre lequel on souhaite se protéger soit assurable, c'est-à-dire qu'il soit futur, aléatoire, ne dépendant pas de la volonté de l'assuré et enfin licite.

Enfin, le métier de l'assureur consiste à mutualiser des risques. Pour que cette mutualisation puisse être gérable, il est indispensable que l'assureur respecte des règles de gestion des risques. Il devra veiller à ce que son portefeuille soit homogène (risques de même nature), respecte la règle de la dispersion (tous les risques ne doivent pas se réaliser en même temps) et enfin procéder à la division du risque. Un risque trop important peut être co assuré ou encore réassuré (l'assurance de l'assurance).

## II Éléments et analyse

### A. Les assurances IARD

#### 1. L'assurance habitation (MRH)

| Caractéristiques | Assurance multirisque habitation |
|---|---|
| Souscription (tarification, conditions) | L'assuré renseigne la proposition qui permettra la rédaction du contrat : la tarification dépendra de la taille du logement, de son affectation (résidence principale ou secondaire, de sa situation géographique, de l'existence ou non de moyens de prévention, de la valeur du capital mobilier à assurer), des options choisies (avec ou sans franchise, valeur à neuf ou pas…). L'assureur fournira la police d'assurance qui matérialise l'engagement contractuel des parties. |

| Caractéristiques | Assurance multirisque habitation |
|---|---|
| Risques assurés et nature des garanties | Responsabilité civile : responsabilité engagée dès lors qu'un dommage est occasionné à un tiers du fait de l'assuré, des biens dont il a la garde ou des personnes sous sa responsabilité (enfant, salarié à domicile...) Cette responsabilité peut être contractuelle (locataire envers le propriétaire (loi Quilliot de 1982) ou propriétaire envers le locataire) ou délictuelle. |
| | Dommages aux biens : Il s'agit des dommages causés aux biens mobiliers et immobiliers. Les dommages peuvent être matériels ou immatériels (frais de relogement, perte des loyers...) et doivent avoir été causés par les évènements suivants : le vol, l'incendie, un dégât des eaux, le bris de glaces, les catastrophes naturelles et autres évènements climatiques. |
| | Garantie Protection juridique (défense recours)<br>L'assureur mettra à la disposition de l'assuré les moyens pour se défendre devant les juridictions concernées ainsi que les moyens pour obtenir réparation d'un préjudice subit. |
| Obligation de l'assuré pendant le contrat | Signaler toute modification dans la nature du risque<br>S'acquitter de la prime |
| Obligation de l'assureur | Indemniser l'assuré en cas de sinistre selon la règle du principe indemnitaire (article 121.1 du Code des assurances). En vertu de ce principe, l'assuré doit être remis dans la situation qui était la sienne avant le sinistre : l'assurance ne permet pas l'enrichissement. Si l'assuré est en situation de sous assurance (valeur assurée < valeur réelle), l'assureur appliquera la règle proportionnelle de capitaux ; l'indemnité sera donc réduite. En cas de surassurance (valeur assurée > valeur réelle), aucune indemnité ne sera versée en cas de fraude, sinon les indemnités sont plafonnées à la valeur réelle. |
| Procédure à suivre en cas de sinistre | Déclarer le sinistre dans les délais prévus (2 jours ouvrés en cas de vol, 5 jours dans les autres cas, 10 jours après parution d'un décret de catastrophe naturelle).<br>L'assureur ordonne une expertise.<br>L'assureur indemnise l'assuré du montant du préjudice. Pour un même sinistre, les indemnisations peuvent varier selon que le contrat prévoit une indemnisation :<br>• valeur d'achat : prix d'achat du bien (il est indispensable d'avoir conservé des factures, des justificatifs) ;<br>• valeur à neuf : prix d'achat au jour du sinistre ;<br>• valeur de remplacement : valeur d'achat – vétusté (entre 5 et 10 % par an selon le type de bien). |
| Résiliation du contrat | Le contrat peut être résilié à l'échéance avec un préavis de 2 mois en général, soit à l'initiative de l'assuré, soit à celle de l'assureur.<br>La résiliation peut s'opérer également en cas de modification du risque (aggravation), non-paiement des primes (40 jours après une mise en demeure). |

## 2. L'assurance automobile

L'assurance automobile est une assurance obligatoire.

| Caractéristiques | Assurance-automobile |
|---|---|
| Souscription (tarification, conditions) | *Critères propres au véhicule* : chaque véhicule appartient à un groupe (lettre) et une classe (chiffre) déterminés en fonction de la puissance du véhicule. La tarification dépend également de l'usage du véhicule.<br>*Critères propres au conducteur* : profession, âge, ancienneté du permis, antécédents (sinistres sur les trois dernières années).<br>*Critères de garanties* : le choix des garanties, l'existence ou non de franchise (part du coût d'un sinistre restant à la charge de l'assuré) et le coefficient de réduction majoration (CRM). Le coefficient de départ est de 1 (paiement de 100 % de la prime). Ce coefficient diminue de 5 % par an : 13 années sans sinistre sont nécessaires pour atteindre le bonus maximum soit 50 %. Un sinistre responsable entraîne une majoration du coefficient de 1,25 (responsabilité totale) ou 1,125 (responsabilité partagée). Le coefficient maximum est de 3,50. |
| Risques assurés et nature des garanties | Garantie de base : la responsabilité civile (obligatoire depuis 1958). La loi Badinter du 5 juillet 1985 vient renforcer la protection des victimes d'accident de la circulation.<br>Protection juridique (défense et recours)<br>Vol et incendies<br>Bris de glaces<br>Dommages tous accidents<br>Assistance (dépannage, mise à disposition d'un véhicule…)<br>Option valeur à neuf<br>Protection du conducteur |
| Obligation de l'assuré pendant le contrat | Signaler toute modification dans la nature du risque<br>S'acquitter de la prime |
| Obligation de l'assureur | Indemniser l'assuré en cas de réalisation du risque conformément aux dispositions du contrat |
| Procédure à suivre en cas de sinistre | Déclarer le sinistre à l'assurance dans un délai de 5 jours (accident), 2 jours pour un vol. En cas d'accident de la circulation (sans dommage corporel), la déclaration du sinistre consiste à compléter un constat amiable. |

**Remarque :** En application d'une décision de la Cour de Justice de l'union européenne du 2 mars 2011 supprimant la différenciation par le sexe de l'assuré(e) des tarifs d'assurance, les hommes et les femmes paient depuis le 21 décembre 2012 leur assurance auto au même prix. Cette décision s'applique également aux assurances de personnes (assurance décès…).

## B. Les autres assurances de personne

Les banques ont tendance à renforcer leur offre de produits d'assurance en mettant l'accent sur les assurances de personnes comme l'assurance obsèques, la garantie des accidents de la vie, l'assurance dépendance. Ces assurances relèvent toutes du domaine de la prévoyance. Deux objectifs sont poursuivis :

- un objectif de financement (dépendance, obsèques, santé) ;
- un objectif de protection de la famille et de la personne.

| Assurances | Nature du risque couvert | Garanties proposées |
|---|---|---|
| Accident de la vie | Couverture des conséquences d'un accident survenant dans le cadre de la vie privée. La couverture peut concerner une seule personne ou l'ensemble de la cellule familiale. | Indemnisation du préjudice économique (perte de revenu suite à une incapacité d'exercer une activité professionnelle), du préjudice esthétique, des frais liés à l'aménagement d'un logement ou d'un véhicule pour cause d'invalidité. Certains contrats proposent également un capital pour le financement des obsèques. |
| Assurance santé | Couverture du risque maladie | Les prestations versées viennent en complément des sommes perçues des régimes de base des assurés sociaux (médecine de ville, soins hospitaliers, soins dentaires…). |
| Assurance obsèques | Couverture du risque décès | Les garanties reposent sur l'assistance à la famille et sur le versement d'un capital à un bénéficiaire pour le paiement des obsèques de l'assuré. |
| Assurance dépendance | Couverture du risque dépendance partielle ou totale. La dépendance : ne plus pouvoir réaliser 3 gestes de la vie courante : s'habiller, se laver, se préparer un repas | Selon le degré de dépendance, l'assureur verse une rente permettant de financer la présence d'une aide ménagère, d'un garde malade pour assister la personne dépendante dans l'exécution du geste de la vie courante ou le réaménagement de tout ou partie du domicile. |

**Remarque :** *Zoom sur l'assurance « garantie accidents de la vie »:*
En France, chaque année, plus de 11 millions d'accidents de la vie courante au domicile ou dans la rue (se couper avec une scie, tomber d'une échelle… lors de travaux de bricolage ou de jardinage) sont recensés. 20 000 personnes en décèdent chaque année. 80 % de ces accidents n'ont pas de responsable, ce qui entraîne une faible voire une absence d'indemnisation. Il est à noter que le contrat multirisques habitation ne couvre pas ces dommages sans tiers responsable. Les conséquences peuvent être dramatiques pour la famille. Les assureurs et les banquiers font prendre conscience à leurs clients depuis une dizaine d'années de la nécessité de prémunir la famille contre les risques de la vie courante. Le produit « garantie des accidents de la vie » (GAV) indemnise ce type de dommages.

# III Complément : le calcul d'une prime d'assurance décès

La prime perçue par l'assureur dépend du montant du capital souhaité et de la probabilité de décès entre deux âges de l'assuré. Les calculs suivants ont été réalisés grâce aux nouvelles tables de mortalité (TGH95) utilisées depuis le 1er janvier 2007.

**Exemple 1 :**

Un homme né en 1963 a donc 44 ans en 2007. La table de mortalité indique que sur 100 000 hommes de la génération de 1963 et encore en vie en 1995, 99 320 seront vivants à l'âge de 44 ans. Ils ne sont plus que 99 227 vivants à 45 ans. Ainsi la probabilité de décès entre 44 et 45 ans est de : 93/99 320 = 0,0936 %.

Si l'assuré souhaite un capital de 100 000 € il devra verser une prime de : 100 000 × 0,0936 % = 93,60 €.

**Exemple 2 :**

Un homme né en 1952 est donc âgé de 55 ans en 2007. La probabilité de décès entre 55 et 56 ans pour un homme de cette génération, est de 500/98 038 = 0,512 %.

La prime sera alors de : 100 000 × 0,512 % = 512 €.

Comme la probabilité de décès est 5 fois plus forte, la prime versée pour obtenir les mêmes garanties (le versement d'un capital de 100 000 €) est 5 fois plus élevée.

# 52 La vente de produits d'assurance

## I Principes clés

En commercialisant des produits d'assurance, le banquier doit tenir compte du fait que l'activité d'assurance repose sur la qualité du service après-vente en cas de sinistre. Cette approche est différente de celle des métiers de la banque traditionnelle. Il convient qu'il n'y ait pas d'interférence entre ces deux types d'activité. Ainsi, il est regrettable qu'un contentieux né de l'activité assurance se répercute sur l'activité bancaire.

En matière d'assurance IARD, l'assureur se situe dans le cœur même de son métier. Cette spécialisation est la clé d'entrée de l'assureur pour installer la confiance, asseoir la future relation commerciale, répondre à toutes les attentes du client même les plus techniques. Mais cette spécialisation peut constituer un handicap face à une clientèle qui souhaite de plus en plus trouver plusieurs compétences au même endroit.

Face à la concurrence des assureurs, le banquier devra trouver « la clé d'entrée » pour travailler avec son client bancarisé sur des solutions d'assurance.

## II Démarche

### A. Lever les freins des clients qui refusent la banque-assurance

La clé d'entrée du banquier dans le domaine des assurances :

La globalité du conseil constitue cette clé d'entrée. Le banquier est un professionnel du patrimoine. Il aide le client à se constituer son patrimoine (crédit auto, crédit immobilier, virements programmés sur produits épargne…) puis à le valoriser. Le banquier est donc bien un spécialiste de l'approche patrimoniale. Il est donc normal à ce titre d'aider le client à protéger ce patrimoine grâce aux contrats d'assurance sur les biens.

#### 1. L'écoute des clients

L'écoute active est primordiale. Les clients s'expriment sur :

- leur situation personnelle (composition de la famille, âges respectifs, activité professionnelle, loisirs) ;
- leur situation patrimoniale et plus précisément des informations sur le bien immobilier à assurer (localisation, surface totale habitable, répartition de cette surface en nombre de pièces, annexes, superficie du terrain, en propriété ou en location, résidence principale, estimation du mobilier) ;
- leurs attentes envers l'assureur (critères de choix d'un assureur, type de garanties souhaitées, assistance).

## 2. Le plan de l'argumentation commerciale après avoir sélectionné le contrat adapté à la situation du client

La valorisation du client : c'est le patrimoine du client qui est au cœur de l'entretien.

La prise en considération des attentes du foyer : reformulation des éléments découverts sur la situation.

La présentation de l'activité assurance du réseau bancaire à travers quelques chiffres pertinents (nombre de contrats gérés…).

La gestion du contrat après la signature du client est évoquée (interlocuteur en cas de sinistre…).

L'énumération des garanties en terminant par la plus importante pour le client.

Des exemples de sinistres récents de clients qui ont été indemnisés pour appuyer le discours du conseiller

Le montant de la prime annuelle est donné.

Un dernier argument est enchaîné rapidement après la présentation du prix (nombre de jours pour le règlement suite à un sinistre…).

La signature du contrat est proposée.

# B. La vente d'un contrat assurance multirisques habitation (MRH)

## 1. Les opportunités de vente

L'offre assurance MRH cible une large clientèle bancarisée. Certains réseaux proposent ce type d'assurance en partenariat avec une compagnie d'assurance n'appartenant pas au groupe bancaire. En général, l'assureur partenaire est reconnu pour la qualité de ses produits, pour ses prix compétitifs et son service après-vente performant. Ces atouts permettent de lever des freins à la souscription de produits d'assurance dans une banque.

Vendre une assurance MRH est opportune lors de la mise en place d'un prêt immobilier, pendant la période de renouvellement des contrats d'assurance (septembre-octobre/décembre-janvier). La majorité des contrats arrive à échéance le 1er janvier et le 1er avril. Il apparaît donc que la période la plus propice pour établir des devis à la clientèle se situe entre septembre et mars.

## 2. L'accroche commerciale pour proposer un devis

Lors de la mise en place d'un dossier de prêt immobilier :

« Pour un changement d'habitation, vous pouvez changer d'assureur sans préavis. Je vous propose d'établir un devis pour avoir l'occasion de comparer le rapport qualité / prix de votre assurance actuelle. »

Pendant la période de renouvellement des contrats d'assurance :

« Je vous propose d'étudier nos assurances habitation qui sont compétitives sur le marché. Cela ne vous engage à rien. Cela prendra une dizaine de minutes. Vous serez libre ensuite de comparer notre offre à votre contrat actuel. »

## C. La vente d'un contrat assurance décès invalidité (ADI)

### 1. Les opportunités de vente

Comme le contrat ADI garantit le versement d'un capital à l'assuré en cas d'invalidité ou à des bénéficiaires désignés en cas de décès, le conseiller pourra proposer ce contrat lors de la connaissance d'un événement familial tel qu'un mariage, une naissance, un divorce, le décès d'un proche. Le client sera plus sensible aux conséquences financières d'un décès ou d'une perte d'autonomie.

Lors d'opérations de crédit immobilier, le client est amené à souscrire un contrat d'assurance décès invalidité pour assurer le prêt. Le client ne s'imagine pas voir ses proches dépossédés du bien alors même qu'il n'a pas commencé à rembourser le crédit immobilier.

### 2. L'accroche commerciale pour proposer un devis

Lors d'un événement familial :

« Vous êtes décédé hier. Vos proches doivent continuer à assumer les charges de la famille. Sont-ils en mesure de le faire ? Avez-vous déjà envisagé de telles conséquences financières ? »

Lors d'un prêt immobilier :

« Si vous êtes victime d'un accident ou d'une maladie qui vous rend invalide, vos proches pourront-ils conserver votre bien immobilier ? Avez-vous déjà songé à souscrire un contrat de prévoyance »

Les avantages du contrat sont à présenter en insistant sur la simplicité d'adhésion, l'étendue des garanties, le versement des capitaux (capital ou rente éducation).

## D. La vente d'un contrat d'assurance dépendance

### 1. Les opportunités de vente

Comme ce contrat permet à l'assuré de se prémunir en cas de dépendance, il est aisé pour le conseiller de le proposer à un client évoquant la dépendance d'un proche. Néanmoins, il faut garder à l'esprit que le devoir de conseil du banquier amène ce dernier à établir régulièrement à son client un bilan épargne au même titre qu'un bilan prévoyance. C'est à ces moments-là que l'argumentation sur le contrat dépendance est avancée. Le client sera encore plus réceptif à ce discours à l'approche de la retraite.

### 2. L'accroche commerciale pour proposer un devis

En cas de dépendance d'un proche :

« Vous mesurez la lourdeur des démarches et du poids financier d'une dépendance. Vous avez pu vous en rendre compte… Pour répondre aux besoins de la dépendance, je vous propose… »

Lors d'un bilan épargne ou prévoyance :

« Citer un chiffre sur le nombre de français qui est en situation de dépendance après 75 ans… Ce phénomène va s'accentuer avec l'augmentation de l'espérance de vie. La dépendance peut donc toucher tout le monde. Dans la clientèle de l'agence, nous nous apercevons que les clients n'ayant pas anticipé ce problème connaissent des charges financières importantes et malheureusement ne peuvent pas toujours y faire face. Pour répondre à ce besoin, le contrat… »

À l'approche de la retraite :

« À la retraite, vos revenus vont diminuer et le risque d'une perte d'autonomie augmenter. Or, la dépendance entraîne des charges financières lourdes qui ne peuvent pas être couvertes par la retraite. Le contrat… »

# III Complément : quelques astuces pour mieux vendre

Voir fiche « un zoom sur la négociation bancaire »

## A. La prise de conscience d'un manque

Sur une feuille de papier, le conseiller réalise un schéma qui montre la constitution du portefeuille produits bancaires et financiers du client. Les produits sont répartis en trois familles : épargne (disponible, à long terme)/assurance et prévoyance/crédit (consommation, immobilier, permanent…). L'objectif de ce schéma est de faire prendre conscience au client d'un éventuel déséquilibre de son portefeuille et de le faire adhérer aux propositions commerciales à venir (souscription d'un contrat d'assurance décès pour protéger les siens…).

## B. La prise de conscience de la nécessité d'un produit de prévoyance

Toujours avec une feuille de papier tournée vers le client « Monsieur le client, aujourd'hui, vous avez une assurance pour votre maison et pour votre voiture. Si je vous demande de me donner sous forme de tiercé les éléments de votre environnement que vous cherchez à protéger en priorité entre votre voiture, votre maison et votre famille… que me répondez-vous ? ». Il est fort à parier que la famille sera citée en priorité. Or, aucune loi n'oblige le particulier à assurer sa famille (hormis la responsabilité civile à contracter). Le conseiller note toujours sur la feuille le tiercé et indique à l'aide de flèches les contrats détenus pour protéger ces éléments. Dans la plupart du temps, il sera aisé pour le conseiller de montrer un manque de protection de la famille.

## C. La conquête d'un client fidèle à son assureur

Le conseiller propose à son client un produit d'assurance dommage. Le client refuse de parler de ses produits d'assurance détenus chez son assureur de famille. Il invoque sa fidélité à son assureur et ne veut pas mélanger la banque et l'assurance. Le conseiller doit alors faire ressortir son devoir d'information et de conseil. « Vous m'avez confié une partie de votre patrimoine. Je vous ai aidé à vous constituer à travers les emprunts bancaires ce patrimoine (maison, voiture…). Et je me dois de vous informer sur sa protection. Pouvez-vous m'apporter votre police d'assurance multirisques habitation et auto pour que je puisse vous établir une proposition d'assurance ? À la lecture de celle-ci, c'est vous qui prendrez la décision ».

## D. L'acceptation par le client du montant de la cotisation

Le conseiller divise le montant de la cotisation annuelle par 12 pour annoncer un montant mensuel « pour … € par mois, vous bénéficiez d'une assistance juridique à domicile ». Pour faire accepter plus facilement le montant de la cotisation, le conseiller peut évoquer un achat de produit courant pour l'équivalent de cette somme « pour le prix d'une baguette… ».

# Application

### Énoncé

Vous êtes conseiller financier. Une campagne prévoyance est organisée dans votre réseau. Vous décidez d'appeler les clients de votre portefeuille non-détenteurs de produits de prévoyance.

Vous réfutez les objections de ces derniers.

**Proposition d'un contrat dépendance**

« Je suis en bonne santé. Je n'ai besoin de rien. »

« J'ai déjà une mutuelle qui me couvre bien. »

« Je ne veux pas verser sur ce genre de contrat. C'est à fonds perdus. Je préfère verser sur mon contrat d'assurance-vie ».

**Proposition d'un contrat assurance décès**

« S'il ne m'arrive rien, j'aurais payé pour rien ! »

### Solution

| Objection | Réponse à l'objection |
|---|---|
| « Je suis en bonne santé. Je n'ai besoin de rien. » | « La dépendance est un sujet qui peut toucher tout le monde. Vous savez qu'après 75 ans, un français sur 6 est en situation de dépendance. Quel serait l'impact financier pour vous si demain vous étiez dans cette situation ? » |
| « J'ai déjà une mutuelle qui me couvre bien. » | « Votre mutuelle complète les remboursements de la sécurité sociale pour les soins médicaux et les médicaments mais elle ne prend pas en charge le coût d'une dépendance à travers l'aménagement de votre domicile, la présence d'une aide ménagère ». |
| « Je ne veux pas verser sur ce genre de contrat. C'est à fonds perdus. Je préfère verser sur mon contrat d'assurance-vie ». | « Pour vous constituer un capital suffisant, il faut faire sur votre contrat d'assurance-vie des versements élevés, plus élevés que sur un contrat dépendance. De plus, si la dépendance intervient tôt, le capital constitué ne sera pas suffisant pour financer les charges liées à la dépendance ». |
| « S'il ne m'arrive rien, j'aurais payé pour rien ! » | « Vous tenez le même raisonnement sur l'assurance de votre voiture ou de votre logement ? C'est une sécurité pour vous de vous dire que vos proches sont protégés si vous disparaissez ». |

# VIII

# Le client mécontent de la relation bancaire

# 53 La gestion d'un client mécontent

## I Principes

Le contexte actuel favorise le mécontentement des clients envers le banquier. La gestion d'un client mécontent est toujours une situation complexe à traiter. Ce mécontentement peut se traduire par des insultes, des injures, des menaces voire des agressions comportemenales. Ces agressions peuvent être sanctionnées pénalement. Il n'existe pas de procédure miracle pour traiter efficacement l'insatisfaction de ce client. Un client mécontent n'est pas forcément un client énervé. Il faut voir à travers cette attitude un besoin de reconnaissance et un besoin d'attirer l'attention.

Les sources de mécontentement possibles d'un client :

- la situation financière du client (compte débiteur, problème de trésorerie...)
- la communication d'un mauvais résultat sur un produit souscrit dans le réseau (baisse d'un taux de rendement...)
- une facturation de services perçue comme abusive (agios...)
- un souci personnel qui empêche le client d'être enthousiaste
- une nouvelle donne économique, fiscale ou juridique imposée aux banques amoindrissant les avantages d'un produit (exemple fiscalité sur les PEL, baisse du taux du livret A)
- une erreur de la banque
- un malentendu entre le conseiller et son client
- une annonce dans les médias...

Dans toutes les situations, le client doit sentir qu'il y a une solution à son problème. Alors comment ne pas céder au chantage du client qui peut vouloir échapper aux frais bancaires (source de PNB pour la banque) et continuer à garder en portefeuille ce client qui va devenir  attentif aux offres de la concurrence ?

Notons que la convention de compte peut être dénoncée sans délai de préavis en cas de menaces ou injures à l'encontre d'un collaborateur de la banque.

## II Méthode

### A. Les éléments à prendre en compte pour mieux comprendre le client et le raisonner :

- l'élément déclencheur de son mécontentement
- le comportement habituel du client (agressif, exigeant, vindicatif...)
- la vie personnelle du client (problème familial...)
- la situation financière du client (montant des avoirs dans le réseau qui le place dans la clientèle haut de gamme ou non, compte débiteur régulièrement)

## B. La réception du client mécontent à l'accueil

Le client insatisfait a tendance à le faire savoir quand il entre dans l'agence.

### 1. Attitudes à ne pas adopter face au client :

- clamer "ce n'est pas grave...n'en faites pas une histoire !"
- culpabiliser le client "c'est de votre faute..."
- fuir "je n'y suis pour rien...je n'y peux rien !"
- être condescendant "je vous l'ai déjà expliqué...vous n'avez toujours pas compris !"

Ces attitudes pourraient engendrer une violence physique.

### 2. Attitudes à adopter :

Comprendre et cerner la cause du mécontentement...Aucun collaborateur de l'agence ne doit se déculpabiliser. Si un collègue est visé par le client mécontent, il ne faut pas accentuer la faute sur le dos de ce collègue. Le travail d'équipe doit être préservé. Le chargé d'accueil doit tout faire pour canaliser le client afin d'éviter qu'un mauvais climat se répande à l'accueil de l'agence. L'effet boule de neige peut être rapide dans une telle situation. L'insatisfaction du client doit être traitée le plus rapidement possible. Un questionnement (avec un ton au-dessous de celui du client) suffira bien souvent à déceler le cœur du problème et ainsi le résoudre. Le vouvoiement est à conserver même si le client a adopté le tutoiement envers le personnel de la banque. Si les efforts de gestion de ce client restent vains, un changement d'interlocuteur peut s'avérer fructueux. Un collègue voire le directeur peut être appelé en renfort. Le client pourra alors être isolé dans un bureau afin qu'il puisse expliquer clairement ses idées sans être entendu des autres clients.

Si l'insatisfaction du client provient d'une erreur de la banque, cette dernière doit réparer (geste commercial selon le préjudice subi). « Prendre soin » alors de ce client pendant une certaine période paraît incontournable.

## C. L'entretien en face à face avec un client mécontent

En face à face, la façon de gérer un client mécontent est différente. Le conseiller est maître de son temps pour traiter le problème ; il ne subit pas le flux de la clientèle à l'accueil. Faire asseoir le client dès le début de l'entretien apaise ce dernier. Une personne assise fait moins de gestes « dangereux » qu'une personne debout. Une « barrière » telle qu'un bureau entre le conseiller et le client évite un affrontement physique proche. Le mot « problème » est à bannir. Un terme moins dramatisant tel que « souci » est préférable. L'écoute active (cf. fiche 11) est primordiale et va permettre au conseiller de pratiquer l'empathie (cf. fiche 9) avec ce client. Le client doit s'exprimer alors librement. Toutes les objections doivent être traitées. Les paroles doivent être analysées et traitées. La solution apportée au problème (si c'est la source du mécontentement) devra satisfaire le client et être acceptée par ce dernier. Le client ne doit pas imposer sa solution ; c'est aux deux parties de définir un accord. Quoiqu'il en soit, un client arrivant mécontent à l'agence a tendance à vouloir repartir « gagnant ». Le conseiller doit donc privilégier la négociation « gagnant-gagnant » (cf. fiche 9). Le client devra accepter le protocole de résolution du problème. Des détails, des dates lui sont soumis.

## D. L'entretien par téléphone en agence en ligne avec un client mécontent

L'agence en ligne reçoit tous les jours de nombreux appels de clients. Le télé-assistant est le premier interlocuteur à entendre le client insatisfait se plaindre alors qu'il ne l'a jamais vu physiquement. Le télé-assistant ne doit pas prendre ce mécontentement contre lui. Le client a tendance au téléphone à s'accaparer la parole et le télé-assistant peut avoir du mal à intervenir. Le client peut se sentir incompris voire traité comme un « numéro ».

Si l'objet de l'appel n'est pas exactement perçu, le questionnement aura pour objectif d'obtenir des réponses plus précises. La réclamation pourra alors être gérée lors de cet appel ou transférée à un autre interlocuteur (conseiller gestionnaire du compte du client...).

Si le traitement de la réclamation ne nécessite pas de faire intervenir le gestionnaire du compte, tous les éléments liés à l'insatisfaction sont saisis. Les coordonnées téléphoniques du client sont reprises afin de pouvoir le rappeler dès que le télé-assistant aura obtenu des informations complémentaires à lui communiquer.

Si la réclamation du client doit être traitée par le gestionnaire du compte, il faut lui expliquer calmement et clairement que sa demande n'est pas en mesure d'être traitée sur le champ. Si à la lecture de l'agenda du conseiller, il s'avère que ce dernier est disponible, le télé-assistant signalera au client qu'il va être mis en relation avec son conseiller pour que la réclamation soit gérée directement. Le client aura l'impression d'avoir été entendu et se calmera.

Dans le cas où le conseiller ne peut pas prendre l'appel du client, il est convenu avec ce dernier qu'il rappellera son client dès que possible. Un mail doit alors être rédigé par le télé-assistant au conseiller avec toutes les informations relevécs lors dc la qualification de l'appel. Il serait désagréable pour le client d'être obligé de répéter ses propos. Il aurait alors le sentiment de n'avoir pas été écouté. Il est pertinent de livrer au client le contenu du mail afin d'être en accord.

### *Quid des clients récalcitrants ?*

Lorsqu'un client mécontent va trop loin (menaces verbales, incorrections, impolitesse...), le télé-assistant se doit de recadrer le client voire de l'avertir qu'il va mettre un terme à la communication. Le rappel de l'enregistrement des conversations peut être effectué. Bien souvent, le directeur de l'agence gestionnaire du compte est averti par l'agence en ligne du comportement de ce client. Le directeur aura alors le loisir de contacter le client par écrit ou par oral et de lui rappeler les règles de courtoisie envers le personnel de la banque.

# Application

## Énoncé 1

Face à un client mécontent, développez les moments-clés à bien négocier.

## Solution 1

– la prise de contact : sourire, rester calme et agréable, ne pas alimenter l'agressivité du client en répondant spontanément, cerner rapidement la situation et trouver la cause du mécontentement.

– l'explication du problème par le client : pratiquer l'écoute active avec des gestes d'empathie (hochement de tête), prendre des notes, ne pas interrompre le client. Ce dernier doit livrer entièrement son ressenti et se sentir compris.

– la prise de parole du conseiller lors de la présentation du protocole à suivre : apaiser le climat. Le conseiller doit rester maître de l'entretien. Le client doit ressentir une certaine fermeté de la part du conseiller et ne pas déceler une éventuelle crainte voire une peur à son égard. Le conseiller multiplie les phrases « je vous ai entendu », « j'entends bien », « je m'occupe personnellement de votre dossier ».

– le traitement des objections : cette phase se fait dans le calme pour apaiser le client qui vient de « déballer » sa situation. Le client se sent écouté, compris.

– la prise de congé : le client doit se sentir rassuré et mis en confiance. Son sentiment d'appartenance au réseau bancaire doit être ancré. Son dossier va être traité. Le conseiller s'assure qu'il a bien répondu à toutes les interrogations du client. La relation doit pouvoir repartir sur de bonnes bases !

## Énoncé 2

La gestion du mécontentement d'un client peut-elle être source d'opportunités commerciales ?

## Solution 2

La gestion d'un client mécontent doit être le plus souvent possible source d'opportunités commerciales. Par exemple, un client appelle sa banque car il est mécontent des frais de tenue de compte prélevés chaque mois. Dans un premier temps, le conseiller ou télé-assistant lui explique à quoi correspondent ces frais. Dans un second temps, il va pratiquer le rebond commercial en argumentant sur la pertinence d'un compte packagé (compte lié avec services) qui offre une franchise de frais de tenue de compte...

# Index

## Q



## R

BIBLIOTHEQUE UNIV. BREST BOUGUEN
TEL : 02 98 01 73 11
RETOUR POUR LE

07 DEC. 2013

70084 - (I) - (2,2) - OSB 80° - 286 - TYP - CDD
Imprimerie CHIRAT - 42540 Saint-Just-la-Pendue
Dépôt légal : août 2013 - Dépôt légal de la 1re édition : juin 2008
N° 201307.0030

BIBLIOTHEQUE UNIVERSITAIRE
BREST

*Imprimé en France*